대부분의 현대인들은 눈에 보이는 우상을 섬기지는 않으므로 자신은 우상숭배를 한다고 생각하지 않는다. 그러나 놀랍게도 현대 세속 사회에서 우상숭배만큼 자주 언급되는 주제도 없을뿐더러 종교계에서도 우상숭배만큼 오해 혹은 곡해되거나 심지어 오용되는 개념도 별로 없다. 우상숭배는 인간의 유한한 본성과, 무엇인가를 의지하지 않고는 살기 힘든 현실적인 상황에서 나온 필연적 현상임에도 불구하고, 많은 사람들이 자신은 우상숭배를 하지 않는다며 스스로 속고 있는 것이다.

이런 상황에서 크리스토퍼 라이트의 『이것이 너희 신이다』는 우리가 얼마나 우상숭배에 쉽게 그리고 깊이 빠질 수 있는지를 삶의 언어로 설명하고, 우상숭배의 위험에서 어떻게 빠져 나올 수 있는지를 경험의 언어로 설득력 있게 보여 준다. 현대인들이 "번영의 우상, 국가적 자부심의 우상, 자기 예찬의 우상"을 섬긴다는 사실을 지적한 라이트는 "급진적으로 하나님 중심의 삶"을 사는 것이 우상숭배를 벗어나는 유일한 길이며, 이를 위해 "빛을 발하는 구별된 사람, 하나님의 보좌에 호소하는 기도하는 백성, 십자가에 못 박힌 주님을 따르는 자"가 되어야 한다고 설파한다.

흑암 가운데 들어오셔서, 그 가운데 사시고, 흑암의 세력에 의해 죽임을 당하셨으며, 끝내 죽음을 이기고 부활하신 주님이 걸으신 십자가의 길이야말로 번영과 자부심과 자기 주장의 우상을 극복할 수 있는 유일한 해결책임을 제시하는 이 책은 오늘날 우리가 다시 들어야 할 케리그마다. 기쁜 마음으로 모든 그리스도인과 진리를 찾는 모든 구도자에게 강력하게 추천한다.

김지찬 총신대학교 신학대학원 구약학 교수

이 책은 하나님의 종 모세가 시내산 정상에 강림하신 하나님 앞에 40일 동안 소환당해 있을 때 아론을 필두로 이스라엘 지도자들이 만든 금송아지 우상을 보고, "이스라엘아, 이 신이 너희를 이집트 땅에서 이끌어 낸 너희의 신이다!"라고 소리쳤던 일화에서 제목을 따왔다. "우상숭배 시대에 그리스도의 제자로 사는 길"이라는 부제가 말해 주듯이, 영미권의 세계 대국인 영국과 미국의 문화에서 쉽게 발견되는 정치적 우상숭배(부국강병, 경제적 번영, 성해방적 자유탐닉, 생물학적 민족주의)를 폭로하고 그것들과 거룩하게 맞서는 제자도를 제시한다.

저자는 살아 계신 하나님 아버지, 우리 주 예수 그리스도를 인간으로 화육시켜 세상에 보내신 하나님 아버지 외에는 인간을 죄와 죽음의 파라오 집에서 가나안 땅으로 인도해 낼 참 신이 없다고 단언한다. 더불어 정치적 강성과 경제적 번영의 약속으로 사람들의 마음을 훔치고 유혹하는 정치 및 경제 영역 자체가 우상이 될 위험이 있음을 설득력 있게 보여 준다. 구약성경은 세계사를 주름잡았던 모든 제국들이 스스로 우상숭배를 하다가 스스로 우상으로 숭배되었지만 재와 티끌로 되돌아갔듯이, 오늘날 느부갓네살이나 금송아지를 숭배했던 북이스라엘의 여로보암처럼 모든 부국강병주의자, 경제적 패권과 소비주의 행복을 선전해 정치 권력을 지배하는 자들은 영락할 것이라고 단언한다.

우리는 이 책을 통해 참된 제자도의 본질에 다시 붙들리는 감동을 받을 수 있고 받아야 한다. 우상숭배를 폭로하고 이에 맞서려면, 공적 영역에서 공평과 정의를 세워 달라고 기도했던 시편 기자들의 기도를 모방하고 견습해야 한다는 저자의 권고는 참으로 적실하다.

김회권 숭실대학교 기독교학과 교수

돈과 명성을 숭배하는 번영의 우상, 군사적 안보와 군대 자체를 영웅으로 숭배하는 위대한 국가라는 우상, 개인적이고 사회정치적 차원에서 벌어지는 자기 예찬의 우상. 이러한 우상들은 저자가 구약성경을 통해 분별해 내는 현대 서양 문화 가운데 있는 것들이다. 이것이 비단 서양 문화만의 문제라고 할 수 있겠는가. 제도적 폭력의 유산, 빈곤과 불평등의 증가, 극단적 포퓰리즘과 국수주의, 성적 혼란과 가족 해체, 생태학적 황폐화, 진실 전쟁. 이러한 현상들은 저자가 진단하는 하나님의 심판 가운데 서양 문명이 마지막으로 가고 있는 조짐과 징후들이다. 이 역시 서양만의 징후는 아니다.

"우상숭배 시대에 그리스도의 제자로 사는 길"이라는 부제를 가지고 있는 이 책은 "우상숭배"가 결코 개인의 종교적 일탈에 그치는 것이 아니라 사회·문화·정치 세계에 광범위하게 뿌리내린 "시대" 정신의 문제라는 사실을 성경 전체를 통해 너무나 설득력 있게, 그래서 더욱 큰 두려움을 일으키며 설명한다. 그러나 그런 우상숭배 시대에도 애통하고 사랑하며 소망하는 삶은 하나님의 백성이 신실하게 걸어야 할 "길"이다. 우리의 탐욕과 교만으로 인한 우상숭배의 어둠 속에서도 교회를 세우고, 사회를 섬기며, 창조 세계를 돌보는 하나님의 선교에 동참하는 사람들을 통해 하나님의 명예와 영광은 회복되고 지켜질 것이다. 그리스도인이 우상숭배와 대결할 때 "우리의 전투는 승리주의가 아니라 사랑으로 싸우는 것"이며 "선교가 영적 전투이지만 그 목적은 이기는 것이 아니라 섬기는 것"이라는 저자의 일갈은 점점 공격적으로 변하는 한국 기독교가 반드시 성찰해야 할 주제다. 이 책은 이 시대가 어떻게 하나님을 제한하고, 축소시키고, 통제하고 있는지 알고자 한다면 반드시 읽어야 할 책이다. 하나님을 하나님으로 예배하고 하나님의 하나님 되심을 자신의 삶으로 드러내고자 하는 그리스도인이라면 결코 놓쳐서는 안 되는 책이다.

전성민 밴쿠버기독교세계관대학원 원장, YouTube '민춘살롱' 운영자

기독교 역사는 비본질적인 것을 추구하려는 다수의 욕망과, 복음의 본질을 발견하고 그 본질에 근거한 삶을 살아 내려는 남은 자의 고투로 점철된다. 성경은 인간의 덧없는 탐욕이 지향하는 것을 우상이라고 말하며, 하나님 백성의 정체성은 우상과의 싸움에서 명료하게 드러남을 교훈한다. 이 섬에서 크리스토퍼 라이트는 성경이 말하는 우상숭배가 오늘날 지배 문화의 이념과 사상 가운데 다양한 형태로 나타난다고 역설한다. 이 책은 예언자적 관점에서 성경적 제자도의 방식에 근거하여 야웨의 길을 따르고 예수 그리스도의 발자취를 기억하며 모방하는 삶을 통해 하나님의 선교에 참여하려는 모든 그리스도인에게 큰 충격과 도전을 준다.
최형근 서울신학대학교 선교학 교수, 한국로잔위원회 총무

크리스토퍼 라이트는 성경 시대와 오늘날에 있어 우상숭배의 본질이 무엇인지 강력하고 예리하게 분석한다. 그는 많은 현대 그리스도인들을 유혹해 온 정치적 우상숭배의 위험을 인정사정없이 폭로한다. 중요한 점은, 그가 문제를 진단할 뿐만 아니라 우리에게 해결책을 준다는 것이다. 이 책은 정치 과정에 참여하는 그리스도인들이 읽어야 할 필독서다.
트렘퍼 롱맨 3세 『성경과 투표: 성경을 사용해 정치적 결정을 내리는 방법』의 저자

우상숭배의 의미를 성경에 깊이 천착하여 연구한 라이트는 우리 시대를 향해 강펀치를 날린다. 그는 정치적 우상을 포함하는 모든 우상들이 우리가 우리의 이미지를 따라 만드는 거짓 신들임을 명확히 한다. 그것들은 참된 창조 질서에 커다란 해를 입히고 파멸을 가져올 수 있지만 근본적으로 하찮은 것들에 불과하다는 중요한 사실을 우리에게 상기시켜 준다.
존 이나주 워싱턴 대학교 법과 종교 샐리 D. 댄포스 석좌교수

"너희 자신을 지켜 우상에게서 멀리하라"는 성경의 경고는 영적·사회적·도덕적·실존적 파멸의 근원과 관련해 정곡을 찌르는 말씀이다. 성경에서 우상숭배에 대해 연구하고 그 성과를 서양 세계에 적용시킨 이 책은 위기의 본질이 무엇인지 더욱 분명하게 볼 수 있도록 도와준다. 서양은 (지금은 쇠퇴하고 있는) 많은 성경적 이상의 영향을 받아 형성되어 왔지만, 우리는 현재 우리의 신뢰를 하나님이 아닌 다른 잘못된 곳에 놓도록 유혹하는 우상숭배적 문화를 목도하고 있다. 그리스도인으로서 우리의 정치적 견해가 무엇이든, 라이트는 성경적 우선 사항과 그리스도 중심의 제자도를 따르라고 권고하면서 우리 모두에게 유익한 교정 수단을 제공한다. 이를 따를 때, 우리는 하나님의 형상을 지닌 자로서 번성하는 삶을 살게 될 것이다.

폴 코판 팜 비치 애틀랜틱 대학교 철학과 윤리학 교수

크리스 라이트는 우리가 속한 광범위한 문화와 결탁해서 형성된, 현대 서양 기독교의 우상숭배적 특성에 대해 성경적·신학적으로 근거가 확실한 분석을 거침없이 내놓는다. 라이트가 집중적으로 다룬 우상숭배는 선교, 환경 보호, 정의 사역, 중독 치료, 신학적 성숙과 윤리적 진실성 함양 같은 다양한 영역에서 이루어지는 기독교적 사상 및 실천과 관계가 있다. 매우 시의적절한 이 책은 회개하고 기독교적 소명을 갱신하라고 진지하고 강력하게 외친다.

엘렌 데이비스 듀크 대학교 신학대학원 성경과 실천신학 석좌교수

라이트가 이 책을 집필한 당시 상황을 고려하면, 이 책은 굉장히 대담하고 도발적이고 분명하고 직접적이고 예리하고 긴급하고 폭넓다. 그러나 그 후 일어난 사건들에 비추어 볼 때, 이제 독자들의 손에 들린 이 책은 시대를 위한 명저라고 말할 수 있다.

존 골딩게이 풀러 신학대학원 구약학 명예교수, 『구약 윤리』의 저자

집단 우상숭배는 성경이 인간 반역과 죄에 대해 말하는 가장 근본적인 방법 중 하나다. 우리가 이 점을 제대로 인식하지 못함으로써, 우상숭배로 가득 찬 세상 속에서 수행되는 교회의 선교는 치명적 결과를 맞았다. 크리스토퍼 라이트는 이 주제를 탁월하게 다룬다. 이 유익한 책은 철저하게 성경 본문에 근거하면서 동시에 오늘날 세상에서 하나님 백성이 선교를 수행할 준비를 갖추게 한다. 나는 오늘 우리 교회에 큰 선물과도 같은 크리스 라이트와 그의 신실하고 시의적절한 학문에 대해 하나님께 깊이 감사한다.
마이클 고힌 커버넌트 신학대학원 선교신학 교수

이 책은 서양 신들에 대한 고발이자, 우리(여러분과 나)가 우리 손으로 그리고 본의 아니게 우리 예배로 만든 우상들에 대한 통렬한 고발이다. 라이트의 예언자적 작품이 지닌 힘과 설득력은 과장된 단어들이 아니라(그는 여느 때와 마찬가지로 평화적이다) 과거의 우상숭배와 현 세계에서 우리가 참여하는 우상숭배를 그럴듯하고 흥미롭게 연결시키는 솜씨에 있다. 하지만 종종 서양인들은 이 둘의 관계를 제대로 이해하지 못하고 고개를 갸우뚱한다. 크리스토퍼 라이트는 성경을 피상적으로 읽는 우리의 습관을 깨부순다. 이 책은 독자들에게 우리가 세운 거짓 성전과 우상들에 대한 뿌리 깊은 확신과, 유감스럽게도 아주 불편한 느낌을 줄 것이다. 서양 사회 및 정치에 대한 아주 시의적절한 복음주의적 비판이다!
윌리엄 웹 틴데일 신학대학원 성서학 겸임교수

이것이 너희 신이다

IVP(InterVarsity Press)는
캠퍼스와 세상 속의 하나님 나라 운동을 지향하는
IVF(InterVarsity Christian Fellowship)의 출판부로
생각하는 그리스도인을 위한 문서 운동을 실천합니다.

Originally published by InterVarsity Press
as *Here Are Your Gods* by Christopher J. H. Wright
© 2020 by Christopher J. H. Wright
Translated and printed by permission of InterVarsity Press,
P.O. Box 1400, Downers Grove, IL 60515, USA.
www.ivpress.com.

Korean edition © 2022 by Korea InterVarsity Press
156-10 Donggyo-ro, Mapo-gu, Seoul 04031, Republic of Korea.

이것이 너희 신이다

Here Are Your Gods

우상숭배 시대에
그리스도의 제자로 사는 길

크리스토퍼 라이트
한화룡 옮김

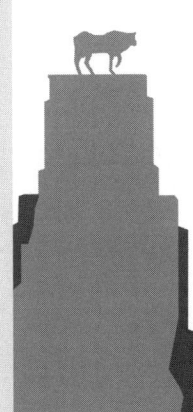

IVP

차례

들어가며 13

1부 성경에 나타난 주 하나님과 다른 신들 16
1장 신들의 역설 19
2장 신들은 무엇인가? 31
3장 신들을 분별함 61
4장 선교와 신들 87

2부 과거와 현재의 정치적 우상숭배 112
5장 성경적 관점에서 바라본 열방의 흥망 117
6장 정치적 영역에 계신 하나님 141

3부 우상숭배하는 세상 속의 하나님 백성 170
7장 살아 계신 하나님에 의해 형성된 백성 173
8장 격동의 시대에 예수님을 따르는 삶 205

나가며 225
주 236
성경 찾아보기 252

이 책의 판매로 생기는 크리스토퍼 라이트의 인세는 모두 랭엄 문서사역(Langham Literature)에 기부하기로 되어 있다. 랭엄 문서사역은 존 스토트가 창설한 국제 랭엄 파트너십(Langham Partnership International, LPI)에 속한 국제 프로그램 중 하나다. 랭엄 파트너십은 교회가 성경적 설교와 가르침의 수준을 높여 그리스도를 닮은 성숙한 교회로 성장할 수 있도록 돕기 위해 세워진 단체다. 랭엄 문서사역은 복음주의 도서들을 다수 세계(Majority World)의 목회자, 신학생, 신학교 도서관에 보급하고, 그 지역어로 된 기독교 도서의 저술과 출판을 육성한다. 랭엄 문서사역과 LPI에 대해 더 알고 싶다면, www.langham.org를 방문하기 바란다.

들어가며

이 책은 두 자료를 엮어서 만들었다. 1부는 내가 쓴 『하나님의 선교』(Mission of God, IVP)의 5장 "살아 계신 하나님은 우상숭배와 대결하신다"를 약간 편집하고 다듬은 것이다. 우상숭배라는 주제가 매우 중요하기 때문에 나는 새로운 형태로 이 자료를 출판하기로 했다. 이는 2부를 위한 기초 역할을 한다.

2부는 2017년 1월 11일 미국 사우스캐롤라이나주 찰스턴에 있는 성 미카엘 교회에서 행한 공개 강연이 토대가 되었다. 나는 그 당시 찰스턴에 있는 '성공회 리더십 연구소'에서 피터 무어(Peter Moore) 목사의 초청으로 여러 나라에서 온 교회 지도자들에게 한 주 동안 성경을 가르치고 있었다. 무어 목사가 나에게 제안한 강연 제목은 "정치적 격동의 시대에 예수님을 따르는 삶"이었다. 따라서 이 책의 2부는 그 당시 상황을 반영해서 적용에 좀더 초점이 맞추어져 있다.

내가 초청을 받아 그런 제목으로 강연하게 된 것은 2016년 영국과 미국에서 우리 중 많은 사람이 보기에 몹시 당혹스럽고 깜짝 놀랄 만한 두 사건이 벌어졌기 때문이다(아직도 많은 사람들이 그런 상태에 있다). 이 두 사건은 6월에 영국에서 유럽연합(EU) 잔류에 대한 국민투표를 실시한 결과 근소한 차이로 영국이 EU에서 탈퇴하게 된 것과 11월에 도널드 트럼프(Donald Trump)가 미국 대통령에 당선한 것이다. 이런 사건이 발생하다니, 도대체 어떻게 된 것인가? 많은 사람들이 얼마 전까지만 해도 상상조차 할 수 없었던 일이었다. 물론 2016년에 발생한 이 두 사건 이후로 많은 일들이 있었기에 우리는 국가적 우상숭배의 광범위한 사례들을 검토할 것이다. 하지만 2부에 반영된 생각을 촉발시킨 것은 이 두 사건이었다. 물론 이 책은 코로나19가 발병하여 팬데믹 상황이 되기 전에 집필되었다. 그렇지만 마지막 편집 과정은 코로나19 팬데믹이 기승을 부리는 가운데 진행되었으며, 이 재앙은 아직도 세계를 괴롭히고 있다. 이 세계적 위기는 적어도 부분적으로 인간의 어리석음과 그 어리석음을 동반하고 악화시키는 인간의 오만과 우상숭배의 결과다. 따라서 이 책이 다루고자 하는 주제는 더욱더 적절해 보인다.

나는 『하나님의 선교』에서 우상숭배를 다루는 장을 별개의 책으로 출판하도록 여러 차례 권고해 준 글렌 시롬(Glenn Shrom)에게 감사한다. 또 그 글을 이런 형태로 다시 출판할 수 있도록 허락해 준 미국과 영국의 IVP에 감사한다. 여러 자료들을 편집하는 어려운 작업을 도와 준 안나 기싱(Anna Gissing)에게도 감사한다. 마지막으로, 내가 한 강연과 다른 자료들을 2부에 수록하도록 격려해 준 나의 에이전트 피터 콴트(Pieter Kwant)에게 감사한다.

나는 현대 서양 문화에 나타난 우상숭배를 훨씬 더 심오하고 통찰력 있게 분석한 글과 책들이 많다는 사실을 잘 알고 있다. 이런 글과 책들의 일부는 1부의 주에 언급되어 있다. 무엇보다도 성경적 기초와 선교적 도전을 겸비한 훌륭한 분석으로, 가장 최근에 나온 책은 성경적 유일신론의 근본적 주장을 우리 문화의 우상숭배와 극명하게 대조시킨다. 그 책은 브루스 애쉬포드(Bruce Ashford)와 히스 토머스(Heath Thomas)가 공저한 『왕의 복음』(*The Gospel of Our King*, IVP)이다.

1부

성경에 나타난 주 하나님과 다른 신들

유일신론과 선교 독자들은 실제로 성경에서 이 광대한 두 단어를 찾아볼 수 없다. 하지만 이 단어들은 다음과 같은 거대한 성경적 가르침을 포함한다. 오직 한 분 참된 살아 계신 하나님이 있다. 그분은 구약에서는 야웨로, 신약에서는 나사렛 예수 안에 성육신하신 것으로 계시된 하나님이다. 성경에 계시된 이 하나님은 선교를 수행하고 계신다. 다시 말해, 하나님은 인류 역사 전체를 통해 모든 피조물을 위한 그분의 주권적 계획과 목적을 이루려고 일하고 계시며, 그 선교에 하나님과 함께 참여하도록 그분의 구속받은 백성 전부를 부르신다.

이 단어들, **유일신론과 선교** 각각은 서로 밀접한 관련이 있다.

성경적 유일신론은 반드시 선교적이다. 성경이 계시하는 한 분 참된 살아 계신 하나님이 그분의 모든 피조물을 통해 인류 열방에게 알려지고 경배받기를 원하시기 때문이다. 열방에게 알려지시려는 이 신적 의지는 성경적 역사를 통해 인간 역사의 끝까지 하나님의 선교를 이루고 일으킨다.

또 성경적 선교는 반드시 유일신론적이다. 하나님의 백성은, 창조주이시며 구속자이신 한 분 살아 계신 하나님을 예배하도록 열방의 사람들을 불러 모으고, 오직 한 분 하나님만이 받으실 찬양과 영광을 올려 드리는 일에 모든 피조물이 참여하도록 요구하는 임무를 받기 때문

이다.[1]

성경 곳곳에 나오며 오늘날에도 여전히 갖가지 형태로 존재하는 다른 모든 신들을 어떻게 이해해야 하는가? 1부의 네 장들에서 우리는 사람들이 이스라엘의 하나님이 아니라, 이른바 신이라는 여러 존재를 경배하는 현상을 성경이 어떻게 말하는지 살펴볼 것이다. 그것들은 정확하게 무엇인가? 이 현상에 대한 선교적 반응은 어떠해야 하는가? 우상 및 신들과 관련해서 우리는 무엇을 해야 하는가?

오랫동안 나는 사람들이 성경에 나오는 **우상숭배**를 종종 피상적으로 이해하고 그 문제를 매우 단순하게 다루거나 처리한다고 생각해 왔다. 하지만 우상숭배는 분명 성경적 유일신론에 대한 완전히 성경적이고 선교적인 이야기의 부정적이지만 기본적인 측면이다. 그런 까닭에 우리는 성경이 참되고 풍부한 기독교 선교의 중대한 부분으로 그 주제를 어떻게 다루는지 파악하기 위해 노력해야 한다.

1장
신들의 역설

우리가 성경에서 읽는 '다른 신들'은 그 무엇(something)인가, 아무것(nothing)도 아닌가?

조상(彫像)은 진짜다. 조각하거나 녹여 만든 형상은 현실 세계에서 3차원적으로 존재한다. 하지만 그 형상들은 신(god) 또는 신들(gods)에 대해 무엇을 나타내는가? 그 신들은 진짜인가? 실제로 존재하는가? 그 신들은 그 무엇인가, 아무것도 아닌가? 이스라엘은 그들 자신의 하나님 야웨와 관련해서 신들에 대해 무엇을 믿었는가?

이 마지막 질문에 대해 구약학자들은 오랫동안 고심했다. 일반적으로 인간의 종교를 여러 범주로 나눌 때, 유일신론은 단 하나의 신만이 존재한다는 믿음이며, 따라서 어떤 다른 신의 존재도 부인한다. 그래서 학자들은 어느 때 어떤 과정에 의해 이스라엘이 그런 의미의 유일신론을 갖게 되었는지 계속 연구했다. 분명히 이스라엘 사람들은 상당히 배타적인 말로 야웨에 대한 그들의 헌신을 표현했다. 하지만 그것은 이스라엘 사람들이 숭배하면 안 되는 다른 신들이 **존재**한다는 사실 자체를 완전히 부인했다는 뜻인가?

구약학자들의 전형적인 대답은 진화론적이거나 발전론적인 것으로, 최근 로버트 그누즈(Robert Gnuse)는 그런 견해를 요약하고 개정하여 재발간했다.[1] 한 단계에서 다음 단계로 넘어가는 정확한 연대가 언제인지에 대해서는 약간씩 의견이 다르다. 하지만 이 견해는 이스라엘의 종교 역사가 (1) 다신론에서(수 24:14에서 인정하는 것처럼) (2) 단일신론[henotheism, 또는 모노 야웨이즘(mono-Yahwism), **이스라엘에게는** 오직 야웨만 예배하라고 요구하지만 다른 민족들의 신이 존재한다는 사실은 받아들이는 것]을 거쳐, 상당히 늦은 시기에 나온 최종 결론인 (3) 참된 유일신론(monotheism: 야웨 아닌 다른 어떤 신들의 존재도 명백히 부인하는 것)으로 진행되었다고 본다.

일부 학자들은 첫 번째 단계와 두 번째 단계가 이스라엘의 구약 역사 대부분을 차지한다고 본다. 즉, 그들은 원래 이스라엘 종교는 사실상 가나안 종교와 구분할 수 없었다고 주장한다. 오랫동안 이스라엘에서는 이스라엘 민족이 야웨와 맺은 언약에 충성하고 '다른 신들을 따르지'만 않으면 그것으로 충분했다. 그들이 따르고 싶은 유혹을 느낄 수 있는 다른 신들이 확실히 존재한다고 추정되었다. 예를 들어, 야이르 호프만(Yair Hoffman)은 심지어 신명기에서도 '엘로힘 아헤림'('ĕlōhîm ăḥērîm), 곧 '다른 신들'이라는 특유의 표현은 그 신들의 존재를 부인하기보다 그것들이 존재한다고 추정하는 것으로 본다. "그 말은…다르다는 개념을 약간 반영하긴 하지만, 이 신들이 이스라엘의 하나님과 완전히 다른 실재로 간주되었음을 입증해 주지는 않는다.…그들은 **우리**의 신이 아니기에 **다른** 신들이다."[2] 마지막으로, (사 40-55장에서 다루는) 포로기 후기에 가서야 이스라엘 사람들은 야웨 아닌 다른 신은 존재조차 하지 않는다고 거듭 말했다.[3] 그 마지막 단계에 가서야 유일하고 오직 한 분인 야웨만이 신의 범주에 속한다고 생각했다.

이 견해에서 이스라엘 종교에 다른 신들이 존재했는가에 대한 대답은, 이스라엘 역사의 어떤 시점에서 그 질문을 하느냐에 따라 좌우된다. 몇몇 이스라엘 사람에게 "야웨뿐 아니라 다른 신들도 존재한다고 믿느냐?"고 물어본다고 하자. 상당 기간 동안 이스라엘 사람들은 이구동성으로 이렇게 대답할 것이다. "물론입니다. 많은 신들이 있지요. 야웨는 그 신들 중 하나입니다. 아주 강력한 신이지요. 우리는 그분이 우리의 신이라서 아주 기쁩니다." 그다음에 예언자들과 개혁적 신명기 당이 민족적 언약이라는 배타적 개념을 도입하고 강조했을 때, 이스라엘 사람들은 다음과 같이 대답했을 것이다. "그렇습니다. 다른 민족에게는 그들의 신이 있지요. 하지만 **이스라엘**은 유일한 하나님 야웨만 예배해야 합니다. 그렇지 않으면 야웨의 진노를 받을 것입니다." 그 견해는 자유롭고 대중적인 다신론과 오랫동안 충돌했다. 하지만 마침내 포로기 후기와 그 이후 시대에 '공식적인' 야웨 당이 승리하면서, 결국은 다음과 같이 확고하게 대답하게 되었을 것이다. "아닙니다. 야웨만이 '그 하나님'이십니다. 다른 신들은 실제로 존재하지 않습니다. 이른바 모든 신들은 실제로는 별 볼일 없는 것입니다."

하지만 이스라엘의 종교가 그와 같이 직선형으로 발전해 나갔다는 견해는 너무 단순하다. 그 질문(혹은 그 대답)을 '다른 신들은 존재하는가, 존재하지 않는가? 그것들은 그 무엇인가, 아무것도 아닌가?'라는 이원적 형태로 말하는 것은 지나친 단순화다. 문제는 좀더 복잡하며, 그런 질문들이 무엇을 내포하는가에 따라 좌우된다[즉, 신(god)이라는 단어는 무엇을 언급하는가?]. 덧붙여 물어보아야 할 것은 "다른 신들은 **야웨와 똑같은 계급**에 속하는가?" "그것들은 야웨와 똑같은 '것'(똑같이 신적인 '어떤 것')인가? 아니면 야웨와 다른 존재('아무것도 아닌 것', 곧 신적 존재가 아닌 것)인가?"이다.

이제 우리는 우리가 읽은 다수의 구약 본문들에 근거해서 이스라엘 유일신론의 본질을 말할 수 있다. 유일신론의 본질은 근본적으로 이스라엘이 다른 신들에 대해 무엇을 부인하는지에 있지 않고, 야웨에 대해 무엇을 역동적으로 단언하는지에 있다(즉, 야웨만이 우주적 **창조자**시고, 모든 역사의 주권적 **통치자**시며, 모든 열방의 **심판자**시고, 모든 열방에서 그분께 돌아오는 사람들의 **구세주**시다). 그럼에도 야웨에 대한 단언은 다른 신들에 대한 모든 주장에 피할 수 없는 결과를 가져온다. 리처드 보컴(Richard Bauckham)은 특히 신명기에 대해 논평하면서, 그리고 신명기가 다른 신들의 존재를 부인하지 않는다는 네이슨 맥도널드(Nathan MacDonald)의 주장(그렇기 때문에 맥도널드가 구약 연구에 부적절하고 해롭다고 올바르게 거부하는 계몽주의 견지에서 보면, 정식으로 유일신론은 아니라는 주장)을 논박하면서 다음과 같이 세심한 주장을 편다.

이스라엘을 위한 야웨의 행동에서 이스라엘이 인식할 수 있는 것, 야웨를 열방의 신들과 구분하는 것은, 그분이 '그 하나님'(the God) 혹은 '신들 중의 신'(the god of gods)이라는 점이다. 이것은 주로 야웨가 우주

전체에 필적할 자 없는 권능을 지니고 계신다는 의미다. 땅과 하늘과 하늘의 하늘이 그분께 속해 있다(신 10:14). 이에 반해, 열방의 신들은 무력한 무존재, 자신의 백성조차 보호하고 구해 낼 수 없는 존재다. 이것이 모세의 노래가 담고 있는 메시지다(특히 신 32:37-39을 보라). '신들' 중 최고의 존재인 야웨와, 그보다 못할 뿐 아니라 무력한 다른 존재들을 구분해야 한다. 그러기 위해 한편으로는 '하나님'과 '신들의 신'이라는 말이, 다른 한편으로는 "하나님이 아닌 것"(non god, 신 32:17, לא אלה; 신 32:21; לא אל)과 "허무한 것"(their mere puffs of air, 신 32:21: הבליהם)이라는 경멸조의 말이 생겨났다. 다른 신들은 신이라 불리기는 했지만, 사실 그렇게 불릴 가치는 없다. 그것들은 세상에서 권세를 갖고 행동하는 **실제** 신들이 아니기 때문이다. 야웨만이 최고의 능력을 가진 하나님이다(신 32:39).…신명기가 다른 신들의 **존재**를 부인하지 않는다고 말하는 것으로는 충분치 않다. 또 한 가지 인식해야 할 점은, 일단 맥도널드가 신명기의 '신론'에 분명히 담겨 있다고 인정하는 존재론적 함축에 주의를 기울이면, 예로부터 내려온 '신들'의 범주를 존재론적으로 구분하지 않을 수 없다는 것이다. 그 구분에 따르면 야웨는 단연 비길 데 없는 분이다.[4]

그래서 다시 그 질문—신들은 그 무엇인가, 아무것도 아닌가?—으로 돌아가 **야웨와 관련해서** 묻는다면, 대답은 **아무것도 아니**라는 것이다. 그 어떠한 것도 야웨와 비교할 수 있거나 야웨와 똑같은 범주에 들어갈 수 없다. 야웨는 일반적인 '신들'(the gods) 중 하나가 아니다. 야웨만이 그 하나님(the God), 보컴이 '초월적 유일성'[5]이라고 부르는 분이다. 앞에서 말한 야이르 호프만의 요점과 관련해서 보면, '다른 신들' 이라는 말 자체는 "이 신들이 이스라엘의 하나님과는 전적으로 다른 실재로 간주된다"는 의미가 아니다. 그럼에도 야웨에 대해 기록된 말은 **그분이** 그들과는 전적으로 다른 실재임을 대단히 분명하게 보여준다. "야웨 그분은 하나님이다. 그분 곁에는 다른 신은 없다"(신 4:35, 저자 사역).

하지만 다른 신들을 **숭배하는 자들과 관련해서**, 곧 그 신들이 자기 민족 신이라고 주장하는 열방과 관련해서, 심지어 이스라엘이 직면했던 바 그 신들을 따르려는 유혹과 관련해서 그 질문을 던진다면, 분명 그것들은 그 무엇이라고 대답할 수 있다. 열방의 신들은 그 이름, 조상(彫像), 신화, 예배 의식들과 함께 분명 그것을 신으로 취급하는 사람들의 삶과 문화와 역사에 실재한다. 이를테면 "마르두크가 바빌론 백성이 섬기던 신이었다"는 주장은 터무니없는 말이 아니다. 박식한 체하는 사람들만이, 마르두크는 진짜 신적 실체를 갖고 있지는 않았으므로 누군가 그를 섬긴다는 건 말이 안 된다고 주장할 것이다. 하지만 그 문장(그리고 인간의 종교에 대해 말하는 모든 비슷한 묘사)의 맥락에서, 다른 신들을 '그 무엇', 인간의 경험 세계 안에 존재하는 그 무엇이라고 말하는 것은 타당하다. 다시 말해, 신학 논의를 하거나 일상 이야기를 나눌 때나, 다른 신들은 그 무엇인가, 아무것도 아닌가 하는 질문에 역설적이긴 하지만 둘 다라고 대답할 수 있다. 그것들은 **야웨와 관련해서는 아무것도 아니다.** 하지만 그것들은 **그것들을 숭배하는 자들과 관련해서는 그 무엇이다.**

바울은 고린도에서 우상에게 바쳤던 고기를 먹는 문제에 대답하면서 바로 그러한 역설을 세심하게 표현한다. 바울은 유대인들의 쉐마에 기초해서 그들이 그 문제에 자유롭다는 교리적 주장에 동의한다. 오직 한 분의 하나님과 주님만 계신다. 그래서 "우상은 세상에 아무것도 아니"다(고전 8:4). 하지만 그다음 문장에서 바울은 "비록 하늘에나 땅에나 신이라 불리는 자가 있어 많은 신과 많은 주가 있으나…"라고 말한다(고전 8:5). 다시 말해, 바울은 **그 무엇**이 있음을 받아들인다. 물론 어느 모로 보나 한 분 하나님이신 성부와 한 분 주님이신 예수 그리스도와는 전혀 대등한 존재가 아니지만 말이다. 바울은 (그리고 우리도) 그 무엇이라는 것이 실제로 무엇인지 나중에 다시 다룰 것이다. 하지만 그의 이중적 주장은 대단히 분명하다. 신과 우상들은 실제로 존재한다. 하지만 한 분 살아 계신 하나님만 소유하시는 **신적** 실체를 그 신들은 갖고 있지 않다는 것이다.

1세기 유대인으로 구약성경에 근거한 신학적 세계관을 가진 바울에게 이런 이중적 관점이 있었다면, 그 전에 동일한 신앙을 가진 사람들이 비슷한 역설을 마음껏 주장하지 못했을 이유가 없다. 예를 들어, 대단히 논쟁적인 이사야 40-48장도 그런 관점을 보여 준다. 한껏 고양된 예언자의 시에 표현된 야웨의 관점에서 보면, 신들은 "아무것도 아니며" "허망"할 뿐이다(사 41:24). 하지만 위축되어 열등감에 시달리고 있는 포로들의 관점에서 보면, 바빌론의 신들은 법정으로 나오라는 소환을 받고 거기서 무력한 존재임이 폭로될 수도 있고(사 41:21-24), 인간이 만들어 낸 것이라고 조롱받을 수도 있으며(사 44:9-20), 하늘에서 내려다보면서 구원하려 해도 하지 못하는 존재로 희화화될 수도 있다. 이제는 그들을 쓸모없는 짐으로 느끼게 된 자신의 숭배자들이 아니라, 그들 자신의 우상들조차 구원하지 못하는 하찮은 존재 취급을 받는다는 말이다(사 46:1-2). 신들을 이런 식으로 표현할 수 있는 것은 그것들이 그 무엇이기 때문이다. 이스라엘이 있는 그대로 보아야 하고 거기서 해방되어야 하는 그 무엇, 정체가 폭로되고 깨끗이 잊혀야 할 그 무엇이다. 그래서 그것이 더 이상 이스라엘이 그들의 살아 계신 구속주 하나님을 예배하는 일을 방해하지 못하도록 하기 위함이다.

예언자가 그런 관점을 가질 수 있었다면, 분명히 신명기같이 신학적으로 깊이 있고 예리한 통찰력을 지닌 책의 저자도 그런 관점을 가질 수 있었다. 실제로 똑같은 역설적 이중성을 발견할 수 있다. 한편으로, 다른 신들은 아무것도 아니다. 야웨가 평가 기준이나 비교 기준일 때 그렇다는 말이다. 나는 다음의 주장들을 있는 그대로 이해할 수밖에 없다. 야웨 한 분만이 초월적 하나님이시고, 홀로 우주의 주인이시며 통치자시라는 것이다.

> 그런즉 너는 오늘 위로 하늘에나 아래로 땅에 오직 여호와는 하나님이시요 다른 신이 없는 줄을 알아 명심하고. (신 4:39)

> 하늘과 모든 하늘의 하늘과 땅과 그 위의 만물은 본래 네 하나님 여호와께 속한 것이로되. (신 10:14)

> 너희의 하나님 여호와는 신 가운데 신이시며 주 가운데 주시요 크고 능하시며 두려우신 하나님이시라. (신 10:17)

이제는 나 곧 내가 그인 줄 알라.
　나 외에는 신이 없도다.
나는 죽이기도 하며 살리기도 하며
　상하게도 하며 낫게도 하나니
　내 손에서 능히 빼앗을 자가 없도다. (신 32:39)

이런 주장들을 보면, 다른 신들이 무엇인가 하는 질문에 이렇게 답할 수 있을 것이다. 그것은 "하나님 아닌"(not God, 한글성경 개역개정판에 '하나님께 제사하지 아니하고 귀신들에게 하였으니'라는 부분은 '하나님 아닌 귀신들에게 제사하였으니'라고 번역할 수 있다―옮긴이) 존재(신 32:17), "하나님이 아닌 것"이다(신 32:21). 한마디로 말해서, 그것들은 **아무것도 아니다**. 야웨와 비교해 볼 때 그렇다는 말이다.

하지만 다른 한편, 동일한 책 신명기는 이스라엘이 요단강을 건널 때 만날 종교 문화의 매혹적이고 유혹적인 힘(신과 우상들, 신성한 장소, 남성적·여성적 풍요의 상징, 이러한 신들을 섬겨서 성공한 것처럼 보이는 문명)을 깊이 생각한다. 그런 우상숭배에 대한 반복적인 경고는 대단히 현실적이고 굉장히 위험스러운 그 **무엇**에 대한 것이다. 게다가 다른 민족들이 천체를 경배하는 만큼 그들의 경배 대상은 분명 실제로 존재하는 그 무엇, "해와 달과 별들, 하늘 위의 모든 천체"였다(신 4:19). 이스라엘은 그런 것들을 숭배하지 말아야 했다. 그것들은 창조 세계의 일부이며, 따라서 야웨가 "천하 만민을 위하여" 주신 것이기 때문이다. 사람들이 숭배하도록 주신 것이 아니라 빛을 주는 존재로 한껏 빛을 발하도록 주신 것이었다.[6]

그렇다면 하나의 불완전한 가정, 곧 다른 신들이 존재하는 것처럼 말하는 사람들은 동시에 야웨 한 분만이 하나님이라고 믿을 수 없다는 가정에 근거해서, 구약 문서들을 종교적 발전에 따라 한 줄로 죽 늘어놓으려는 시도는 헛된 일이다. 그런 논증의 논리적 결론은, 일단 유일신론을 확신하게 되면 다른 신들을 진짜 신적 존재로 인정하는 것처럼 보이지 않게 하기 위해 다시는 그것들에 대해 언급조차 하지 말아야 한다는 것이다. 하지만 그렇게 되면 신학적 담화가 부당하게 제한받을 것이다. 그런 가정에서라면 바울은 그가 선교 활동을 벌인 세상의 신 및 우상들과 살아 계신 하나님 간의 관계를 논하지도 못했을 것이다. 바울이 신과 우상들을 비판하기 위해 그것들을 언급한다고 해서, 신과 우상들이 그리스도 안에 계시된 이스라엘의 살아 계신 하나님에 필적하는 신적 실체를 지녔다고 믿었을까? 바울은 자신이 절대 그런 의미로 말하지 않았다고 주장한다. 그런데도 구약학자들은 단지 이스라엘 사람들이 그들 주위에 있는 열방의 신들을 **언급한다고** 해서 그들이 분명히 그 신들을 야웨와 대등한 실제 존재로 **믿었다고** 억지를 부린다.

현대 그리스도인들도 바울과 마찬가지다. 선교학적 담론을 펼치거나 실제로 선교 활동을 할 때, 우리는 반드시 다른 신들이 존재한다는 것(어떤 의미에서는)과 우상숭배 현상을 고려해야 한다. 그것들은 의심할 바 없이 그 무엇이다. 그렇지만 그렇게 말한다 해도 오직 한 분이신 살아 계신 하나님, 충만한 삼위일체적 계시 속에서 우리에게 알려지신 하나님이 계신다는 근본적인 성경적 유일신론을 희석시키는 것은 아니다. 그렇지 않다면 선교 찬송가에 나오는 다음과 같은 찬송을 부르는 것은 암암리에 다신론의 죄를 범하는 일이다.

당신 외의 다른 신들이
제멋대로 지배하는 곳에서
당신에게 도전한 세력들이
오늘날도 여전히 당신에게 반항하는 곳에서….7

우리는 물론 이 노래를 부를 때, 세상에 많은 신과 많은 주들이 있으나, 실제로는 단 한 분의 주님과 하나님, 만물이 그분으로부터 나오고 그분을 위해 존재하는 그 하나님만이 계신다는 바울의 주장을 백 번 확신할 수 있다(여기서 바울의 주장은 신명기에 근거한 것으로, 기독론적 주장을 제외하면 신명기가 이해하고 받아들였을 만한 역설을 표현하고 있다). 우리가 참된 유일신론에 미치지 못하는 열등한 종교적 진화 단계라는 입장을 취하지 않으면서도 그런 노래를 부를 수 있고 그 기저를 이루고 있는 신학적 담론에 참여할 수 있다면, 고대 이스라엘 사람이 열방을 제멋대로 지배하거나 한 분 살아 계신 하나님 야웨께 반항하는 다른 신들을 언급하면서 노래하거나 예언하거나 법을 제정할 때, 그가 학자들이 인위적으로 만들어 놓은 그런 열등한 단계에 속해 있었다고 볼 이유가 전혀 없다.

결론적으로 말해서, 우리가 성경에서 만나는 신들은 그 무엇(something)인가, 아무것(nothing)도 아닌가? 역설적인 대답은 '둘 다'라는 것이다. 한편으로, 그 신들은 한 분 참된 살아 계신 하나님, 야웨와 비교해서 아무것도 아니다. 그것들은 야웨 같은 신적 실체를 갖고 있지 않다. 야웨만이 초월적인 신의 영역에 거하시기 때문이다. 야웨만이 하나님이시며, **다른 신은 없다**. 하지만 다른 한편으로, 신들은 그들의 이름을 부르고 그들을 경배하고 그들에게 복종한, 또는 힘 있는 자들이 자신들의 어떤 목적이든 이루기 위해 그들의 도움을 요청한, 사람과 문화들로 이루어진 세상 안에 있는 그 무엇이었다. 그렇다면 그 무엇은 무엇인가? 그 신들은 무엇인가?

2장
신들은 무엇인가?

그 신들이 **야웨** 같은 하나님은 아니지만 '그 무엇'으로 존재한다면, 그것들은 무엇인가? 그들이 참된 신성의 영역 안에 존재하지 않는다면(그 영역 안에 계신 분은 오직 야웨뿐이다), 그들은 단 하나의 다른 존재 영역 안에 존재해야만 한다. 그것은 창조 세계라는 영역이다. 그것들이 피조물이라면, 그것들은 **물리적** 창조 세계(그것은 다시 하나님이 창조하신 자연 질서와 인간이 만든 제품으로 나누어진다) 안에 존재하든가, 아니면 역시 하나님이 창조하신 인간 외에 다른 영들이라는 **보이지 않는** 세계 안에 존재해야 한다. 성경은 우상숭배라는 '그 무엇'을 세 가지로 분류한다. 우상과 신들은 (1) 눈에 보이는 창조 세계 내의 물체, (2) 귀신, (3) 인간이 손으로 만든 생산품이 될 수 있다. 이것들을 하나씩 살펴보자.

창조 세계 내의 물체인 우상과 신들

이스라엘 일부 사람들은 물리적 창조 세계 내에서 천체를 신으로 여겨 숭배한 반면, 또 다른 사람들은 땅에 있는 피조물들, 곧 사람 아닌 동물이나 다른 인간들을 숭배했다. 물론 이 모든 것들은 살아 계신 하나님이 창조하셨으므로, 그 자체가 예배의 대상이 되어서는 안 된다. 신명기 4:15-21에서는 창조 질서를 신으로 숭배하는 것에 대해 경고한다. 흥미롭게도 (그리고 거의 분명히 의도적으로) 그 숭배의 대상들을 창세기 1장에서 창조된 순서의 정반대 순서로 열거하고 있다. 인간 남자와 여자, 육지의 짐승, 공중의 새, 바다의 고기, 해, 달, 별 순이다. 여기서 강력한 수사학적 효과만큼 전달하고자 하는 신학적 메시지도 강력하다. 그 메시지는 사람들이 창조주 대신 피조물을 섬길 때 모든 것이 뒤집힌다는 것이다. 우상숭배는 모든 근본적 관계들을 무질서하게 만든다. 우상숭배는 하나님의 창조 질서를 부인하고 혼란시키는 온통 뒤죽박죽인 우주에서 사는 삶이다.

천체 숭배는 만연해 있었을 뿐 아니라 오래된 것이었다. 하지만 그것은 이스라엘이 야웨를 창조주로 믿는 믿음과 양립할 수 없었다. 그래서 (이스라엘 사람이라고 묘사되지는 않지만, 해설자와 야웨 자신이 하나님을 독실하게 경배하는 자라고 칭찬하는) 욥까지도 천체 숭배는 죄이며 신실하지 못한 행위라고 말한다.

만일 해가 빛남과
   달이 밝게 뜬 것을 보고
내 마음이 슬며시 유혹되어

내 손에 입맞추었다면

그것도 재판에 회부될 죄악이니

내가 그리하였으면 위에 계신 하나님을 속이는 것이리라. (욥 31:26-28)

그럼에도 때로 이스라엘은 별 숭배에 푹 빠졌다(예를 들어, 암 5:26; 왕하 17:16; 21:3-5; 겔 8:16을 보라). 이사야 40:26에서 예언자는 바빌론 정복자들이 섬기는 이 별 신들의 능력처럼 보이는 것에 압도된 포로들에게 하늘을 올려다보라고 하면서 이렇게 질문한다. "누가 이 모든 것을 창조하였는가?" 그 질문 자체가 그것들의 정체를 드러낸다. 별들은 열방의 운명을 주관하는 전능한 신들이 아니다. 심지어 신도 아니다. 그것들은 그저 살아 계신 하나님의 피조물, 하나님의 권위에 의해 명령과 지배를 받는 존재일 뿐이다.

인간 아닌 다른 짐승을 숭배하는 경우도 흔했다. 고대 이스라엘의 상황은 특별히 이집트와 관련이 있다. 이집트에서는 갖가지 동물과 파충류들이 신성화되고 있었다(겔 24:9-11을 보라).

귀신들인 우상과 신들

비물리적 창조 세계로 다시 돌아가면, 이스라엘은 천군에 대해 잘 알고 있었다. 그들은 하나님의 최고 통치 보좌를 둘러싼 영적 존재였다. 그들은 하나님의 목적에 기여하고 하나님의 분부대로 행하는 존재들이었다. 대개는 그랬다. 이스라엘은 그렇게 높은 무리들 중 하나님께 **이의를 제기하거나**(욥 1장에서 '사탄' 혹은 참소자가 그랬던 것처럼), 하나님의 진실하심과 자비하심에 **도전하거나**(창 3장에서 뱀—그것이 무엇을 의미하든—이 그랬던 것처럼), 하나님의 종들을 **대적하는**(슥 3:1-2에서 사탄이 포로기 이후 대제사장 여호수아에게 그렇게 하는 것처럼) 존재들도 있다는 사실을 알고 있었기 때문이다. 그런 영들이 어떤 모습을 하고 있든, 그것들은 야웨의 권위에 전적으로 종속되어 있다. 그래서 심지어 하나님은 아합에게 심판을 내리기 위해 "거짓말하는 영"을 급파하실 수도 있었다(왕상 22:19-23).

구약 본문에서 다른 신들의 숭배를 귀신들과 연관시키는 경우는 아주 드물다. 하지만 드물다고 해서 전혀 연관이 없다는 것은 아니다. 분명히 신약에서는 그 주제를 신학적으로 확대해서 다루기 때문이다. 그래서 바울은 예를 들면 우상들과 노닥거리다가 귀신들과 교제할 수도 있다고 가정한다. 그는 그렇게 말하는 것이 성경적으로 틀린 말이 아니라고 생각한다(고전 10:18-21). 고든 피(Gordon Fee)는 다음과 같이 언급한다.

> 구약 자체에는 우상숭배를 이렇게 귀신 숭배로 이해하는 것에 대한 신학적 성찰이 나와 있지는 않지만, 그것은 이교도들의 '말 못하는' 신들이 실제로 초자연적 권능을 갖고 있다는 이스라엘의 인식이 자연스럽게 발전한 것이었다. 하나님은 단 한 분뿐이므로, 그런 권능은 어떤 신에게서 나온 것이라고 볼 수 없었다. 그런 이유 때문에 우상들은 귀신의 영들을 나타낸다는 믿음이 생겨났다.[1]

우상과 귀신은 이스라엘 역사의 초기부터 연관되었다. 다른 신들을 귀신들이라고 명확하게 말하는 최초의 본문은 신명기 32장에 나오는 모세의 노래이기 때문이다. 많은 학자들은 그것이 아주 이른 시기의 이스라엘 시편이라고 인정한다.

> 그들이 다른 신으로 그의 질투를 일으키며
> > 가증한 것으로 그의 진노를 격발하였도다.
> 그들은 하나님께 제사하지 아니하고 귀신들[false gods]에게[2] 하였으니. (신 32:16-17; 또 신 32:21을 보라.)

시편 106편의 목적은 신명기 32장과 비슷하다. 1차적 초점은 우상숭배의 죄다. 첫째로, 시내산에서 금송아지 우상을 숭배한 것이 언급된다(시 106:19-20, 이스라엘의 "영광"이신 야웨와, "풀 먹는 소의 형상"이 멋지고 신랄하게 대조된다). 둘째로, 바알브올에서 있었던 끔찍한 배교를 회상한다. 거기서는 신들을 "죽은 자"라고 묘사한다(시 106:28, 문자적으로는 "그들은 죽은 자들/것들의 제물을 먹었다", lifeless gods). 마지막으로, 가나안 땅에 들어가서 이스라엘은 모든 가르침에도 불구하고 가나안 사람들의 제사 의식을 따랐다(문자적으로는 "그들의 행동을 배웠다").

> 그 이방 나라들과 섞여서
> > 그들의 행위를 배우며
> 그들의 우상들을 섬기므로
> > 그것들이 그들에게 올무가 되었도다.
> 그들이 그들의 자녀를
> > **악귀들**[false gods]에게 희생 제물로 바쳤도다.

무죄한 피,

    곧 그들의 자녀의 피를 흘려

가나안의 우상들에게 제사하므로

    그 땅이 피로 더러워졌도다. (시 106:35-38)

구약에서 명백히 노골적으로 신과 우상들을 귀신들과 동일시하는 본문은 이 두 본문(신 32장; 시 106편)뿐이다. 물론 그 점을 암시하는 말은 다른 곳에도 나와 있다.[3] 하지만 그 본문들은 "이방인이 제사하는 것은 귀신에게 하는 것이요"(고전 10:20)라는 바울의 단도직입적 주장의 성경적 기초가 된다. 이런 확신은 우상숭배에 대한 바울의 다른 신학적 평가와도 일맥상통한다. 아마도 가장 초기에 기록되었을 서신에서 바울은 어떻게 데살로니가인들이 "우상을 버리고 하나님께로 돌아와서 살아 계시고 참되신 하나님을 섬기는지"를 회상한다(살전 1:9). 브라이언 윈틀(Brian Wintle)이 말한 대로, "여기서 분명하게 함축하는 바는 그들이 전에 행하던 우상숭배가 죽어 있는 거짓된 신들에 대한 숭배였다는 것이다."[4] 누가는 바울이 아그립바 앞에서 어떻게 자신이 부활하신 예수님을 만났다고 말하는지 기록한다. 바울은 이렇게 우상에서 돌아오는 것을 곧 사탄의 권세에서 놓이는 것이라고 보는 듯하다(행 26:18). 정반대로, 요한계시록은 끝까지 회개하지 않고 반역하는 사람들은 하나님의 처음 심판이 나타난 후에도 우상숭배에서 돌이키기를 거부한 사람들이라고 말한다. "이 재앙에 죽지 않고 남은 사람들은 손으로 행한 일을 회개하지 아니하고 오히려 여러 귀신과 또는 보거나 듣거나 다니거나 하지 못하는 금, 은, 동과 목석의 우상에게 절"했다(계 9:20).

그 관계는 명백하다. 즉 다른 신들을 경배하는 것은 그것들을 나타내는 바로 그 조상(彫像)들을 오염시키는 사탄적 귀신들을 경배하는 것이다.

인간이 손으로 만든 것인 우상과 신들

구약에서 신과 우상들을 귀신들로 묘사하는 경우는 드물지만, 요한계시록 9:20에서 그 말과 짝을 이루어 나오는 "손으로 행한 일"이라는 말은 여기저기서 많이 나오는 전형적인 표현이다. 사실 이것은 구약에 나오는 우상숭배에 대한 비판의 이유 중 우상숭배가 근본적으로 살아 계신 하나님에 대한 반역이라는 사실 다음으로 중요한 이유다. 우상과 신들은 인간이 만든 것이다! 우상은 **살아 있는** 피조물도 아니고, 단지 피조물이 **만든 것**일 뿐이다. 도대체 어떻게 그것이 신적 존재라고 주장할 수 있단 말인가?

이러한 성경적 인식을 진지하게 받아들이고, 몇몇 대표적인 구약 본문에서 이러한 비난의 참뜻을 한 번 조사해 볼 필요가 있다. "사람의 손으로 행한 일"(ma ʿăśēb yədê-ʾādām)이라는 표현은 다른 신들에 대해 깔보는 듯한 말투로 여러 번 사용된다. 예를 들어, 히스기야는 앗시리아 사람들이 다른 민족들을 물리치는 동시에 그들의 신들을 파괴시킬 수 있었다는 말을 듣고도 놀라지 않는다. 앗시리아 장군 랍사게는 바로 그 점을 들어 히스기야에게 그의 하찮은 신 야웨도 그런 대접을 받을 것이라고 설득하려 했다. 하지만 히스기야는 그가 섬기는 하나님이 어떤 분인지 잘 알았다. 그래서 그는 다른 세상 사람들도 야웨를 더 잘 알 수 있도록 자기 나라를 구해 달라고 야웨께 기도했다(그 자체로 하나

2장 신들은 무엇인가?

의 흥미로운 선교적 관점이다). 히스기야는 이렇게 기도한다.

> 여호와여, 앗수르 여러 왕이 과연 여러 민족과 그들의 땅을 황폐하게 하고 또 그들의 신들을 불에 던졌사오니 이는 그들이 신이 아니요[혹은 하나님이 아니요] 사람의 손으로 만든 것 곧 나무와 돌뿐이므로 멸하였나이다. 우리 하나님 여호와여, 원하건대 이제 우리를 그의 손에서 구원하옵소서. 그리하시면 천하만국이 주 여호와가 홀로 하나님이신 줄 알리이다 하니라. (왕하 19:17-19)[5]

시편 기자 역시 그러한 경멸의 태도를 보였다.

> 그들의 우상들은 은과 금이요
> > 사람이 손으로 만든 것이라.
> 입이 있어도 말하지 못하며
> > 눈이 있어도 보지 못하며
> 귀가 있어도 듣지 못하며
> > 코가 있어도 냄새 맡지 못하며
> 손이 있어도 만지지 못하며
> > 발이 있어도 걷지 못하며
> > 목구멍이 있어도 작은 소리조차 내지 못하느니라.
> 우상들을 만드는 자들과
> > 그것을 의지하는 자들이 다 그와 같으리로다. (시 115:4-8; 또 시 135:15-18을 보라.)

예상했겠지만, 예언자들도 똑같은 수사학적 논쟁을 한다.

> 그들이 또 그 은, 금으로
> > 자기를 위하여 우상을 만들었나니
> > 결국은 파괴되고 말리라.…
> 이것은…장인이 만든 것이라.
> > 참 신이 아니니. (호 8:4, 6)

> 이제도 그들은 더욱 범죄하여 그 은으로
> 자기를 위하여 우상을 부어 만들되
> > 자기의 정교함을 따라 우상을 만들었으며. (호 13:2)

> 새긴 우상은 그 새겨 만든 자에게 무엇이 유익하겠느냐.
> > 부어 만든 우상은 거짓 스승이라.
> 만든 자가 이 말하지 못하는 우상을 의지하니
> > 무엇이 유익하겠느냐.
> 나무에게 깨라 하며
> > 말하지 못하는 돌에게 일어나라 하는 자에게 화 있을진저,
> 그것이 교훈을 베풀겠느냐.
> > 보라, 이는 금과 은으로 입힌 것인즉
> > 그 속에는 생기가 도무지 없느니라. (합 2:18-19)

이러한 분명한 도전들보다 더 수사학적으로 설득력 있게 서술하고 있

는 본문은 우상의 인간적 기원을 강조하는 위대한 예언서 본문인 예레미야 10:3-5, 9, 14과 이사야 40:18-20; 44:9-20뿐이다. 이 두 본문은 여기 싣기에는 너무 길지만, 이스라엘이 사람의 손으로 만든 우상숭배를 어떻게 맹비난하는지 충분히 느껴 보기 위해 한 번 읽어 볼 필요가 있다.

현대 학자들은 바로 이 점 때문에 고대 이스라엘이 종교적으로 무지하고 순진하다고 종종 비판한다. 하지만 내가 보기에 그들의 비판은 부당하며 그에 대한 확고한 반응이 필요하다.

그들은 이스라엘 사람들이 모든 이교도 예배를 주물 숭배에 불과한 것으로 간주했다고 주장한다. 이스라엘 사람들은 이교도 예배자들이 물질적인 우상 자체가 생명과 능력을 가지고 있는 것으로 간주했다고 잘못 생각했다(고 그들은 말한다). 그것들은 분명 그런 생명과 능력을 가지고 있지 않았으므로, 그 모든 가식은 이스라엘 사람들에게는 우스꽝스러운 것이었다. 이스라엘 사람들은 한편으로 우상의 형상들과, 다른 한편으로는 그것들을 숭배하는 사람들의 마음과 예배 속에서 그런 형상들이 나타내는 신들 혹은 하늘의 권세들을 잘 구분하지 못했다(하지만 다른 열방은 그런 구분을 잘했다). 이스라엘 사람들 자신은 형상 없이 야웨를 예배했기 때문에 주위 사람들이 형상을 만들어 놓고 드리는 예배의 미묘한 점을 이해하거나 인식하지 못했다. 그들은 어떤 영적·심리적 상태로 인해 이교도 예배에서 우상을 사용하게 되는지 제대로 파악하지 못했다. 그래서 이스라엘 사람들은 자신들이 이해하지 못한 것을 조롱할 뿐이었다.

이러한 가정에 대한 예는 존 바턴(John Barton)의 글에서 발견할 수 있다. 그는 이사야 시대로부터 다음과 같은 일이 일어났다고 주장하는데, 그 주장만 빼면 그의 글은 탁월하다.

> 이사야 시대부터, '우상들'을 참된 신의 왜곡된 표현으로 보는 것이 아니라 거짓 신들의 형상으로 보고 다른 신들을 그들의 형상과 동일시하는 전통이 발전되었다. 마치 형상이 전부인 양 생각한 것이다. 이것은 어떤 의미에서는 예배 때 형상을 사용하는 사람들에게 공정치 못하다는 점이 종종 지적되어 왔다. 우상 타파자들(이스라엘 사람들)은 그 형상만 보며, 그것을 사용하는 예배자들이 물질적인 물체에 불과한 것 앞에서 절하고 있다고 생각한다. 하지만 이것은 예배자가 하고 있는 일에 대한 우상 타파자들의 해석이다. 그 예배자들에게 그 형상은 신적 권능의 표현이다. 형상이 그 권능을 남김없이 나타내는 것은 아니지만, 신적 권능은 그 형상 안에서 상징되거나 요약된다. 그럼에도 우상들에 대한 이러한 '부당한' 해석이 구약 곳곳에서 형상에 대한 주된 개념으로 자리 잡았다.[6]

이런 식으로 논증이 전개된다. 그는 우리와 다른 예배 대상이나 형태를 갖고 있는 사람들을 이같이 무지하게 정죄하지 말아야 한다고 말한다. 그 말은 우상숭배에 대한 구약의 정죄를 무효화하는 것으로, 종교적 다원주의 주창자들은 그러한 논증에 특별히 매력을 느낀다.[7] 그것은 우리가 구약보다 종교적으로 (그리고 도덕적으로) 우월하다는 우리 자신의 느낌을 만족시키는 수단이기도 하다. 왜냐하면 현대 인류학이 인간의 종교를 연구한 결과, 우리는 이제 이스라엘이 그처럼 조롱했던 것이 참된 영적 원동력을 지니고 있었다는 것(인류학자들은 우리에게 그렇게 믿으라고 권한다)을 이해하게 되었기 때문이다. 따라서 우리는 더 이상 구약에 나오는 이 논쟁적 본문들의 편협하고 무지한 배타주의에 얽매일 필요가 없다. 우리는 우상을 숭배하는 자들에 대해 훨씬 더 너그러워질 수 있다. 우리는 그들이 하고 있는 것을 무지한 이스라엘 사람들이 이해하지 못했던 방식으로 이해하기 때문이다.

하지만 널리 주장되는 이러한 가정은 내가 보기에 이스라엘 사람들에게 정당한 비난을 가하는 것이기보다는, 오히려 이스라엘을 가르치려 드는 교만한 태도와 이스라엘에 대한 부당한 오해에 더 가깝다. 바빌론의 신들에 대한 중대한 논증을 쓴 이사야는 물질적 우상들 자체와 그 우상들이 나타내는 신들 간에 존재한다는 그 구별을 **분명히** 이해했기 때문이다. 그는 이 점에 대한 이교도 신학을 아주 잘 이해했기 때문에, 풍자 형태로 그 신학을 활용해서 우상과 신들과 예배자들을 한꺼번에 비판할 수 있었다. 이사야가 어떻게 비판했는지 살펴보자.

이사야 46:1-2에서 예언자는 하늘에 있는 위대한 바빌론 신 벨(Bel)과 느보(Nebo)에 대해 묘사한다. 하지만 그들은 몸을 구부려 땅을 내려다보고 있다. 왜 그런가? 그들의 우상들이 실려 있던 달구지에서 떨어지려고 하기 때문이다. **이사야 예언자는 바빌론식 사고에서 볼 때 그 신상들이 신들 자신은 아니라는 것을 익히 잘 알고 있다.** 신들은 눈에 보이지 않는 '저기 위' 어딘가에 있다. 그들의 신상들은 눈에 보이는 '여기 아래' 어딘가에 있다. 하지만 그가 말하려는 요점은 바빌론 세계관에서 그 신들이 어디 있다고 생각하든 또 무엇이라고 생각하든, 곤경이 닥칠 때 그 신들은 자기 예배자들은 고사하고 자신들의 신상조차 구원할 수 없다는 것이다. 오히려 그 신들은 자기 예배자들에게 짐이 된다. 그 예배자들은 무슨 수를 쓰든 그들의 신상을 구해 내야 한다는 부담감을 느낀다. 바빌론 하늘의 신들은 바빌론 거리에서 비틀거리는 우스꽝스럽고 위태위태한 달구지에 자기 신상들을 내맡겨야 한다. 신상이 그 신의 능력을 나타내거나 선포한다고 추정된 그 신은 그의 신상이 도움이 필요했을 때 실제로 무력하기 짝이 없었다.

이사야 예언자의 풍자는 순진한 무지에서 나온 것이 아니라 예리한 통찰에서 나온 것이다. 사실상 그 풍자의 취지는 바빌론의 형상들과 그 형상들이 나타내는 신들 간의 구분을 그가 이해하고 있음을 **전제하고 그에 좌우된다**. 그는 바빌론 사람들이 자기들이 믿는 우상의 신상들과 그 신상들이 나타내는 신들을 구별했다는 사실을 아주 잘 알고 있었다. 이사야의 요점은 자신들의 우상들조차 구원하지 못하는 이른바 신들의 명백한 실패가 우스꽝스럽고 초라하다는 것이었다. 이것은 어떤 종류의 신이었는가?

더 초기의 성경 이야기들을 살펴보면, 이스라엘 사람들이 우월감에 빠진 다원주의자들의 말처럼 우둔하지 않았다는 증거가 있다. 그들은 신상이나 제단 자체가 그것이 나타낸다는 신과 같지는 않다는 사실을 인식했다. 하지만 그렇다고 해서 신이라는 것들의 무능함을 조롱하지 않은 것은 아니었다. 기드온의 아버지 요아스는 아들이 마을에 있는 바알 제단과 아세라 기둥을 무너뜨린 후 성난 군중이 밀려들자 그들에게 대항한다. 요아스는 그 신의 물질적 상징과 신 자체를 정확히 구분한다. 그는 신을 모신다는 것은 **그 신이 너희를 지켜 주어야 한다**는 의미인데, 도리어 사람이 신을 지켜 주어야 하다니 이게 말이 되느냐고 일갈한다. 최소한 신이라면 자신의 영역과 상징물 정도는 지킬 수 있어야 한다. "너희가 바알을 위하여 다투느냐. 너희가 바알을 구원하겠느냐.…바알이 과연 신일진대 그의 제단을 파괴하였은즉 그가 자신을 위해 다툴 것이니라 하니라"(삿 6:31).

엘리야는 자기 숭배자들이 가장 필요로 할 때 수수방관하는 바알의 경향에 대해 더 날카롭게 조롱한다. 아합은 바알에게 단 하나와 아세라 기둥 하나를 만들어 주었다. 이세벨에게는 바알을 섬기는 예언자 4백 명이 있었다. 하지만 바알의 영적 실체가 어디 있었든, 바알은 갈멜산에서 미쳐 날뛰는 그 숭배자들의 단 주위에는 없었다. 엘리야의 조롱은 결국 그는 신인즉, 여기 있지 않다면 분명 '다른 어딘가에' 있을 것이라는 그들의 추정에 대한 통렬한 공격이다. 엘리야는 신이라 추정되는 바알이 땅에서 그를 나타내는 어떤 물체든 그것과 같은 것이 아니라는 점을 완벽하게 알고 있었다. "큰소리로 부르라"고 엘리야는 말했다. "그는 신인즉 묵상하고 있는지 혹은 그가 잠깐 나갔는지 혹은 그가 길을 행하는지 혹은 그가 잠이 들어서 깨워야 할 것인지"(왕상 18:27).

이로 인해 다시 우리가 말한 요점으로 돌아오게 된다. 이스라엘 사람들은 **우상들**이 그 앞에 절하는 사람들에게 무엇을 의미하는지 충분히 잘 알고 있었지만, 그럼에도 그것들을 "인간의 손으로 만든 것"이라고 혹평한다. 그렇다면 이것은 그 우상들이 나타내는 **신들**에 대해서는 무엇을 의미했는가? 기본적인 결론은 시편 기자와 예언자들은 형상들 및 그 형상들이 나타내는 신들을 전혀 구분하지 않는다는 것이다. 이교도 예배자들의 마음속에 그런 구분이 있다는 것을 알지 못했기 때문이 아니라 궁극적으로 실제로는 그런 구분이 별 의미가 없었기 때문이다.

눈에 보이는 우상들은 분명히 사람이 만든 것이었다. 누구나 그것을 볼 수 있었다. 그러나 요점은, 신들을 숭배하는 자들이나 그들과 함께 그 신들을 숭배하고 싶은 유혹을 느끼는 이스라엘 사람들이 어떻게 생각했든 그 신들 역시 **인간이 만든 것에 불과했다**는 것이다. 그 우상들이 나타내는 이른바 신들은 **신적** 실체나 **신적** 권능을 전혀 갖고 있지 않았다. 그런 실체와 권능은 오직 야웨께만 속한 것이기 때문이다. 신들을 숭배하는 사람들의 신화와 제사 의식들 속에서 그 신들은 일반적으로 사람의 눈에 보이지 않는 어떤 다른 영역에 거주하고 있다고 생각했다 해도, 인간의 상상력의 산물인 그 신들의 실제 지위는 별 다를 것이 없었다. 단지 눈에 보이지 않는다 해서 그것이 신성을 갖고 있다는 증거는 아니었다.

그래서 이스라엘 사람들이 누가 봐도 인간의 노력과 기술로 만든 우상을 가리켜 "사람의 손으로 만든 것"이라고 선포하는 것은, 그저 뻔한 말을 하는 것이 아니었다. 결국 이교도 예배자들도 그 점에는 동의했을 것이다! 물론 이교도들이 생각하기에 우상의 신상은 사람의 손으로 만든 것이었다! 모든 사람이 그것을 알았다. 그뿐 아니라 그들은 실제로 자신들의 기술과 돈으로 그 위대한 형상들을 만든 것에 대해 **자랑스러워했다**(우상이 대중 종교의 중요한 부분을 차지하는 인도 같은 나라들에서는 지금도 그렇다). 이스라엘 신학자들은 한 걸음 더 나아가 우상의 형상과 함께 우상숭배자들이 그 형상이 나타낸다고 믿는 신들의 정체까지 평가를 했다. "하늘에 있는" 신들도 분명히 사람이 지상에 만든

그들의 신상처럼 사람이 만든 것이었다.

존 바턴은 앞에서 언급한 사려 깊은 글에서, 이스라엘이 이사야 덕에 신들에 대해 이러한 획기적인 인식을 갖게 되었다고 본다. 그 인식이란 그 신들이 실제로는 **신적** 권능의 또 다른 원천이 아니라 인간의 산물일 뿐이라는 것이다.

[이사야는] 다른 신들이 야웨와 구별되는, 신적 권능의 또 다른 원천이라는 생각에서 벗어나 그것들을 인간이 고안해 낸 산물이라고 말한다. 호세아는 다른 민족들과 동맹을 맺는 것은 그들의 신들, 곧 이스라엘에게 금지된 위협적인 신적 권능의 또 다른 원천과 얽히는 일이기 때문에 잘못이라고 생각했으나, 이사야는 외국을 신뢰하는 것을 단순히 인간적 힘의 원천을 신뢰하는 것으로 간주한다. "애굽은 사람이요 신이 아니며 그들의 말들은 육체요 영이 아니라"(사 31:3). 다른 민족들의 신들도 마찬가지로 전혀 신이 아니라 인간이 꾸며 낸 허구일 뿐이다. 그것들은 사람이 만든 것이며 "그들의 손으로 만든 것"이라고 말할 수 있다(사 2:8). 외국의 신에게 의지하는 것은 또 다른 [신적인] 힘의 원천, 심지어 금지된 원천에 의지하는 것이 아니라, 인간들이 만들어 냈고 그렇기 때문에 그들보다 별로 더 강하지 않은 무엇인가에 의지하는 것이다. 이처럼 이사야서에는 야웨를 버리고 실재하는 다른 신들을 섬긴다는 의미의 **배교**에 대해서는 나오지 않는다. 그보다는 예배자 자신보다 더 강하지 않은 무엇인가를 신적인 힘의 원천으로 예배하는 **어리석음**에 대해 더 많이 나온다.[8]

나는 바턴의 이 말이 절대적으로 옳다고 생각한다. 그는 우상숭배에 대한 이스라엘의 평가에서 대단히 근본적이고 심오한 어떤 것, 광범위한 선교학적 의의를 갖고 있는 어떤 것을 인식했다.[9]

사람들이 섬기는 신들은 살아 계신 한 분 하나님 외에는 창조 세계 안에 있는 그 무엇, 객관적인 신적 실체가 없는 그 무엇이다. 그것들이 물리적 창조 세계 안에 있는 물체들(해, 별, 살아 있는 생물 등과 같은)이 아니라면, 귀신들이나 모종의 영들이 아니라면 그것들은 틀림없이 "인간의 손으로 만든 것"이다(그렇게 묘사되는 경우가 가장 흔하다). **신이라 간주되는 것들은 사실은 그것을 나타내는 우상들과 다를 바 없다. 즉, 둘 다 인간이 만든 것이다.** 그것들을 숭배할 때, 우리는 우리가 만든 어떤 것에 충성을 바치고 권능과 권위를 부여하며 스스로 복종하는 것이다. 결국 이사야 44:9-20에 나오는 풍자는 영 잘못 짚은 것은 아니다. 집 안에 있는 주물을 섬기는 자나, 바빌론의 위대한 신들의 정교한 신상을 섬기는 숭배자나 **원리적으로는** 다를 바 없다. 자신이 스스로 만든 나뭇조각에게 마치 그것이 실제로 신인 것처럼 말하거나(사 44:17), 금박을 입힌 신상들이 나타낸다고 생각하는 보이지 않는 국가 신들을 부르거나(사 46:7) 그 예배자는 쓸모없는 일을 하고 있는 것이다. 전자가 개인적인 사람의 손으로 만든 작품인 만큼이나, 후자는 집단적인 인간의 상상력의 산물이다. 둘 다 구원을 주지 못한다.

신과 우상들은 인간의 손으로 만든 것이라는 말이 대부분 민족 신이나 국가 신을 특별히 염두에 두고 있는 문맥에서 나온다는 사실은 의미심장하다. 그런 문맥 속에서 신들의 권능은 가장 강한 것처럼 보이며, 그에 상응해서 이스라엘의 근본적인 주장은 가장 반문화적이고 논쟁적인 것처럼 보이기 때문이다. 분명히 이집트, 앗시리아 또는 바빌론의 이러한 위대한 민족 신들은 얼핏 보면 힘 있고 권능 있는 신들이다! 하지만 실제로는 그렇지 않다고 예언자들은 대답한다. 그 신들은 그것들을 만든 사람들보다 더 강하지 않다. 물론 열방의 통치자들은 그런 것들을 만들면서 자신들의 자만심과 탐욕과 공격성을 구체적으로 표현했다.

이것은 우리가 2부에서 살펴볼 현대적 현상을 성경에서 강력하게 예시하는 사례다. 자만심, 탐욕, 공격성은 민족주의, 소비주의, 군사주의의 형태로 나타나서 여전히 그들 자신을 우리 현대 서양 문화에서 우상의 지위로 높인다. 옛 신들은 그들의 이름을 바꾸거나 그들의 개인적 이름을 완전히 잃어버리고 더 추상적인 개념과 문구(애국주의, 자유시장, 경제성장, 국가안보 등)로 변신했을 수도 있지만, 그것들은 여전히 대중의 사고방식에 엄청난 힘을 행사할 수 있다. 그것은 인간이 만들어 신격화시킨 그들에게 우리 자신이 부여하는 힘이다. 그들은 여전히 권력자의 힘과 부자의 부, 나머지 사람들의 희생을 강화하고 정당화하는 경향이 있다. 이는 모든 거짓 신들이 요구하는 것이다.

그러므로 고대와 현대의 민족 신들은 인간의 교만을 궁극적으로 신격화한다. 하지만 그 신들은 그럼에도 불구하고 여전히 인간이 만든 것이다.

예를 들면, 앗시리아의 위대한 신들이 유다 주위의 더 작은 나라들의 더 힘없는 신들을 물리쳤다는 말은 실제로는 무슨 의미일까? 앗시리아 왕과 그의 군대가 사악한 잔인함과 탐욕으로 그 나라들을 휘저었다는 의미일 뿐이다(사 10:12-14). 실제로 앗시리아 왕과 그의 대변인들 자신도 그런 식으로 신과 왕을 동일화했다(왕하 18:33-35). 그들의 세계관에서 보면, 왕과 군대가 한 일은 신들의 영역에서 일어나고 있는 일을 반영한 것이었다. 그래서 왕이 신들을 물리쳤다고 전혀 어려움 없이 주장할 수 있었다. 왕이라는 말과 신이라는 말을 문법적으로 혹은 그 자리에서 상호 교환적으로 사용할 수 있었다.

이스라엘 예언자들은 어떤 차원에서는 이런 세계관을 받아들였으나, 다른 차원에서는 단호히 거부했다. **인간**이 활동하는 국제무대는 실제로 **신**이 활동하는 영역이었다(이스라엘 예언자들은 그 부분에 대해서는 동의했다). 하지만 서로 충돌하는 신들로 가득 들어차 있기는커녕, 단 한 분의 신적 존재만이 그 무대 안에서 활동하고 계셨다. 바로 이스라엘의 하나님 야웨, 히스기야가 "주는 천하만국에 홀로 하나님이시라. 주께서 천지를 만드셨나이다"라고 말할 수 있었던 분이다(왕하 19:15). 앗시리아인들이 자신들에게 승리를 주었다고 간주했던 신들은, 그들이 약탈한 나라의 신들과 마찬가지로 '신이 아닌' 혹은 '하나님이 아닌' 존재들로 단지 '사람의 손으로 만든 것'이었다(왕하 19:18). 즉, 그들은 오직 야웨께만 속한 주권적인 신적 실재와는 전혀 상관이 없었다.

하박국도 같은 주장을 한다. 그는 앗시리아의 제국 확장의 교만, 폭력, 인간과 **생태계**의 파괴를 생생하게 자세히 묘사한 후에(합 2:3-17), 앗시리아의 신들이 여호와가 그들을 멸망시키지 못하도록 지켜 줄 수 있다는 생각을 비웃는다. 이것이 다음에 나오는 구절의 전후 문맥이며, 그가 비웃는 내용의 요점이다. 그 구절 다음에는 으레 그렇듯 은과 금으로 장식되어 있지만 생명과 호흡은 없는 나무와 돌에 대한 조롱이 나온다.

새긴 우상은 그 새겨 만든 자에게 무엇이 유익하겠느냐.

부어 만든 우상은 거짓 스승이라.

만든 자가 이 말하지 못하는 우상을 의지하니

무엇이 유익하겠느냐. (합 2:18, 저자 강조)

"만든 자가 [자기가 만든] 우상을 의지하니"(문자적으로는 '물건을 만든 자가 그것을 의지했다')라는 단 한 줄의 말은 이스라엘의 예언자들이 적국들의 위대한 국가 신들에 대해 믿는 바를 가장 분명하게 표현한다. 우상들 안에나 배후에나 위에 신적 권능은 없다. 그것들은 **신성**을 나타내는 것이 아니라 **인간**이 만들어 낸 허구들이다. 이에 반해, 하박국은 계속해서 이렇게 말한다. "오직 여호와는 그 성전에 계시니 온 땅은 그 앞에서 잠잠할지니라"(합 2:20).

앗시리아의 우상숭배자들 자신에게 이것이 사실이라면(그들의 신은 인간의 손으로 만든 것이라는 점), 앗시리아의 신들을 숭배하기로 한 **이스라엘 사람들**도 똑같이 충격적인 소리를 들어야 한다. 그래서 호세아는 이스라엘을 위한 회개의 기도서(유감스럽게도 그것은 단 한 번도 사용되지 않았다)를 쓸 때, 앗시리아 군대가 그들을 구원할 수 없음을 인식하라고 말한다. 그들이 그것을 의지하는 것은 **그들 자신의 손으로** 만든 신들을 의지하는 것에 불과했기 **때문이다**. 다시 말해, 이스라엘이 본 앗시리아 신들의 권능은 앗시리아인 종교의 산물인 만큼 **이스라엘의** 상상력의 산물이기도 했다는 것이다. 그 신들을 숭배하는 행위는 인간이 만들어 낸 것에 신성을 부여하는 일을 묵인하는 것이었다. 그것은 자신의 상상 속에서 적이 만들어 낸 것들을 받아들이고 그것들에 굴복하는 것이었다. 그래서 앗시리아의 군사력을 의지한 것(그럼으로써 앗시리아 신들을 의지한 것)에 대한 **회개**는 **스스로 신들을 만든 것**에 대한 회개였다.

> 너는 말씀을 가지고
>> 여호와께로 돌아와서
> 아뢰기를
>> 모든 불의를 제거하시고
> 선한 바를 받으소서.
>> 우리가 수송아지를 대신하여 입술의 열매를 주께 드리리이다.
> 우리가 **앗수르**의 구원을 의지하지 아니하며
>> **말**을 타지 아니하며
> 다시는 **우리의 손으로 만든 것**을 향하여
>> 너희는 **우리의 신**이라 하지 아니하오리니. (호 14:2-3, 저자 강조)

호세아는 북왕국 이스라엘에게 설교했다. 그들이 앗시리아 신들을 좇는 것은 그들 자신이 만든 신을 의지하는 것이라는 말에는 약간의 아이러니가 있다. 북이스라엘을 창시한 왕도 사실 같은 이유로, 즉 취약한 새로운 국가의 안보를 강화하기 위해 야웨 자신에 대해 그렇게 했기 때문이다. 열왕기상 12:26-33은 그가 한 행동의 동기와 교묘함을 보여 준다.

여로보암의 의도는 자기 주민들이 예루살렘에 있는 야웨의 성전에 종교적 순례 여행을 가서 다시 예루살렘에 정치적 충성을 바치지 못하게 하려는 것이었다. 그래서 그는 북왕국 양쪽 끝에 송아지 상을 세워 놓고, 북쪽 지파들로 그들을 이집트에서 인도하여 내신 하나님을 예배하게 했다. 그는 분명히 야웨 외의 다른 신을 숭배하라고 제안하는 것처럼 보이고 싶지는 않았을 것이다. 본문에 암시된 것을 잘 보면, 여로보암은 자신이 그 지파들을 솔로몬과 그 아들의 압제에서 해방시킨 모세와 같은 존재라 주장하고 있었을 수도 있다. 그럼에도 그는 자기 나라의 종교 전체를 재구성해서 야웨를 예배하는 의식을 자신이 특별히 관리했다.[10] 그래서 그 내러티브는 표면상으로는 여전히 '야웨'가 전면에 나와 있지만, 내용상으로는 많은 부분을 여로보암 자신이 만들었음을 미묘하게 암시한다. 이제 야웨 자신이 인간의 손으로 만든 신처럼 만들어진 것이었다. 여로보암에게 이용당한 대로 야웨는 (아마) 국가안보를 포함한 정치적 목적을 위해 인간이 만든 것이 되어 버렸다.

살아 계신 하나님이 국가안보를 도모하려는 국가의 선전 활동에 동원되고 교묘하게 길들여졌다. 2부에서 탐구하겠지만, 이러한 형태의 우상숭배는 여로보암 이후로도 지속되었다. 현대 서양이 저지르는 끔찍한 신성모독 행위 중 하나는 국민 통합과 관련하여 하나님의 이름을 쉽게 사용하는 것이다. 1차 세계대전의 대재앙을 초래한 주인공들이 둘 다 "하나님은 우리 편이시다"라고 주장한 것은 잘 알려진 사실이다. 남아프리카, 북아메리카, 오스트레일리아에서 벌어진 집단학살도 신학적으로 신적 승인을 받은 바 있다. "하나님 아래 있는 한 나라"와 "우리는 하나님을 신뢰한다"는 비교적 최근에 고안된 표어로, 미국인의 정체성을 다소 역설적으로 표현하고 종교적으로 승인된 자본주의를 무신론적 공산주의와 대조시킨다. 나는 내 고국 북아일랜드에서 개신교도들의 부족적 정체성과 정치적 주도권을 강화하기 위해 "하나님과 얼스터(아일랜드 섬의 북부지방—옮긴이)를 위하여"라는 플래카드를 들고 가두행진을 벌인 장면을 기억한다.

예언서에서 눈을 돌려, 우상의 인간적 기원에 대해 가장 분명하게 선포하는 시편인 115편을 살펴보자. 우리는 이 본문이 이스라엘과 열방 간의 논쟁을 배경으로 하고 있다는 사실을 다시 한번 깨닫는다. 그 시편의 낯익은 첫 구절 역시, 지금까지 우리가 논의한 내용에 비추어 보면 더 큰 의미를 지닌다. 어떤 민족의 신이 사실상 그 민족의 교만을 나타내는 집단적 인간의 산물이라면, 어떤 신의 영광은 곧 그 민족의 영광이며 그 민족의 영광은 곧 그 신의 영광이다. 민족의 **신**에게 영광을 돌린다는 것은 보통 그 민족의 **군사력**을 찬양한다는 의미다. 이스라엘인 시편 기자는 이것이 이스라엘의 하나님 야웨를 찬양하는 동기가 될 수 있다는 사실을 전면 부인한다. 반대로 그는 다음과 같은 두 가지를 강조한다. "여호와여, 영광을 우리에게 돌리지 마옵소서. 여호와여, 영광을 우리에게 돌리지 마옵소서. 오직 주는 인자하시고 진실하시므로 주의 이름에만 영광을 돌리소서"(시 115:1).

즉, **야웨**께 영광을 돌리는 것이 그분의 백성 **이스라엘**에게 영광을 돌리는 또 다른 방법이라고 해석해서는 절대 안 된다. 반대로 야웨는 단지 백성의 자축을 의미하는 상징이나 암호로서가 아니라 그분 자신의 정체성과 성품 때문에 찬양을 받으셔야 한다(그런 식으로 혼동하는 잘못을 범하기가 매우 쉽다. 그 결과 국가 의식에서 '하나님'을 공경한다고 주장하는, 혹은 누가 보아도 명백한 정치적 연설에서 경건한 목소리로 "하나님은 미국에 복을 내려 주신다"고 말하는 현대 국가들 가운데도 그런 현상이 만연해 있다).

인간의 손으로 만든 신들의 최악의 사례는 인간이 자신을 신이라고 주장하거나 자기가 소유한 권력의 신적 근원이라고 주장하는 경우다. 구약에는 '자수성가한 사람이 자신을 신격화하는 것'을 비꼬는 말이 나온다. 심지어 그런 교만의 어리석음과 기만을 폭로하면서 음산한 유머를 사용하기도 한다. 이것 역시 보통 왕과 황제들이 저지르는 악이다.

에스겔은 두로 왕이 스스로 점을 치며, 그로 인해 그 왕과 그 나라가 반드시 심판을 받는다고 밝힌다.

> 네 마음이 교만하여
> 　말하기를 나는 신이라.
> 내가 하나님의 자리
> 　곧 바다 가운데에 앉아 있다 하도다.
> 네 마음이 하나님의 마음 같은 체할지라도
> 　너는 사람이요 신이 아니거늘…
> 네가 너를 죽이는 자 앞에서도
> 　내가 하나님이라고 말하겠느냐.
> 너를 치는 자들 앞에서
> 　사람일 뿐이요 신이 아니라. (겔 28:2, 9)

마찬가지로, 에스겔은 이집트 왕 바로의 교만을 신랄하게 표현한다. 바로는 자신이 이집트를 풍요롭게 만드는 나일강 자체를 창조할 신적 능력을 갖고 있다고 주장하면서 자기 번영의 원천은 다름 아닌 자기 자신이라고 생각한다.

> 애굽의 바로 왕이여, 내가 너를 대적하노라.
> 너는 자기의 강들 가운데에 누운 큰 악어라.
> 스스로 이르기를 나의 이 강은 내 것이라.
> 내가 나를 위하여 만들었다 하는도다. (겔 29:3)

이런 터무니없는 주장은 얼마나 몰상식한 교만이요 자기기만인가! 하지만 이는 현대 세계 자본주의의 특징인 재물에 대한 우상숭배에 그대로 나타나 있다. 금융 시장에서 영리한 거래로 엄청난 재산을 거의 즉각적으로 벌어들이는 자들이 불경스럽게 스스로 '우주의 주인'이라고 칭한다. 또 (제대로 된 조사를 받았든 받지 않았든) 사업으로 막대한 부를 축적한 개인들이 전혀 관련이 없는 인간 사회의 다른 분야에서도—예를 들어, 정치 분야에서도—전문가 대접을 받고 칭찬을 받는다. 기업의 로비 활동으로 나타나는 광범위한 부패와 당선을 위해 (혹은 낙선하더라도) 선거에 쓰는 엄청난 규모의 돈이 보여 주듯이, 맘몬(재물의 신)이 두 영역을 다 지배한다. 우리는 돈으로 살 수 있는 '최고의' 정부에 의해 지배를 받는 데 만족하는 것 같다. 심지어 영적으로 의심스러운 출처에서 나온 것일지도 모르는 부를 가진 대형교회 목사들조차 위대한 지혜를 소유한 명사(名士)로 '우상화되며' 그들이 출판한 책들은 옛날 델포이의 신탁처럼 숭배된다.

물론 하나님은 하나님 자신이 인간에게 땅의 자원을 사용해서 번영하고 거래를 하고 부를 창출하고 나누라고 지시하신 명령에 반대하시지 않는다. 그러나 사람들이 그들 자신의 부의 유일한 원천이라고 주장하거나 정말로 그들의 부가 의존하고 있는 창조적 자원들의 유일한 소유자라고 주장할 때, 하나님은 분명히 그런 자만심의 정체를 폭로하는 경고를 하신다. "그러나 네가 마음에 이르기를 내 능력과 내 손의 힘으로 내가 이 재물을 얻었다 말할 것이라. 네 하나님 여호와를 기억하라. 그가 네게 재물 얻을 능력을 주셨음이라"(신 8:17-18).

이 장에서 살펴본 자료들을 다시 검토해 보면, 신과 우상들의 세계 전체에 엄청난 도전이 된다. 그것들은 원래 그런 의도로 기록된 것이었다. 우리는 여러 다양한 역사적 시대에 기록된 광범위한 구약 문헌들 곳곳에서 이런 입장을 관찰했기 때문이다.

그런데 어떤 백성이 자신들의 신의 위대성을 주장하는 것은 별로 이상한 일이 아니다. 원리적으로나 실제적으로나 이스라엘이 자신들의 신 야웨를 찬양한 것은 이웃 나라들과 다를 바 없는 행위로 간주될 수 있다.[11] 하지만 이스라엘이 야웨에 대해 그렇게 했듯이, 그 신이 다른 모든 신들을 배제하는 초월적 유일성과 보편성을 지니고 있다고 주장하는 것, 야웨의 엄청나고 유례없는 '질투'를 언급하면서 그 주장을 변호하는 것은 다른 곳에서는 찾아보기 어렵다.

또 한 걸음 더 나아가 열방의 신들은 그것들을 가시적으로 나타내는 우상들과 마찬가지로, "인간의 손으로 만든 것", 신적인 내용이 없는 인간의 작품에 지나지 않는다는 주장을 반복해서 선포하는 것 역시 유별난 일이요 유례가 없는 일이다. 하지만 구약에 이 주제가 광범위하게 분포되어 있는 이유는 매우 분명하다.

이스라엘은 우상숭배의 본질을 잘못 생각하지 않았다. 다른 숭배자들이 자기 신들에 대해 가정하는 것들을 오해하지 **않았다**. 오히려 이스라엘은 그러한 가정과 주장들을 대단히 잘 이해하고, 그 주장들을 일언지하에 거절했다. 시편 96:5에 나오는 명확한 주장은 대단히 강력하다. "만국의 모든 신들은 우상들['ĕlîlîm]이다." 즉, **신들 자체가 우상들과 마찬가지로 덧없다는 것이다**. 그들 역시 사람이 만든 것이기 때문이다.

인간의 손으로 신들을 만들었다는 말은 인간의 오만을 자극하며, 사람들의 격렬한 거부를 불러일으킨다. 바울도 에베소에서 그렇게 말했는데, 그것은 폭동을 유발시키기에 충분한 말이었다(행 19:23-41). 우리가 그처럼 높여 숭배하는 신들이 정말 우리의 놀라운 창의성의 산물이라면, 그것들을 그처럼 공격적으로 방어하는 것도 놀라운 일이 아니다. 우리는 스스로 만든 신들을 애써 보호함으로써 **우리가 만들지 않은 유일하신 참 하나님**의 특권인 참된 질투를 패러디한다. 우리는 우리 신들에게 지나치게 많은 것을 투자하고, 너무 많은 것을 썼다. 우리의 정체성과 의의는 그들의 정체성과 의의와 한데 섞여 버려서 우리는 도저히 그것들의 정체를 폭로하거나 조롱하거나 넘어뜨릴 수가 없다. 그럼에도 그것들은 살아 계신 하나님 앞에서 반드시 무너지고야 만다. 인간의 모든 노력 중 하나님의 영광을 위한 것이 아니거나 하나님께 바쳐져서 구속되지 않는 것은 모두 그렇게 될 수밖에 없기 때문이다.

> 인간의 교만과 세상적 영광,
> 검과 왕관은 그의 신뢰를 배신하나니
> 주의하고 수고하며 그가 세운 것들

탑과 신전은 산산이 무너져 버린다.
하지만 하나님의 능력은
매시간
나의 신전과 나의 탑이다.[12]

결국 인간이 만들어 낸 신들은 그들이 하는 모든 교만한 주장이나 위장에도 불구하고 못으로 고정해 놓지 않으면 똑바로 서 있지도 못하는 금박 조각상에 불과하다. 인간과 인간이 만든 것들의 모든 허세와 가식에 대해 이사야는 다음과 같이 단언한다.

    그날에 자고한 자는 굴복되며
        교만한 자는 낮아지고
    여호와께서 홀로 높임을 받으실 것이요
        우상들은 온전히 없어질 것이며. (사 2:17-18)

바울은 이와 같은 성경적 뿌리에 근거해서 인간의 삶과 마음에 영향력을 행사하는 권세들과 이데올로기들이 피조물의 특성을 가지고 있다고 주장하면서, 그리스도의 십자가에서 이 모든 권세들에게 결정적 심판이 임했다고 단언한다. "누가 철학과 헛된 속임수로 너희를 사로잡을까 주의하라. 이것은 사람의 전통과 세상의 초등학문을 따름이요 그리스도를 따름이 아니니라.…통치자들과 권세들을 무력화하여 드러내어 구경거리로 삼으시고 십자가로 그들을 이기셨느니라"(골 2:8, 15).

결론

그렇다면 우리는 이제 신들에 대해 1장에서 탐구한 역설 외에 또 다른 역설을 발견한다.

우리가 1장에서 본 대로 첫 번째 역설은, 한편으로 그것들이 가지고 있다고 주장하는 신적 실체 면에서 신들은 아무것도 아니라는 사실이다. 적법한 신성을 지닌 분은 단 한 분뿐이며, 그분은 성경에 계시된 여호와 하나님, 우주의 창조자이며 통치자이신 그 하나님이다. 그렇지만 다른 한편으로 우상들은 우리가 관찰할 수 있는 세상에서 분명하게 존재하며, 그것들이 나타내는 신들 역시 역사 안에서 인간의 담화와 경험과 활동의 일부로 존재한다. 그것들은 그 무엇이다. 그것들을 섬기지 말라는 명령은 그것들의 존재를 추정한다. 신들은 존재하는 그 무엇이다. 하지만 하나님처럼 신적 정체성과 지위와 권능과 영원성을 가지고 존재하는 것은 아니다. 비교하건대, 신들은 아무것도 아니다.

우리가 2장에서 탐구한 두 번째 역설은 구약이 우상들이나 그 우상들이 나타낸다고 생각하는 신들은 인간의 손으로 만든 것이라고 훨씬 더 자주 명백하게 말한다는 사실이다. **우리가 믿는 신들은 우리가 만든 것이다.** 그 때문에 그 신들을 경배하는 것은 대단히 어리석다.

그래서 '다른 신들은 귀신들인가, 아니면 인간이 만들어 낸 것인가?'라고 질문한다면, 그 대답은 둘 중 하나일 수도 있고 둘 다일 수도 있다. 하지만 후자가 더 중대한 신학적 진리이며 더 위험스러운 속임수다. 인간들은 귀신 없이도 우상숭배에 대해 스스로 배웠다. 일단 살아 계신 하나님의 권위를 거부하기로 했다면, 우리는 결국 창조 세계 내에서든 마음속 상상으로든 스스로 신들을 만들어 낸다. 우리는 그런 일에 전문가이며, 마귀는 우리의 전문 기술을 발전시키고 잘 발휘하도록 돕는다.

신들이 주로 인간이 만든 것이라면, 그것들은 우리 책임이다. 우리는 그것들이 진 빚을 갚고, 그것들이 어질러 놓은 것을 치우며, 그것들이 저질러 놓은 결과로 고통을 겪는다. 분명 우리는 악한 자의 사탄적 침투와 영적 유혹이 어느 정도인지, 그 결과가 무엇인지 인식해야 한다. 하지만 신과 우상들은 근본적으로 우리가 만든 것이다. 인간 종교의 엄청난 결과들에 대한 세속주의자들의 비난은 어느 정도 일리가 있다. 우리가 만든 신들은 우리 자신들만큼 파괴적이다. 그것들은 우리 손으로 만든 것이며, 우리의 손은 피로 가득 차 있기 때문이다.

하지만 이러한 인식에는 일말의 소망 또한 담겨 있다. 신들이 주로 인간이 만든 것이라면, 그것들은 파괴적일 뿐 아니라 우리가 이 땅에서 만든 다른 모든 것과 마찬가지로 **파괴될 수 있다. 그 신들 역시 부패하고 소멸될 수밖에 없다.** 그 신들은 그것들을 만든 사람이나 제국과 마찬가지로 내구력이 없다. 역사를 살펴보면, 열방의 죽은 신들을 경멸하던 앗시리아 자신도 똑같은 신세로 전락했다. 지금 앗시리아, 바빌론, 페르시아, 헬라, 로마의 신들은 어디에 있는가?

역사는 신들의 무덤이다.

3장
신들을 분별함

왜 우상숭배는 선교에서 문제가 되는가? 왜 선교는 신들에게 관여해서 그 신들의 존재를 드러내고 그 정체를 밝혀내야 하는가? 왜 우리는 (예언자와 사도들이 그랬던 것처럼) 우상숭배가 살아 계신 하나님을 인정하지 않는 사람들 가운데 나타날 뿐 아니라, 또한 (그리고 더욱) 성경의 하나님을 알고 예배한다고 **주장하는** 사람들과 그리스도의 이름을 믿고 의지한다고 주장하는 사람들 가운데 은밀하게 퍼지는 독처럼 역사한다는 사실을 밝혀내고 정죄해야 하는가? (우리는 예언자들이 다른 나라들의 우상숭배를 정죄한 것보다 이스라엘의 우상숭배를 훨씬 더 많이 정죄했던 것을 상기해야 한다.) 어쨌든 사람들이 그렇게 하기를 원해서 자신들의 신들을 숭배한다면 그것이 왜 잘못인가? 또 우리는 우리 자신의 문화를 포함해서 인간 문화에 다른 신들이 존재하는 것을 어떻게 인식해야 하는가? 이것들이 우리가 이 장에서 살펴볼 문제들이다.

가장 중대한 구분을 인식함

성경의 처음 몇 구절에 모든 실재에서 가장 근본적인 구분이 제시되어 있다. 그것은 창조주 하나님과 다른 모든 것 간의 구분이다. 오직 하나님만이 창조되지 않고, 스스로 존재하시며, 우연히 생겨나지 않은 분이시다. 하나님의 존재는 하나님 자신 외의 다른 어떤 것에도 좌우되지 않는다. 이에 반해, 다른 모든 실재들은 하나님에 의해 창조되었으며, 그렇기 때문에 그것은 하나님에 의해 존재하고 유지된다. 피조물은 하나님께 종속되어 있다. 피조물은 하나님이 없으면 존재할 수 없으며 존재하지 않을 것이다. 하지만 하나님은 피조물이 없이도 존재하셨으며 존재하실 수 있다. 두 존재(창조 세계와 창조되지 않은 하나님) 간의 이러한 본질적인 존재론적 이원성은 성경적 세계관의 기초다.

이로부터 창조 내러티브가 경고하는 피조물 내의 많은 다른 하위 구분들이 나온다. 낮과 밤 간의 구분, 이 땅의 서로 다른 환경 간의 구분, 생물의 종들 간의 구분, 하나님의 형상으로 지음받은 인간과 나머지 동물들 간의 구분, 남자와 여자 간의 구분 등이다. 하지만 의심의 여지 없이, 가장 기본적이고 중대한 구분은 창조주와 피조물의 구분이다. 그렇기 때문에 창세기 3장의 대단히 단순하면서도 심오한 내러티브에서 신비한 악의 세력이 나타났을 때, 바로 그 구분이 공격을 받는다.

"너희가…하나님과 같이 되어 선악을 알" 것이라고 뱀은 약속한다. 사람들이 하나님의 경계 표시를 무시하기만 한다면 말이다(창 3:5). 하나님의 형상으로 지음받은 피조물에게 하나님과 같이 되고자 하는 것보다 더 그럴듯하고 자연스러운 일이 무엇이 있겠는가? 그 시험의 핵심은 "선악을 알" 것이라는 두 번째 문구에 있다. 나는 그 말을 '도덕적 자율성을 가질 것'이라는 의미로 받아들인다. 즉, 뱀이 제시하고 그 다음에 그 인간 부부가 불순종한 행동을 통해 주장했던 것은, 단순히 선과 악의 차이를 **인식할 수 있는** 능력(그것은 분명 모든 진정한 도덕적 자유 혹은 도덕적 능력에 기초가 된다. 성경 다른 곳에서는 그런 능력을 가지라고 권한다)이 아니라 선과 악을 **스스로 규정할 수 있는** 권리였다. 선이 무엇인지, 그렇기 때문에 악이 무엇인지 결정하고 규정하는 것은 최고의 선이신 하나님의 특권이다. 하지만 우리 인간들은 무엇을 선 혹은 악으로 간주할 것인지 스스로 결정함으로써 하나님의 특권을 빼앗는 반역을 감행한다. 동시에 우리는 그 이후로 하나님께 반역하고 불순종한 상태에서 선악의 정의를 내림으로써 극심한 도덕적 왜곡과 혼란에 빠지고 만다.

이 구절을 이렇게 해석하는 것은 하나님이 일어난 사건의 본질을 인식하시는 방법에 비추어 볼 때 타당하다. "이 사람이 선악을 아는 일에 우리 중 하나같이 되었으니"(창 3:22). 하나님은 인간들이 실제로 창조주-피조물 간의 구분을 어겼음을 인정하신다. 인간들이 이제 신들이 **되었다는** 것이 아니라, 그들이 **마치 신이 된 것처럼 행동하기로** 했다는 말이다. 다시 말해, 무엇을 선과 악으로 간주할 것인지 스스로 규정하고 결정하게 되었다는 것이다. 모든 형태의 우상숭배의 뿌리가 바로 여기에 있다. 우리 자신의 능력을 신격화하며, 그럼으로써 우리 자신과 우리의 선택 및 그것이 함축하는 모든 것을 신으로 삼는 것이다. 그러자 하나님은 인간이 그런 타락한 상태에서 불멸하며 영생을 누릴 수도 있는 끔찍한 가능성 때문에 생명나무에 접근하지 못하도록 막으신다. 하나님은 인류가 구속받고 깨끗해져서 영생을 누리게 되는 더 좋은 방법을 갖고 계신다.

그렇다면 모든 우상숭배의 뿌리는 인간이 하나님의 하나님 되심과 하나님의 도덕적 권위가 최종적임을 거부한 것이다. 그 기본적인 반역의 열매는 우상숭배로 인해 하나님과 피조물 간의 구분이 흐려지고 결국 둘 다 손상시키는 결과로 다양하게 나타난다.

우상숭배는 하나님을 왕위에서 물러나게 하고 피조물을 왕위에 오르게 한다. 또한 우상숭배는 하나님의 권위를 거부함으로써, 하나님의 행동 능력을 강요하거나 조종함으로써, 하나님이 우리의 관심사를 위해 일하도록 함으로써 하나님을 제한하고 축소시키고 통제하려고 한다. 동시에 역설적으로 우상숭배는 창조 질서 내의 사물들(우리가 2장에서 탐구한 대로, 하늘이나 땅의 자연적 물체들이든, 창조된 영이든, 우리 자신의 손이나 상상력으로 만든 것들이든)을 높인다. 그렇게 되면 피조물은 오직 하나님만 가지고 계신 능력을 지닌 존재로 여겨진다. 그것은 신성하게 다루어지고, 경배를 받으며 거기서 궁극적 의미가 나올 수 있는 것처럼 여겨진다. 대역전이 일어난다. 경배를 받아야 할 분인 하나님이 이용할 수 있는 대상이 된다. 우리가 이용하고 우리에게 복이 되어야 하는 피조물이 우리 경배의 대상이 된다.

일단 이러한 근본적 구분이 흐려지고, 이러한 역전이 일어나면 엄청나게 파괴적인 개인적·사회적 결과들이 뒤따르게 된다. 피조물은 하나님으로부터 의미를 부여받는 존재이므로 우리에게 우리가 갈망하는 궁극적 의미를 줄 수 없다. 그래서 우상숭배는 실망으로 끝나고 만다(가장 부드럽게 말해서 그렇다는 말이다). 자아숭배는 결국 자아도취, 허무주의, 혹은 도덕관념이라곤 전혀 없는 이기주의가 되고 만다. 자연 자체가 신적인 것으로 취급되면, 다른 모든 구분들이 사라져 버린다. 인간의 삶과 다른 모든 생명 형태 간에 아무런 차이가 없다. 선과 악 간에 아무 차이가 없다. 모든 것은 궁극적으로 하나이기 때문이다. 그래서 도덕적 분별을 위한 모든 객관적 평가 기준은 있을 수 없게 된다.

그런 혼란에 비추어 볼 때, 하나님의 선교란 궁극적으로 하나님의 피조물 전체를 원래 의도된 대로, 곧 구속받은 **인류**의 지배를 받으며, 창조주께 영광과 찬송을 돌리는 **하나님의** 피조물로 회복시키는 것이다. 우리의 선교는 그러한 하나님의 선교에 참여하여, 그것의 최종적 완성을 예상하면서 하나님과 함께 하나님과 피조물의 구분을 흐리게 하는 우상들의 정체를 폭로하기 위해 계속 일하는 것, 사람들을 그 우상들이 조장하는 파괴적 망상으로부터 해방시키는 것이다.

신들의 이름을 붙임

많은 연구를 통해, 현대 문화를 지배한다고 할 수 있는 신들을 판별하고 분석할 수 있게 되었다. 특히 서구 사회에서 이와 같은 연구가 이루어졌다. 일부 연구는 성경적·사회학적 도구들을 방대하게 사용하며, 또 다른 연구는 비교적 덜 사용한다. 그런 분석들은 선교학과 깊은 관련이 있다. 우상숭배라는 독특한 성경의 개념을 현대의 문화적 현상에 적용해서 그 속에서 우상숭배적 세력들이나 귀신적 세력들이 역사하는 것을 인식하게 해 주기 때문이다. 그중 일부는 주로 우리가 어떻게 이러한 문화적 우상들의 정체를 폭로하고 맞서 싸우며, 그 우상들에 사로잡힌 사람들에게 성경적인 해방의 복음 메시지를 전할 것인가 하는 선교학적 문제를 다룬다. 이 책의 주에 그런 연구들을 보여 주는 몇

몇 책들을 소개해 놓았다.¹

다시 성경으로 돌아가 보면, 여러 종류의 신들이 있음을 알게 된다. 즉, 사람들이 살아 계신 하나님 외에 섬기는 신들은 다양한 것들로 이루어져 있을 수 있으며, 다양한 방식으로 인간 삶을 움켜잡고 있을 수 있다는 것이다. 2장에서 본 대로 우리가 만든 신들에 대해 대체로 우리 인간에게 책임이 있다면 성경이 그 과정을 어떻게 묘사하는지 살펴볼 만하다. 우리는 무엇으로 우리의 신들을 만들어 내는가?

우리를 유혹하는 것들

신명기 4:19은 "미혹하지 말라"고 경고한다. 하늘 위에 있는 천체를 경배하지 말라는 것이다. 그 말은 피조물 가운데 지나치게 경외감을 불러일으키는 것, 우리의 범위나 통제나 이해를 훨씬 넘어서기 때문에 우리를 미혹하는 매력을 지닌 것이 있음을 시사한다. 욥은 자신이 바로 그러한 죄의 유혹을 뿌리쳤다고 단언한다.

> 만일 해가 빛남과
>   달이 밝게 뜬 것을 보고
> 내 마음이 슬며시 유혹되어
>   내 손에 입맞추었다면
> 그것도 재판에 회부할 죄악이니
>   내가 그리하였으면 위에 계신 하나님을 속이는 것이리라.
>
> (욥 31:26-28)

시편 96편도 비슷한 유혹을 인정한다.

> 만국의 모든 신들은 우상들이지만
> 　여호와께서는 하늘을 지으셨음이로다.
> **존귀와 위엄**이 그의 앞에 있으며
> 　**능력과 아름다움**이 그의 성소에 있도다. (시 96:5-6, 저자 강조)

이 두 구절의 유사성과 두 구절 간 사고의 흐름을 볼 때, 민족들이 경배하는 신들은 우리에게 깊은 인상을 주는 모든 것, 곧 존귀와 위엄, 능력과 아름다움 등을 의인화한 것임을 알 수 있다. 우리는 그런 장엄함과 능력을 찾으며, 그것들이 경외감과 감탄을 유발하는 곳이라면 어디서나 그것들을 경배한다. 위대한 승리의 장면을 볼 수 있는 경기장이나 대중의 사랑을 한 몸에 받고 있는 스포츠 영웅들의 삶, 집결해 있는 군부대들, 군사장비 행진이나 항공모함의 갑판, 록 음악 콘서트 무대나 인기 절정의 텔레비전 혹은 영화 스타들, 회사의 위용을 자랑하는 설비 탑 꼭대기, 탐욕을 불러일으키는 대도시들 등. 이 모든 것이 다 경배의 대상이다.[2] 이 모든 것은 숭배하도록 미혹하는 우상이 될 수 있다. 하지만 시편은 우리가 그런 곳에서는 진정한 신을 발견하지 못할 것이라고 말한다. 진정한 **존귀와 위엄과 능력과 아름다움**은 살아 계신 창조주 하나님의 임재 안에서만 찾아야 한다. 일부 주석가들은 시편 96:6에 나오는 이 네 단어를 의인화한다. 마치 그것들이 야웨의 보좌에 있는 큰 천사들의 무리와 같다는 것이다. 그것은 그런 장엄함을 지녔다고 주장하지만 실제로는 존재조차 하지 않는 거짓 신들과 철저히

대조된다.[3]

우리가 두려워하는 것들

우리는 우리가 두려워하는 것들을 달래거나 피하기 위해 그것들을 신으로 만들어 경배한다. 시편 기자는 여호와는 "모든 신들보다 경외할 것임이여"라고 단언한다(시 96:4). 이는 야웨 아닌 다른 신들이 실제로 경외의 대상(이 책 1장에서 논의한 역설적 의미에서 '그 무엇')이 되고 있음을 시사한다. 그래서 가나안 사람들의 죽음의 신[못(Mot)]은 하나의 신이다. 또 다른 경외와 두려움의 대상인 바다의 신(Yamm)도 하나의 신이다. 다른 세계 종교들에서도 동일한 현상을 관찰할 수 있다. 악, 분노, 복수, 피에 대한 굶주림, 잔인함 등 가장 무시무시한 측면들 가운데 일부가 신으로 숭배된다. 또 '흉안'(evil eye, 그 시선이 닿게 되면 불행이 닥친다고 함―옮긴이)을 피하는 것, 보호용 부적을 착용하는 것, 귀신을 내쫓는 마술과 만투라(힌두교의 기도 때 외는 주문―옮긴이) 등을 사용하는 것은 두려움이 신격화되어 힘을 발휘하고 있음을 보여 준다. 이 세상에는 미약한 인간이 두려워해야 할 것이 대단히 많으므로, 분명 그것은 다신론적 세계관의 뿌리 중 하나를 이루게 된다. 우리가 두려워하는 만큼 많은 신들이 있다.

그러므로 여호와를 경외하는 것이 성경적 세계관에서 중심 역할을 담당하도록 해야 한다. 오직 한 분의 참된 하나님이 계신다면, 그분만이 우리의 참된 경외의 대상이 되어야 한다는 것이 철저한 유일신론의 논리다. 그렇다면 여호와를 경외하는 사람은 다른 아무것도 두려워할 필요가 없다. 다른 두려움의 대상들은 신적 능력과 우상숭배적 지배력을 상실한다. 이것이 시편 34편 기자의 증언이다.

> 내가 여호와께 간구하매 내게 응답하시고
>   내 모든 두려움에서 나를 건지셨도다.…
> 여호와의 천사가 주를 경외하는 자를 둘러 진 치고
>   그들을 건지시는도다.
>
> 너희는 여호와의 선하심을 맛보아 알지어다.
>   그에게 피하는 자는 복이 있도다.
> 너희 성도들아, 여호와를 경외하라.
>   그를 경외하는 자에게는 부족함이 없도다. (시 34:4, 7-9)

나훔 테이트(Nahum Tate)도 같은 맥락에서 말한다. "너희 성도들아, 그분을 두려워하라. 그러면 너희는 두려워할 것이 아무것도 없으리로다."[4]

두려움의 우상숭배적 능력은 그 두려움의 대상의 크기와는 별 관계가 없다. 현대 서구 사회 사람들은 이전 세대보다 훨씬 더 안전하고 건강하고 위험이 없는 상태에서 살지만, 염려와 두려움과 노이로제에 사로잡혀 있다. 요란한 언론의 과잉보도를 접하면서 우리는 최신 변종 바이러스에 제정신을 잃고, 아무리 애써도 실제로는 공포를 결코 막을 수 없는 안전장치에 지나치게 많은 돈을 쓴다.[5] 물론 바로가 히브리인들을 억누르기 위해 공포를 불러일으킨 이후로 폭군들(실제 폭군이나 폭군이 되고 싶은 자들)은 자신들의 정치적 이익을 위해 두려움의 우상숭배적 능력을 이용하는 법을 안다. 최근에 많은 나라들에서 (다시) '스트롱맨' 정치 지도자가 등장하는 충격적인 현상이 발생하고 있다. 그들은 자신의 권력과 통제를 강화하기 위해 대중의 두려움을 이용한다. (또 거짓말로 그 두려움을 부추긴다.)

우리가 신뢰하는 것들

앞에서 말한 내용의 당연한 결과로, 우리는 두려움에서 우리를 구해 주리라 믿는 것들(혹은 사람, 혹은 제도)을 우상화하는 경향이 있다. 그런 우상숭배의 차원은 그런 것들을 궁극적으로 신뢰할 때, 그것들이 말하거나 암시하는 모든 약속들을 믿을 때, 그것들이 허울 좋게 제공하는 것을 위해 온갖 희생을 할 때 나타난다. 그래서 앞날에 대한 두려움으로 재정을 비축해 놓으려 애쓰거나, 군사적 안정이라는 심연으로 온 세상 나라들의 엄청난 재물을 쏟아붓거나, 개인적으로 건강을 유지시켜 주고 신체적 노화를 막아 준다고 약속하는 온갖 것들에 몰두한다. 이런 것들이 다 대단히 값비싼 희생을 요구하는 신이 되어 버린다.

우리가 그것들을 더 신뢰하면 할수록 우리는 그것들에 돈을 더 쓴다. 그 반대의 경우도 마찬가지다. 우리는 그런 것들에 지나치게 많은 노력을 기울이기 때문에, 우리가 기대하는 만큼 결과가 나오지 않을 때 속았다는 느낌을 갖게 된다. 어떤 나라는 전략 방위 구상 시스템에 수조 원을 쏟아부었지만, 칼을 휘두르며 비행기를 납치하는 몇 사람에 의해 심리적으로 황폐해지고 영구적으로 정신적 외상을 입을 수도 있다. 미국은 군사 및 핵 방어에 엄청난 돈을 쓰지만, 눈에 보이지 않는 바이러스가 최근에 일어난 여러 전쟁에서 죽은 모든 미군을 합친 것보다 더 많은 사람들을 죽인다. 우리는 보건 전문가들에게 우리를 무병

장수하고 영생불사할 수 있게 만들어 주지 않는다고 비난과 분노를 퍼붓는다. 결국 우리는 궁극적 안전을 결코 보장해 줄 수 없는 것을 궁극적으로 신뢰하는 대가를 치른다. 우리는 거짓 신들이 반드시 실패한다는 것을 제대로 깨닫지 못하고 있다. 거짓 신들에 대해 확실하게 기대할 수 있는 단 한 가지는 그것들이 반드시 실패한다는 것이다. 거짓 신들은 결국 사람들의 기대를 저버릴 것이다.

이에 반해, 시편 33편 기자는 구속과 창조와 섭리와 역사에 나타난 여호와와 그분의 말씀이 지닌 주권적 능력에 대해 놀라운 성찰을 한 후, 다른 어디에도 구원의 소망을 두지 말라고 우리에게 경고한다.

> 많은 군대로 구원 얻은 왕이 없으며
> 　용사가 힘이 세어도 스스로 구원하지 못하는도다.
> 구원하는 데에 군마는 헛되며
> 　군대가 많다 하여도 능히 구하지 못하는도다. (시 33:16-17)

여호와를 아는 복을 받은 사람들은 확실하게 신뢰할 수 있는 유일한 곳이 여호와뿐임을 안다. 따라서 그분의 **한결같은** 사랑(개역개정 성경에는 "인자하심"이라고 번역되어 있음―옮긴이)의 결과를 소망과 기쁨과 인내로 기다린다.

> 우리 영혼이 여호와를 바람이여,
> 　그는 우리의 도움과 방패시로다.
> 우리 마음이 그를 즐거워함이여,

우리가 그의 성호를 의지하였기 때문이로다.

여호와여, 우리가 주께 바라는 대로

주의 인자하심을 우리에게 베푸소서. (시 33:20-22)

우리에게 필요한 것들

"그러므로 염려하여 이르기를 무엇을 먹을까 무엇을 마실까 무엇을 입을까 하지 말라. 이는 다 이방인들이 구하는 것이라. 너희 하늘 아버지께서 이 모든 것이 너희에게 있어야 할 줄을 아시느니라"(마 6:31-32). 예수님의 이 말씀은 인간의 기본적 필요를 인식할 뿐 아니라 그 필요를 "이방인들이 구하는" 방식도 인식하고 있다. 물론 우리는 다른 동물과 동일한 기본적 필요를 지닌 피조물이다. 다른 포유동물과 마찬가지로, 우리 인간도 음식과 공기와 물과 거처, 잠 등 생존과 복지를 위한 모든 필수품이 필요하다. 그렇기 때문에 이런 필수품들의 원천처럼 보이는 것을 신격화하는 경향이 있다. 우리는 필요를 채워 주는 모든 것을 창조하신 오직 한 분 살아 계신 창조주에게 등을 돌렸기 때문에, 그 빈 곳을 메우기 위해 대리신들을 만들어 낸다. 그래서 한 분 창조주가 주신 다양한 좋은 선물들을 비의 신, 태양 신, 땅의 신, 성과 다산의 신, 꿈 덕분에 생기는 것으로 여긴다. 그렇게 되면 이 신들이 아낌없는 선물을 내려 주어 인간의 기본 필요를 충족시키도록, 혹은 그들이 은총을 보류하기로 한 결정을 뒤집도록 설득하기 위해 많은 종교적 노력을 기울인다. 바알의 예언자들이 바알에게 그의 신성을 보여 달라고 필사적으로 설득하다가 엘리야의 조롱을 받은 것은 그런 긴급 상황에서 흔히 일어나는 일이었다.

호세아가 이스라엘을 고발한 내용 중 하나가 바로 이것이었다. 그들이 오직 야웨만 주실 수 있는 선물인 모든 자연 과정과 산물들을 바알과 가나안 신들을 숭배해서 생긴 것으로 여겼다는 것이다(호 2:5-8). 하지만 우상숭배의 이러한 특징에 비추어 볼 때 우리는 이스라엘의 예배에서 야웨만이 우리가 필요로 하는 모든 것의 원천이 되신다는 주장이 얼마나 중요한 것인지 알 수 있다. 우리는 다른 신에게 우리에게 필요한 것을 구하거나 필요한 것을 갖게 되었을 때 다른 신에게 감사해서는 안 된다.

> 땅을 돌보사 물을 대어
> 　심히 윤택하게 하시며
> 하나님의 강에 물이 가득하게 하시고
> 　이같이 땅을 예비하신 후에
> 　그들에게 곡식을 주시나이다. (시 65:9)

> 그가 가축을 위한 풀과
> 　사람을 위한 채소를 자라게 하시며
> 　땅에서 먹을 것이 나게 하셔서
> 사람의 마음을 기쁘게 하는 포도주와
> 　사람의 얼굴을 윤택하게 하는 기름과
> 　사람의 마음을 힘 있게 하는 양식을 주셨도다. (시 104:14-15)

신명기 8장은 이러한 우상숭배의 또 한 가지 미묘한 형태를 드러낸다.

살아 계신 하나님을 우리의 모든 필요의 공급자이자 번영의 원천으로 인식하지 않으면, 그런 공급과 번영이 모두 우리 자신의 힘과 노력 덕분에 이루어졌다고 교만하게 생각하게 된다. 이것 역시 우상숭배의 한 형태다. 즉, 자신을 자신의 필요를 채우는 모든 것의 원천으로 숭배하는 것이다. "내 능력과 내 손의 힘으로 내가 이 재물을 얻었다"(신 8:17)고 자랑하는 이스라엘인 농부(또는 현대의 자본주의자)든, 아니면 "나의 이 강은 내 것이라. 내가 나를 위하여 만들었다"(겔 29:3)라고 자랑하는 이집트의 바로 왕(또는 현대의 경제적 초강대국)이든, 그런 주장들이 지닌 우상숭배적 본질(그리고 어리석은 교만함)을 인식하고 그들이 누리는 복의 참된 원천이 누구인지 알아야 한다.

그렇다면 우상숭배에 대한 선교학적 관점에는 우리가 스스로 만드는 신들의 뿌리가 무엇인지에 대한 분석이 반드시 포함되어야 한다. 우리는 앞에서 성경 자체가 우리가 우상화하는 것들 배후에 무엇이 놓여 있다고 말하는지 살펴보았다.

- 우리는 살아 계신 창조주 하나님과 소원하게 되었기 때문에 우리를 둘러싸고 있는 엄청난 것들에 비해 우리가 얼마나 미미하고 하찮은 존재인지 느끼므로, 우리를 경외감에 떨게 만드는 것은 무엇이든 숭배하는 경향이 있다.
- 우리는 우리를 취약하고 두렵게 만드는 것은 무엇이든 달래거나 피하려고 시도한다.
- 그리고는 우리가 갈망하는 궁극적 안정을 주리라고 생각하는 것은 무엇이든 지나치게 맹신함으로 두려움을 물리치려고 한다.

- 우리의 모든 기본 필요를 채워 주고 이 땅에서 우리가 풍요롭게 살 수 있도록 해 주리라 믿는 것은 무엇이든 그것을 조종하고 설득하려고 몸부림친다.

각 지역에서 펼쳐지는 인간들의 우상숭배는 분명히 여러 다양한 근원과 동기를 갖고 있다. 하지만 이제까지 살펴본 대로 우상숭배에 몇 가지 주된 근원과 동기들이 있다. 그것들은 성경에서도 찾아볼 수 있으며, 현대 인간 문화(종교적 문화든 "세속적" 문화든)를 관찰하는 사람이면 누구나 명확히 알 수 있다. 그 모든 것들은 살아 계신 창조주 하나님을 기본적으로 거부한 데서 생겨난 것이다. 그 하나님 앞에서 그런 생각들은 모두 자취를 감추어 버리거나 할 말을 잃고 만다.

그런 우상숭배에 대한 유일한 해결책이자 그에 따른 성경적 선교의 과업은, 사람들이 다시 이러한 모든 영역에서 유일하게 참되고 살아 계신 하나님을 인정하도록 이끄는 것이다. 이에 반해, 앞에서 언급한 우상숭배의 원천 목록을 다시 한번 살펴보자.

- 우리는 하늘 위에서 영광을 받으실 하나님만 경외하고 경배하며 떨어야 한다.
- 주권적 창조주시며 은혜로운 구속주이신 여호와와 언약을 맺고 그분을 경외하는 가운데 살면, 물질적인 것이든 영적인 것이든 창조 세계 내에 있는 어떤 것에 대한 두려움에서 해방된다.
- 하나님은 반석처럼, 삶과 죽음의 모든 상황 속에서 현재나 미래나 우리가 전적으로 신뢰할 수 있는 완전히 안전한 장소다.

- 이 땅에서 살아가는 데 필요한 모든 것의 공급자시며, 노아와 언약을 맺으시고 우리의 하늘 아버지가 되시는 하나님 외에는, 우리의 필요를 위해 다른 어느 누구에게도 의지하거나 간청하거나 회유하거나 설득할 필요가 없다. 하나님은 우리의 필요를 이미 다 아시기 때문이다.

신들의 정체를 폭로함

우리는 앞에서 인간이 만든 신들의 무력함에 대해 여러 번 살펴보았다. 거짓 신들은 실패한다. 그것이 그들의 유일한 진리다. 선교 과업에는 거짓 신들의 정체를 폭로하는 일도 포함되므로, 이 실패가 어떤 것인지 상세히 살펴보는 것도 가치가 있다. 거짓 신들은 반드시 실패하지만, 인간들은 그 엄연한 사실을 어김없이 잊어버리기 때문이다. 성경이 우상숭배를 비난하는 이유는 다음과 같다.

우상은 하나님의 정당한 영광을 가로챈다

인간이 한 분 살아 계신 하나님께 속한 재능, 권능, 혹은 기능을 다른 신들의 것으로 돌릴 때, 하나님은 그분의 이름에만 합당한 영예를 빼앗기신다. 피조물 전체는 창조주의 영광을 위해 존재하며, 하나님 한 분께만 찬양을 돌림으로써 자신의 참된 복과 유익을 경험한다. 이것이 구약에 나오는 야웨의 질투가 의미하는 바다. 그것은 하나님이 자신의 정체성과 초월적 유일성을 적절히 보호하시는 것이다. "나는 여호와이니 이는 내 이름이라. 나는 내 영광을 다른 자에게 내 찬송을 우상에게 주지 아니하리라"(사 42:8).

그런 이유로 시편 기자는 민족들의 모든 신들을 아무것도 아니라고 비판하고 나서(시 96:5) 다음과 같이 보편적인 명령을 발표한다.

> 만국의 족속들아,
>   영광과 권능을 **여호와**께 돌릴지어다. **여호와**께 돌릴지어다.
> **여호와**의 이름에 합당한 영광을 그에게 돌릴지어다.
>   예물을 들고 그의 궁정에 들어갈지어다.
>   아름답고 거룩한 것으로 여호와께 예배할지어다.
>   온 땅이여, 그 앞에서 떨지어다. (시 96:7-9, 강조체는 넌지시 암시된 대조를 강조)

이것은 열방에게 그들의 신전 안에 야웨를 위한 자리를 만들고, 야웨도 존경하라고 권유하는 것이 아니다. 시편 기자는 열방에게 그들의 신들을 선반에서 약간 옮겨 야웨가 들어가실 자리를 만들라고 권하고 있지 않다. 그것은 야웨의 유일하고 독특하고 초월적인 하나님 되심 앞에서 다른 모든 신들을 철저히 추방하라는 명령이다. 모든 영예와 영광과 예배와 찬송이 마땅히 야웨께 돌아가게 하라는 것이다. 다른 신들이 경배를 받는 만큼, 살아 계신 하나님은 마땅히 받으셔야 할 전체 피조물의 경배를 받지 못하신다. 바로 그 때문에 우상숭배와의 싸움은 하나님의 선교에서 중대한 차원이다. 하나님은 그 싸움에 우리가 협조할 것을 명하신다.

우상은 우리 안에 있는 하나님의 형상을 왜곡시킨다

우상숭배는 하나님의 영광을 축소시키므로, 그리고 인간들은 하나님의 형상으로 지음받았으므로 우리 인간성의 가장 본질적인 부분에 해를 끼친다. 웨스트민스터 신앙고백 소요리문답이 상기시키는 것처럼, "인간의 최고 목적은 하나님을 영화롭게 하고 영원토록 그를 즐거워하는 것이다." 하나님을 영화롭게 하기를 거부하는 것, 더구나 "썩어지지 아니하는 하나님의 영광을 썩어질 사람과 새와 짐승과 기어 다니는 동물 모양의 우상으로 바꾸는"(롬 1:23) 것은 우리 자신의 존재 목적을 좌절시킨다. **우상숭배는 철저한 자기혐오다.**

또한 그것은 철저히, 지독하게 역설적이다. 우리는 (최초의 시험과 반역에서) 하나님과 같이 되려고 하다가 결국 인간 이하의 존재가 되고 말았다. '너는 네가 숭배하는 대상과 같이 될 것이다'라는 원리는 성경 여러 곳에서 매우 명백하게 나온다(예를 들어, 시 115:8; 사 41:24; 44:9). 당신이 **하나님** 아닌 것을 경배하면, 당신은 당신 자신 안에 있는 하나님의 형상을 축소시킨다. 심지어 **인간**도 아닌 것을 경배하면, 당신의 인간성은 더욱 축소된다.

그래서 이사야 44장은 살아 계신 하나님의 형상으로 지음받은 지상의 한 피조물(인간)이 자신을 나타내는 생명 없는 형상에 불과한 것을 경배하는 역설(혹은 패러디)을 대단히 냉혹하게 보여 준다.

철공은 철로 연장을 만들고
   숯불로 일하며
망치를 가지고 그것을 만들며

> 　그의 힘센 팔로 그 일을 하나
>
> 배가 고프면 기운이 없고
>
> 　물을 마시지 아니하면 피로하니라.
>
> 목공은 줄을 늘여 재고
>
> 　붓으로 긋고
>
> 대패로 밀고
>
> 　곡선자로 그어
>
> **사람의 아름다움을 따라**
>
> 　**사람의 모양을 만들어**
>
> 집에 두게 하며. (사 44:12-13, 저자 강조)

강조체로 되어 있는 말은 이사야 예언자의 풍자의 초점이다. "사람의 아름다움을 따라"라는 것은 하나님의 형상으로 만들어진 인간의 특권을 말한다. 하지만 이 사람은 자신의 형상에 불과한 것, 인간의 기술과 노력의 산물인 것을 신으로 섬긴다. 살아 있는 사람을 표현한 생명 없는 형상은 작은 오두막 안에 머물러 있는 반면, 살아 계신 하나님의 살아 있는 형상인 인간은 자신의 행동이 어떤 아이러니를 지니고 있는지 의식하지 못한 채 바깥으로 돌아다닌다.

　바울이 아테네에서 헬라인들과 벌인 논쟁에도, 더 공손하긴 하지만 이에 비견할 만한 아이러니가 있다. 인간의 영, 인간의 예술, 문학, 철학, 심지어 인간의 육체적 형태를 고대 헬라처럼 높이는 문화는 별로 없었다. 하지만 그러는 가운데 그들은 인간에게 이 모든 멋진 것들을 주신 하나님 자신을 잃어버렸다. '이 모든 인간의 영광의 **기원**인 하나님이 정해진 거처에 머물러 있어야 하고 인간의 부양을 받는다는 생각은 얼마나 어리석은가'라고 바울은 그들에게 도전한다.

> 우주와 그 가운데 있는 만물을 지으신 하나님께서는 천지의 주재시니 손으로 지은 전에 계시지 아니하시고 또 무엇이 부족한 것처럼 사람의 손으로 섬김을 받으시는 것이 아니니 이는 만민에게 생명과 호흡과 만물을 친히 주시는 이심이라.…이와 같이 하나님의 소생이 되었은즉 하나님을 금이나 은이나 돌에다 사람의 기술과 고안으로 새긴 것들과 같이 여길 것이 아니니라. (행 17:24-25, 29)

시편 역시 하나님의 손으로 만든 것과 인간의 손으로 만든 것을 이와 비슷하게 대조시킨다. 다른 모든 피조물과 마찬가지로, 인간은 하나님의 손으로 지음받았다(시 138:8; 139:13-15). 하지만 하나님의 피조물 가운데 독특한 존재인 우리는 "[하나님의] 손으로 만드신 것을 다스리게" 된 존재다(시 8:6-8). 우리 역시 "[하나님의] 손가락으로 만드신"(시 8:3) 하늘의 광대함을 묵상하면서 우리 인간의 존재에 대해 생각해 볼 때, 그것이 굉장히 놀라운 말임을 알 수 있다. 하나님의 손으로 지음받았으며 하나님의 손으로 만드신 다른 것들을 다스리도록 지음받은 인간이 **자신의** 손으로 만든 것(시 115:4)을 경배하다니, 이 얼마나 졸렬한 모방인가. 의심할 바 없이 우상숭배는 우리의 인간성을 왜곡시키고, 품위를 떨어뜨리며, 쇠약하게 만든다.

우상은 몹시 실망스럽다

다신론적 세계에서 우리는 모든 신이 모든 사람을 모든 때에 기쁘게 하리라고 기대할 수 없다. 그래서 신들에 대한 실망은 인생이라는 도박판에서 흔히 벌어지는 일과도 같다. 그렇다면 여러 신들에게 골고루 돈을 걸어라. 당신은 때로는 이기고, 때로는 지기 때문이다. 그런 세계관은 어떤 신들은 때때로 당신을 실망시킬 것이라는 가정 위에 세워져 있다. 국가들의 충돌이 신들의 충돌을 그대로 반영하는 것이라고 본다면 그런 가정을 할 수밖에 없다. 패배한 국가들에는 패배한 신들이 있다. 적의 위협을 받고 있는 국가들은 그들이 섬기는 신들 역시 그들을 저버릴 수 있다는 사실에 직면해야 한다. 따라서 그 옛 신들을 너무 오래 신뢰하지 않는 것이 좋다. 실망하지 않도록 이기는 편의 신들로 바꿔라. 모든 경쟁처럼 패배자가 생길 것이기 때문에 신들은 인간의 충성을 얻기 위해 싸운다.

포위 공격을 당하고 있는 예루살렘 성벽 밑에서 거들먹거리던 앗시리아 장군에게 회심의 미소를 짓게 한 것이 바로 이런 가정이었다.

> 히스기야가 너희를 설득하여 이르기를 여호와께서 우리를 건지시리라 하여도 히스기야에게 듣지 말라. 민족의 신들 중에 어느 한 신이 그의 땅을 앗수르 왕의 손에서 건진 자가 있느냐. 하맛과 아르밧의 신들이 어디 있으며 스발와임과 헤나와 아와의 신들이 어디 있느냐. 그들이 사마리아를 내 손에서 건졌느냐. 민족의 모든 신들 중에 누가 그의 땅을 내 손에서 건졌기에 여호와가 예루살렘을 내 손에서 건지겠느냐 하셨느니라. (왕하 18:32-35)

다시 말해, 그 앗시리아 사람의 추론에 의하면, 다른 민족 신들이 그 민족들에게 그랬던 것처럼 야웨는 유다 백성에게 큰 실망을 안겨 줄 것이다. 그의 입장에서 보면, 그것은 확실하고 예측 가능한 내기처럼 보였다. '봐, 이 하찮은 신들은 절대 믿을 수 없어. 일찌감치 그들을 포기하고 승자 편에 서.'

하지만 히스기야와 이사야는 일어난 사건들을 바라보는 관점이 달랐다. 한편으로, 히스기야는 다른 신들이 그들을 신뢰했던 나라들을 실망시킨 이유는 "이는 그들이 신이 아니요[혹은 하나님이 아니요] 사람의 손으로 만든 것 곧 나무와 돌"(왕하 19:18)일 뿐이기 때문이라는 것을 알았다. 다른 한편으로, 이사야는 앗시리아의 승리가 앗시리아 신들의 우월성을 입증하는 것이기는커녕 사실상 처음부터 내내 야웨가 계획하시고 주관하신 것이며, 그분의 심판의 불 속에서 곧 역전되리라는 것을 알았다(왕하 19:25-28).

그렇다면 예언자 이사야가 유다가 그들을 **실망시키지 않을** 유일한 보호의 원천인 하나님을 배신하고 이집트의 군대와 말들과 신들을 의지했다고 조롱한 것은 당연하다. 그 이집트 신들은 전혀 믿을 만한 존재가 아니었으며, 분명히 유다 백성을 **실망시킬 것이다.**

> 패역한 자식들은 화 있을진저,…
> 그들이 바로의 세력 안에서 스스로 강하려 하며
>   애굽의 그늘에 피하려 하여
> 애굽으로 내려갔으되
>   나의 입에 묻지 아니하였도다.

그러므로 바로의 세력이 너희의 수치가 되며

    애굽의 그늘에 피함이 너희의 수욕이 될 것이라.…

애굽은 사람이요 신이 아니며

    그들의 말들은 육체요 영이 아니라. (사 30:1-3; 31:3; 렘 2:36-37을 보라.)

그렇다면 열방의 신들은 그들을 섬기는 열방에게마저 실망스러운 실패자였다. 또 야웨 한 분만이 확실히 신뢰할 수 있었던 살아 계신 하나님이라는 사실에 비추어 볼 때, 이스라엘이 야웨를 열방의 신들과 바꿀 **생각을 했다**는 것 자체는 비극 중의 비극이었다. 예레미야가 그것에 대해 도저히 믿을 수 없다는 듯이 말한 것처럼, 그것은 무엇인가 엄청나게 부자연스러운 일이었다. 이방 나라들은 실제로는 존재하지도 않는 그들의 신들에 끝까지 충실한 반면에, 이스라엘은 그들이 아는 유일하신 살아 계신 하나님을 그와 같이 별 볼일 없는 것과 바꾼다!

    어느 나라가 그들의 신들을

        신 아닌 것과 바꾼 일이 있느냐.

    그러나 나의 백성은 그의 영광을

        무익한 것과 바꾸었도다.

    너 하늘아, 이 일로 말미암아 놀랄지어다.

        심히 떨지어다. 두려워할지어다.

            여호와의 말씀이니라.

    내 백성이 두 가지 악을 행하였나니

곧 그들이 생수의 근원되는 나를 버린 것과

스스로 웅덩이를 판 것인데

그것은 그 물을 가두지 못할 터진 웅덩이들이니라. (렘 2:11-13)

어떻게 보장된 실망의 원천을 위해 보장된 생명의 원천을 버릴 수가 있단 말인가? 하지만 그것이 바로 이스라엘이 한 일이었다. 터진 웅덩이를 위해 생수의 근원을 버린 것이다. "그 물을 가두지 못할 터진 웅덩이들"(렘 2:13)은 실망과 무익함, 헛된 노력을 나타내는 강력한 이미지다.

그다음에 여호와 자신이 이스라엘의 배은망덕하고 어리석은 행동을 꾸짖으신다. 예레미야는 신명기 32:37-38의 옛 전승에 의지하여 이스라엘의 비뚤어진 모습을 묘사한다. 처음에 그들은 비열한 신들을 섬기기 위해 야웨를 배신하지만, 그다음에 그들 자신이 만든 수많은 신들이 그들을 전혀 구해 주지 못할 때 뻔뻔스럽게도 돌아서서 야웨가 그들을 구원해 주시리라고 기대한다.

그들이 나무를 향하여 너는 나의 아버지라 하며

돌을 향하여 너는 나를 낳았다 하고[6]

그들의 등을 내게로 돌리고

그들의 얼굴은 내게로 향하지 아니하다가

그들이 환난을 당할 때에는 이르기를

일어나 우리를 구원하소서 하리라.

너를 위하여 네가 만든 네 신들이 어디 있느냐.

> 그들이 네가 환난을 당할 때에
> 구원할 수 있으면 일어날 것이니라.
> 유다여, 너의 신들이
> 너의 성읍 수와 같도다. (렘 2:27-28, 저자 강조)

왕, 군대, 말, 조약, 재물, 자연 자원. 이 모든 것들은 실은 신이 **아니며**, 우리가 도저히 신뢰할 수 없는 것들이다. 하지만 그것들이 신이 되는 이유는 우리가 그것들이 하는 (혹은 우리가 암암리에 그것들에 부여하는) 그럴듯한 약속들을 믿겠다고 고집을 부리기 때문이다. 우리는 그것들이 요구하는 엄청난 제물들을 계속 바치고 있다. 우리는 그것들이 우리를 실망시키지 않기를 계속 기대한다. 물론 그것들은 언제나 우리를 실망시키고 만다. 우상숭배는 헛된 노력과 좌절된 소망이다.

거짓 신들을 숭배하는 것은 무익한 행동이자 거대한 망상이다. 그것의 운명은 실망뿐이다.

그래서 영국의 한 신문 사설이 간신히 걸음마를 뗀 아기를 두 아이가 무정하게 살해한 사회를 분석하면서 "우리의 모든 신은 실패했다"는 말로 끝을 맺었을 때, 그 말은 분명 비유적 표현으로 사용된 것이다.[7] 유감스럽게도, 그러한 절망스러운 비유적 외침은 영적 진리 또한 정확하게 포착한다. 우리를 악에서 구해 줄 수 있으리라 생각했고 악에서 구해 주기를 바라면서 우리가 엄청난 양의 지적·재정적·감정적 자본을 투자했던 것들이 오히려 엄청나게 우리를 실망시켰다.

우리는 도대체 언제 정신을 차릴 것인가?

4장
선교와 신들

우리는 앞에서 인간이 신과 우상들을 만드는 방법 및 그 이유와, 그것들이 우리 자신 및 살아 계신 하나님과 우리의 관계에 입히는 손해에 대해 성경이 어떻게 묘사하는지 알아보았다. 이제 우리가 부름받은 사역지의 많은 다른 사회적·문화적·전도적·목회적 상황에서 그것들을 어떻게 다루어야 하는가? 다시 성경은 우리의 선교 활동에 아주 중요한 통찰을 제공한다.

전쟁은 하나님께 속한 것임을 기억함
성경은 우상숭배와의 싸움을 살아 계신 하나님이신 야웨와 그분을 반대하는 모든 세력들 간의 **전투**라고 분명하게 묘사한다. 요하네스 페르카윌(Johannes Verkuyl)은 이렇게 쓴다.

구약 전체는 (그리고 신약도) 어떻게 야웨 아도나이, 곧 이스라엘 언약의 하나님이 피조물에 대한 자신의 계획을 좌절시키고 파괴하려는 세력에 대항해 싸우고 계시는가 하는 묘사로 가득 차 있다. 하나님은 인간들이 창조 세계로부터 만들어 내어 우상으로 삼아 자신들의 목적을 위해 이용한 거짓 신들과 싸우신다. 예를 들어, 바알과 아스다롯을 생각해 보라. 그 신들을 숭배하는 자들은 자연, 부족, 국가, 민족 등을 신적 지위로 격상시켰다. 하나님은 신명기에 따르면 하나님과 그분의 피조물 간의 경계선을 왜곡시키는 마술 및 점성술과 싸우신다. 하나님은 모든 형태의 사회 불의와 싸우시며, 그것이 은폐하려 하는 모든 것을 끄집어내신다.[1]

그는 가나안 신들을 숭배하는 종교들을 언급한다. 하지만 우리는 가나안 시절 이전의 일들, 예를 들어, 출애굽 내러티브에 나오는 이집트의 이름 없는 신들과의 대전투나(출 12:12을 보라) 이사야서에 나오는 포로 시대에 벌어진 바빌론 신에 대한 수사학적 논쟁들도 똑같은 각도에서 생각할 수 있다.[2]

우상숭배가 인간의 삶을 비참할 정도로 황폐화시킨다는 점에 대해 살펴보았으므로 이제 우리는 하나님과 신들 간의 이 충돌을 새로운 각도에서 이해할 수 있다. 나는 선교와 관련해서 세 가지를 강조하고자 한다.

하나님의 선교적 사랑은 우상숭배를 배격한다

한편으로, 우상숭배가 원래 하나님 자신에게 속한 영광을 축소시키기 때문에 하나님이 우상숭배와 싸우시는 것은 사실이다. 하나님 자신을 위한 하나님의 질투는 성경 전체에 나타나는 강력한 원동력이다. 하지만 다른 한편으로, 인간의 손으로 만든 신들 및 그것들이 나타내는 모든 것에 대한 하나님의 전투는 **우리를 향한 인자한 자비하심**의 한 기능으로 볼 수 있다. 그것은 실로 모든 피조물을 향한 것이기도 하다. 신적 질투는 사실상 신적 사랑의 본질적 기능이다. 하나님이 우리의 우상숭배가 자초하는 피해를 싫어하시는 이유는 바로 우리의 유익을 원하시기 때문이다. 하나님과 신들 간의 싸움은 궁극적으로는 하나님의 영광을 위한 것일 뿐 아니라 우리 자신의 유익을 위한 것이기도 하다.

이것은 왜 우상숭배가 성경에서 그같이 중대한 죄가 되는지를 잘 말해 준다(십계명의 처음 두 계명은 바로 유일신론과 우상숭배에 대해 말하고 있다). 그것은 단지 우상숭배가 하나님의 영광을 빼앗아 가기 때문만이 아니라, 모든 피조물에게 최고의 유익을 추구하시는 하나님의 사랑을 방해하기 때문이다. 그렇기 때문에 우상숭배는 하나님의 본질, 하나님의 하나님 되심과 모순된다. 하나님은 사랑이시기 때문이다.

우리가 이제까지 논의해 온 선교적 해석학이 여기서 작용하고 있음을 주목하라. 우리는 하나님의 종교가 어떻게 진화되어 왔는지 재구성하려고 이 문제에 접근하는 것이 아니다. 단순히 다른 신들을 숭배하는 사람들의 종교 심리학을 알려고 이 문제에 접근하는 것도 아니다. 우리는 성경의 거대 서사를 끌고 나가는 주요한 추진력은 무엇보다도 하나님 자신의 선교라는 점을 끊임없이 상기한다. 이스라엘 대중은 유일신론을 잘 믿을 때도 있었지만 그렇지 못할 때도 있었다. 대개는 주위의 다신론에 굴복했던 것 같다. 하지만 **성경 전체**는 유일하시고 전능하신 살아 계신 하나님의 끊임없는 결심을 증거한다. 그것은 인간을 유혹해서 그들이 하나님으로부터 받는 사랑과 그들이 하나님께 드려야 하는 사랑에서 멀어지게 만드는 모든 것을 물리치고 파괴하시려는 결심이다.

그렇다면 하나님이 신들과 싸우시는 것은 하나님의 선교의 필수 요소다. 하나님의 선교는 열방을 축복하는 것이다. 그래서 열방을 축복하는 것은, 궁극적으로 그들의 보호자와 구원자인 척하지만 실제로는 그들을 집어삼키고 파멸시키고 실망시키는 거짓 신들을 제거하는 일을 포함한다. 열방의 거짓 신들을 제거하려는 전투는 신적 사랑의 전투다.

전투와 승리는 하나님의 소관이다

둘째로, 다시 한번 인간의 선교가 아닌 하나님의 선교를 강조함으로써 이 문제에 대한 올바른 성경적 관점을 유지할 수 있다. 우리는 성경에서 **신들과의 싸움은 우리가 하나님을 위해 싸우는 것이 아니라 하나님이 우리를 위해 싸우는 것임**을 명확히 할 필요가 있기 때문이다. 분명 하나님의 백성은 영적 전투에 관여한다. 신구약의 수많은 본문들이 그것을 입증한다. 하지만 하나님이 우리가 마침내 그분을 위해 싸우는 전투에서 이기고 하늘이 우리가 거둔 큰 승리에 박수갈채를 보낼 그날을 간절히 기다리고 계시는 것은 **아니다**. 하지만 영적 원수들의 정체를 밝혀내고 그 원수들을 물리칠 온갖 전투 방법 및 기술들을 강조하는 최근 선교 운동들을 보면, 하나님을 그런 식으로 터무니없이 생각하는 경향이 있다. 그렇다. 성경에서 크게 강조하는 사실은, **하나님이 하나님과 그 백성의 모든 원수들을 물리치실 날을 소망 가운데 기다리는 사람들은 바로 우리라는 것이다. 그다음에 우리가 천사들, 천사장들, 하늘의 모든 무리들과 함께 **하나님**의 승리를 경축한다. 실로 하늘의 무리들과 함께 우리는 이미 그리스도의 십자가와 부활의 승리, 하나님의 모든 원수가 최종적으로 파멸될 것을 예상하는 부활절 승리를 경축한다.

하나님이 우리를 위해 싸우시는 것이지, 우리가 하나님을 위해 싸우는 것이 아니다. 우리는 증거하고 싸우고 저항하고 고난을 받기 위해 부름받는다. 하지만 최종 승리가 주님의 것인 것처럼, 전투도 주님의 것이다.

우리의 전투는 승리주의가 아니라 사랑으로 싸우는 것이다

셋째로, 우리의 선교가 영적 전투임을 분명히 해야 하지만, 주목적은 '이기는' 것이 아니라 섬기는 것임을 인식할 필요가 있다. 즉, 우리가 그리스도와 그분의 십자가 복음의 이름으로 전쟁을 선포하는 우상, 신, 귀신, 영적 권세는 인간 생활을 억누르고 황폐하게 하는 것들이다. 거짓 신들은 삶과 건강과 자원들을 파괴하고 삼켜 버린다. 그것들은 우리의 인간성을 왜곡하고 축소시킨다. 그것들은 불의, 탐욕, 왜곡, 학대, 욕정, 폭력 등을 주관한다. 그럼에도 거짓 신들이 여전히 자신들을 숭배하는 자들의 정체성과 존엄성과 번성을 친절하게 보호해 주며, 그렇기 때문에 무슨 수를 쓰든 거짓 신들을 옹호해야 한다고 사람들을 교묘하게 설득시킨다는 사실은 그것들 이면에서 사탄이 역사하고 있다는 증거다. 따라서 복음만이 이러한 주장들의 정체를 폭로할 수 있다. 복음만이 우상숭배라는 암을 드러낼 수 있다. 복음만이 사람들에게 유익하다.

그렇기 때문에 우리는 선교의 동기를 신중하게 검토해 보아야 한다. 영적 전투는 만면에 우월감의 미소를 띠고 '승리를 쟁취하는' 일에 혈안이 된 고약한 종류의 승리주의가 아니다. 그보다 영적 전투는 악과 우상숭배의 세력에 억눌린 사람들을 긍휼히 여기는 것이다. 그로 말미암아 생긴 모든 사회적·경제적·정치적·영적·개인적 결과들을 안타깝게 여기는 것이다. 우리가 우상숭배와 싸우는 이유는 우리가 동참하고 있는 하나님의 선교와 마찬가지로 그렇게 함으로써 우리가 그분의 이름으로 섬기도록 부름받은 사람들의 최선을 추구하게 된다는 것을 알기 때문이다. 우리는 하나님을 영화롭게 하기 위해서뿐만 아니라 하나님이 사람들에게 복 주시도록 하기 위해서 우상숭배와 싸운다. 영적 전투는 모든 형태의 성경적 선교와 마찬가지로, 심오한 사랑, 겸손, 동정에 의해 생겨나고 그러한 것들과 함께 시행된다. 예수님 자신이 이에 대한 훌륭한 본을 보이셨다.

다양한 상황에서 우상숭배와 맞서 싸움

우상숭배와 싸우는 것은 여러 형태로 나타날 수 있다. 성경 자체가 상황에 따라 서로 다른 접근법이 필요함을 인정하고 있다. 선교에서 얻은 지혜에 의하면, 한 상황에서 적절한 방법이 다른 상황에서는 별 도움이 되지 않을 수도 있음을 알아야 한다. 예를 들어, 사도 바울은 신자들에게 쓴 한 서신에서 치밀한 신학적 논쟁을 벌이면서 우상숭배를 다룰 때, 다른 신들을 숭배하는 사람들을 만나 전도하면서 우상숭배와 싸울 때, 교회 안에서 주위의 우상숭배에 대해 제기된 질문들에 대해 목회적으로 씨름할 때 각각 다른 접근법을 취했다. 여기에다가 예언자들이 우상숭배와 싸운 방법을 덧붙일 수 있다. 예언자들의 싸움으로 인해 우상숭배의 무익함이 만천하에 드러난다. 하지만 예언자들은 주로 하나님의 백성을 대상으로 사역을 한다.

신학적 논쟁에서 규정한 우상숭배

그리스도인들에게 글을 쓰거나 우상숭배를 하나의 현상으로서 객관적으로 언급할 때 바울은 마땅한 공격을 가한다. 그는 로마서 1:18-32에서 하나님에 대한 사람의 반역을 날카롭게 분석하면서 우상숭배가 하나님의 진노를 불러일으킨다고 분명히 말한다. 그것은 모든 인간에게 알려져 있고 모든 사람이 마주할 수 있는 하나님에 대한 진리를 의도적으로 억누른 결과다. 거기에는 창조 질서를 뒤집는 것이 포함된다. 살아 계신 하나님에 대한 경배를 피조물의 형상에 대한 경배로 바꾸는 것이다. 그것은 지혜롭다고 주장하지만 어리석다는 평가를 받는다. 그것은 성적·사회적·가족적·개인적 측면을 비롯해 인간 삶의 모든 측면을 오염시키는 온갖 악을 쏟아낸다. 우상숭배는 소외시키고 불행하게 만들고 타락시키며 분열을 초래하고 생명을 앗아 간다. 우리는 이 분석의 어떤 부분도 전체와 분리시키지 말아야 한다. 우상숭배에 대한 바울의 공격은 신학적이고 지적이고 영적이고 윤리적이고 사회적이다. 그것은 강력한 신학적 논쟁으로, 복음의 충만함에 대한 바울의 해설을 준비하는 역할을 한다.

우리는 선교를 하면서 때로 그런 담화에 참여해야 한다. 바울이 여기서 폭로한 우상숭배의 끔찍한 특색을 마음대로 희석시킬 수 없기 때문이다. 이것은 우상숭배의 본질을 파헤친 진리요, 그 주제에 대해 다른 많은 성경 본문들이 말하는 바를 증류한 것이다. 복음의 좋은 소식은 우상숭배에 대한 인간의 탐닉이 실제로 무엇인지 알려 주는 대단히 불쾌한 나쁜 소식과 대비해서 제시되어야 한다(조금 있다가 로마서에서 바로 그렇게 하고 있다). 하지만 다시 한번 말하건대, 여기서 로마서 1:18-32의 **문맥**은 빈틈없는 신학적 논쟁으로, 바울이 "모든 믿는 자에게 구원을 주시는 하나님의 능력이 되는"(롬 1:16) 복음을 본격적으로 해설하기에 앞서 등장하는 서론이다. 이 말들은 바울이 **그리스도인들에게** 가르침과 경고의 말로 쓴 것이다. 우리는 우상숭배가 무엇이며 우상숭배가 무슨 사악한 일을 하는지 잘 알고 있어야 한다.

전도 활동을 하면서 우상숭배에 도전함

사도행전은 바울이 헬라 문화의 신들을 숭배하는 이교도들과 접촉한 사건을 세 번에 걸쳐 얼핏 보여 준다.

- 루스드라(행 14:8-20)
- 아테네(행 17:16-34)
- 에베소(행 19:23-41)

매 장소마다 처한 상황은 매우 달랐다. 하지만 몇 가지 흥미로운 공통적 특징들이 있다.

루스드라에서, 앉은뱅이를 고친 일로 바나바와 바울은 인간의 몸을 입고 온 헬라의 신 제우스와 헤르메스라고 환호를 받았으며, 사람들은 그들에게 경의를 표하기 위해 제사를 준비하고 있었다. 하지만 바울은 자신들도 똑같은 사람일 뿐이라고 강력하게 단언했다. 그 사람들에게 "이런 헛된 일"을 버리고 삶의 모든 좋은 것들을 주신 하늘과 땅의 창조자, 한 분 살아 계신 하나님께로 돌아오라고 호소했다.

아테네에서, 바울은 예수님과 부활에 대해 몇몇 철학자들과 토론을 벌인 것 때문에 아레오바고 시 당국 앞에 불려 가서 그의 가르침에 대한 검열을 받았다. 이 청문회는 그저 호기심에서 예의바르게 물어 보려 한 것이 아니라 공개 조사였을 것이다. "아덴에 새로운 신들을 소개하는 것"(시 당국은 바울이 그런 일을 하고 있다고 생각했다)은 종교적으로 별 문제가 되지는 않았다. 하지만 그것은 시 당국의 통제를 받아야 했다. 신이라고 여겨지는 것들이 실제로 그 이름에 걸맞은 어떤 업적을 지니고 있는지, 그 후원자가 신전을 세우고 제사를 드리고 제사장에게 급료를 지불할 수 있는 능력이 있는지 확인하기 위해서였다.[3] 바울의 연설은 이러한 시의 전례를 혼란에 빠뜨렸다. 바울이 대변하는 하나님은 아테네 당국에 의해 인간적 인정을 받아야 하는 존재가 아니라 오히려 그들 위에서 그들을 심판하는 존재였다. 이 하나님은 인간 수행원에게 거처와 먹을 것을 공급받기는커녕, 오히려 온 인류 전체에게 거처와 먹을 것뿐 아니라 훨씬 더 많은 것들을 공급해 주셨다.

에베소에서, 2년간 체계적으로 공개강좌를 하고(행 19:9-10) 그와 함께 놀라운 치유의 기적들을 행하자(행 19:11-12), 참으로 회심한 신자들의 수가 늘어났다(행 19:17-20). 대단히 많은 사람들이 그리스도를 믿고 살아 계신 하나님께 돌아오고 있었기 때문에 에베소의 우상 산업 시장이 와해되기 시작했다(행 19:23-27). 바울의 가르침에 대한 직접적 기록은 나오지 않는다. 하지만 누가는 데메드리오의 입을 빌려 그 가르침을 이렇게 요약한다. "[바울이] 사람의 손으로 만든 것들은 신이 아니라 하니"(행 19:26).

이처럼 유일신론적인 복음 메시지는 루스드라의 대중적 미신, 아테네의 지적 교만과 자부심, 에베소의 경제적 이익에 도전했다. 이렇게 기존 신자들을 신학적으로 가르치는 것과는 달리 우상을 숭배하는 이교도들을 직접 상대할 때 바울의 전도 전략은 솔직하고 단호하지만, 로마서 1장에 나오는 말보다는 더 부드럽고 정중하다.

기록된 두 번의 연설(루스드라에서 행한 것과 아테네에서 행한 것)에서, 바울은 천지를 만드신 한 분 살아 계신 창조주 하나님을 강조한다(행 14:15; 17:24). 두 연설에서 다 바울은 인간에게 살아가는 데 필요한 모든 것, 심지어 생명과 호흡 자체를 주시는 하나님의 섭리를 강조한다(행 14:17; 17:25). 루스드라에서는 그것을 하나님의 인자하심의 증거로 제시한다. 심지어 하나님은 이교도들에게까지 기쁨을 주신다는 것이다. 아테네에서는 그것을 하나님이 사람들이 그분을 찾기를 간절히 바라고 계신다는 증거로 제시한다. 하나님은 우리 중 어느 누구에게서도 멀리 떨어져 계시지 않지만 말이다[바울은 이교도의 시를 인용해서 자신의 주장을 뒷받침한다(행 17:27-28)]. 두 연설에서 다 바울은 하나님이 과거에는 이교도의 무지에 대해 오래 참으시고 관용하셨음을 인정한다(행 14:16; 17:30). 하지만 두 연설에서 다 바울은 이제 "이런 헛된 일"(행 14:15)로부터 단호하게 돌아서라고 명한다. 그런 일은 신적 존재에게는 너무나 부적당하다(행 17:29). 이것은 데살로니가에서 바울이 설교한 내용과 일치한다. 바울은 거기에 있는 이교도들이 어떻게 "우상을 버리고 하나님께로 돌아와서 살아 계시고 참되신 하나님을 섬기는지"를 기억해 낸다(살전 1:9). 아테네에서 바울은 계속해서 심판에 대해 말하면서 그것을 그리스도의 부활과 연결시킨다(행 17:31).

에베소의 이교도들 자신이 말한 바에 따르면, 바울은 "사람의 손으로 만든" 것들은 결코 신이 아니라고 주장했다(행 19:26, 우리가 앞에서 본 대로 이것은 철저하게 구약적인 관점이다). 하지만 또 한 가지 매우 흥미로운 사실은 바울이 에베소를 후원하는 여신들인 아데미(Artemis)/디아나(Diana)를 구체적으로 비방하지 **않았다**는 것이다. 심지어 바울 자신은 그런 주장을 한 적도 없는데, 시의 서기장이 바울과 그의 친구들을 반대하는 폭동을 진정시키기 위해 바울을 변호하면서 이렇게 말한다. "**신전의 물건을 도둑질하지도 아니하였고 우리 여신을 비방하지도 아니한 이 사람들**"(행 19:37, 저자 강조). 바울은 확실히 단호하고 효과적인 전도 방법을 사용했지만, 타산적이고 모욕적인 태도로 복음을 전하지는 않았다. 바울은 은혜롭게 상대방을 존중하면서 진리를 말할 수 있었다. 바울은 복음을 나타내고 권하기 위해 자신의 청중을 폄하하거나 비하하지 않았다. 우리도 바울을 본받아야 한다.

바울이 로마서 1장에서 그리스도인을 대상으로 전개한 **신학적** 주장을 사도행전에서 이교도를 대상으로 전달한 **전도** 설교와 비교해 보면, 근본적 확신은 같으나 어조는 현저하게 차이가 난다. 그것은 다른 어조로 표현된 똑같은 신학이다.

- 그리스도인을 대상으로 기록된 로마서는 하나님의 진노를 강조한다. 이교도를 대상으로 전달한 연설들을 수록한 사도행전은 하나님

의 인자하심, 섭리와 오래 참으심을 강조한다. 하지만 둘 다 하나님의 심판을 역설한다.
- 로마서는 우상숭배를 근본적으로 반역이며, 진리를 억압하는 것이라고 묘사한다. 사도행전은 그것을 무지라고 표현한다.
- 로마서는 우상숭배가 어떤 악을 야기하는지 묘사한다. 사도행전은 우상숭배를 "헛된 일"이라고 말한다.
- 바울은 그리스도인 독자들 앞에서는 우상숭배를 "거짓말"이라고 통렬히 비난했다. 하지만 여신 아데미를 숭배하는 이교도들 앞에서는 그 신을 모독하지 않았다.

그래서 바울이 우상숭배와 맞서 싸울 때 어떤 상황에서 논쟁이 이루어지는가에 따라 어조와 전략에 차이가 난다. 하지만 두 경우 모두 바울이 아주 견고한 성경적 토대에 입각해서 모든 주장을 하고 있음을 분명히 알아야 한다. 앞에서 말한 모든 요점 하나하나는 강조점이 서로 다르고 균형이 잡혀 있지만, 우리가 앞에서 본 대로 우상숭배에 반대하는 구약의 수사법과 관련지을 수 있다. 바울은 이방인을 대상으로 전도 설교를 할 때, 어느 곳에서도 구약 본문을 인용하지 않는다(반면에 바울은 회당에서 유대인을 대상으로 말할 때는 구약을 상당히 많이 인용한다). 그러나 바울의 메시지 내용은 이스라엘의 유일신론적 창조 신앙에 철저히 기초하고 있으며 또 그 신앙을 명백하게 선포한다.

목회적 지도를 위해 우상숭배를 설명함

헬라-로마의 다신론에 빠져 있다가 그리스도를 믿게 된 사람들은 성경의 유일신론적 세계관을 받아들였다. 하지만 그들이 지금 그리스도인으로서 정체성을 지키며 살아가야 하는 세상 문화는 우상을 숭배하는 요소로 가득 차 있었다. 이로 인해 그들은 날마다 진퇴양난에 처했다. 바울은 빈틈없이 선교 활동을 했기 때문에 전도하고 교회를 세우는 것으로 만족하지 않고, 종교적 문화 속에서 직면하는 윤리적 문제들을 성경적으로 사고할 수 있는 성숙한 신자들의 공동체를 세우는데 관심을 가졌다. 그래서 자신이 세운 교회들을 목회적·윤리적으로 지도하는 일은 열심히 전도하는 일과 마찬가지로 바울의 선교 과업의 일부였으며, 신학적으로도 확고한 근거를 갖고 있었다.

고린도전서 8-10장은 이 문제에 관해 가장 중요한 본문이다. 그리스도인들은 우상에게 제물로 바친 고기 문제를 두고 어떻게 행동해야 했는가? 고린도인들에게 문제의 핵심은 주로 **신학적** 관점을 명료하게 정리하는 것이 아니다. 고린도인들은 자신들의 신학을 제대로 알고 있는 것 같다. 바울이 고린도전서 8:4-6에서 그 신학을 상기시키고 있기 때문이다. 또 문제의 핵심은 주로 **전도**에 관한 것도 아니다. 고린도인들은 이미 예수 그리스도를 믿고 있다(고전 1:1-9). 문제의 핵심은 확실히 **목회적이고 윤리적인** 것이다. 교회 내에서 그 문제와 관련해 분열이 있어, 어떤 교인들은 상처받고 기분이 상한 반면, 또 다른 교인들은 교만하고 무모하게 굴고 있기 때문이다.

우리는 '신과 우상들은 그 무엇인가, 아무것도 아닌가?'라는 문제와 관련하여 1장에서 고린도전서 8-10장에 대해 어느 정도 깊이 논했으므로 다시 그것을 반복할 필요는 없다. 하지만 그 문제에 두 가지 측면이 있었다는 것은 상기할 가치가 있다. 바울은 그 두 측면 각각에 대해 명확한 대답을 해 준다. 둘 다 그리스도인들이 주위의 우상숭배로 인해 생기는 실제적인 문제들을 어떻게 다룰 것인가 하는 것과 관계가 있다.

한편으로, **일상적인 고기 시장**이 있었다. 여러 신들에게 제사를 드릴 때 짐승을 도살해서 바친 뒤, 그 고기를 시장의 푸줏간에 내다 팔았다. 그리스도인들은 우상숭배에 찬성하지 않으면서도 시장에서 그런 고기를 사서 먹을 수 있는가? 바울은 일반적으로 다음과 같이 대답했다. "그렇다. 그렇게 할 수 있다. 신과 우상들은 실제 존재하지 않는다. 고기는 창조주 하나님의 좋은 선물이며, 하나님께 감사하면서 먹을 수 있다." 마음대로 먹을 수 없는 유일한 예외는 식탁에 앉은 다른 누군가가 그로 인해 마음이 상하는 경우다. 그런 경우 상대방의 더 연약한 양심을 존중하여 고기를 먹지 말아야 한다. 사랑의 규칙이 사람이 정당하게 누리고 있는 자유보다 우선한다. 그런 제한 외에는 "무릇 시장에서 파는 것은 양심을 위하여 묻지 말고 먹으라"는 것이 바울의 실제적인 조언이다(고전 10:25).

하지만 다른 한편으로, 종종 시가 주최하는 행사나 부유한 시민들이 주관하는 사교 행사의 일환으로 실제로 **신전** 안에서 식사를 대접하는 경우가 있었다. 이런 행사는 후원을 확보하고 유리한 거래를 체결하며 고린도 엘리트들에게 걸맞은 사교 활동을 할 수 있는 좋은 기회였다. 거기에 가면 신들에게 드리는 제사에 실제로 참여해야 했으므로 (그냥 푸줏간에 가서 제사를 마치고 나온 고기를 사는 것과는 달리), 바울은 그리스도인들이 그런 행사들에 참여하는 것을 찬성하지 않았다.

바울은 그리스도인들이 신전에서 열리는 모임에 빠지면 사회적으로 손해를 본다는 사실을 대단히 잘 알고 있었다. 그 도시의 신들에게 소홀하거나 무례한 것으로 보일 뿐만 아니라 사회적 인맥을 넓힐 수 있는 기회를 놓치고, 후원자 및 고용주와의 관계가 위태로워질 가능성이 상당히 컸다. 하지만 바울은 완강하다. 참여하지 말라.

첫째로, 신전에서 벌어지는 그런 연회에 참여하면, 설령 그것의 '공허함'을 신학적으로 충분히 알고 참여한다 해도, 그것을 보는 더 연약한 형제나 자매의 양심에 훨씬 더 큰 위협이 된다. 그래서 당신이 당신의 성숙한 자유를 고집하면 당신은 그들을 위해 죽으신 그리스도께 죄를 지을 수 있다(고전 8:10-13). 하지만 둘째로, 설령 우상들과 제사가 신적 의미에서 '아무것도 아니라고' 해도 분명히 귀신적인 것으로 이르는 길이 될 수 있다. 그리스도인은 그리스도의 몸과 피에 참여하는 것과 귀신들의 연회에 참여하는 것을 함께할 수 없다(고전 10:14-22). 그런 이유로 이 문제에 대한 바울의 조언은 간단하다. "우상숭배하는 일을 피하라"(고전 10:14). 즉, 설령 내적으로 부끄럽지 않은 신학적 소신을 갖고 있다 해도 거기에 참여하고 있지 않은가 하는 의혹을 조금도 받지 말라. 멀리 떨어져 있으라.

바울이 자신의 신학을 목회적·윤리적으로 적용하면서(즉, 강력한 문화적 다신론이라는 상황에서 철저한 유일신론이 지닌 선교학적 함축을 밝혀내면서) 보여 주는 섬세함과 민감함은 우리에게 큰 도움이 된다. 그것은 분명 다양한 종교적·문화적 상황 속에 살면서 신학적 확신과 사회적 관습 사이에 끼어 스트레스를 받는 그리스도인들에게 많은 것을 가르쳐 준다.

명백히 다른 신들을 숭배하는 상황에서 그리스도인들은 이 신들과 관련된 의식의 부산물들과 그 신들을 숭배하는 일에 실제로 참여하는 것을 구분해야 한다. 예를 들어, 인도의 일부 그리스도인들은 **프라사담**(힌두교 친구들이나 직장 동료들이 생일이나 다른 행사를 경축하기 위해 먼저 신들에게 일부를 바치고 나머지를 집이나 일터에서 나누어 주는 사탕이나 과일)을 거리낌 없이 받는다. 하지만 그들은 실제 의식에 합류하거나 다신론 숭배, 혹은 다른 신들의 실재를 명백히 단언하는 어떠한 것에도 참여하지 않는다. 또 다른 인도 그리스도인들은 '더 연약한 형제'에게 오해를 불러일으킬까 봐 둘 다 거부하기도 한다.

서구에서는 신과 우상들이 좀더 교묘한 형태를 취한다. 하지만 비슷한 문제들이 생길 수 있다. 예를 들어, 도박은 대부분의 우상숭배들이 부추기는 중독성을 지니고 있기 때문에 재물의 신을 섬기는 일종의 우상숭배로 볼 수 있다. 그런 이유로 대부분의 그리스도인들은 그것을 윤리적 문제로 보고 도박을 하려고 하지 않는다. 또 그들은 이익을 볼 의도를 품고 로또 복권을 사거나 그런 복권을 만든 기관들에 후원을 요청하지 않는다. 우리는 단순히 참가하든 폭리를 노리든, 아예 도박을 하지 않는다. 반면에, 어떤 사람이 복권에 당첨된 후 자발적으로 당첨금의 일부를 교회나 기독교 자선 단체에 바친다면, 양심의 문제를 제기하지 않고 그 돈을 받을 수 있다고 주장할 수도 있다. 모든 재물은 애초부터 주님께 속해 있기 때문이다. 그 돈이 도박으로 벌어들인 것이긴 하지만 그런 헌금을 받는다고 도박이라는 악에 참여하는 것은 아니다. 마치 고린도인들이 푸줏간에서 고기를 산다고 해서, 설령 그 고기가 우상을 숭배하는 의식에서 나온 것이라 해도, 우상숭배에 참여하는 것은 아니었던 것과 마찬가지다. 하지만 다른 그리스도인들은 그런 헌금을 거절할 것이다. 그들이 죄라고 생각하는 도박에서 그 돈이 나오기 때문이다. 인도 그리스도인들이 **프라사담**을 놓고 의견이 분분한 것처럼, 서구 그리스도인들도 이 문제를 놓고 의견이 분분하다.

바울의 목회적·윤리적 지침들이 실제로 적용되는 수많은 사례들을 찾아볼 수 있다. 내 주장은 바울이 새로 그리스도인이 된 사람들을 대상으로 목회하면서 그 문제를 다룰 때, 불신자들에게 전도 활동을 하거나 성숙한 그리스도인들을 가르치면서 신학적 독설을 퍼붓는 것과는 다른 태도로 접근한다는 것이다. 우리는 다양한 상황 속에서 우상숭배와 직면하는 방식에 대해 바울에게서 많은 것을 배울 수 있다. 물론 그와 같은 목회적·윤리적 논의를 하기 전에, 우리는 우리 가운데 있는 우상숭배와 거짓 신들의 존재를 실제로 **인식하고 분별해야** 한다. 하지만 서구의 많은 그리스도인들은 적어도 그렇게 할 능력이나 의향이 없는 것 같다. 따라서 우리에게는 이스라엘의 예언자들이 보여 준 것과 똑같은 용기가 필요하다. 이제 마지막으로 그 문제를 다루어 보자.

예언자적 경고로 우상숭배를 폭로함

방금 살펴본 목회적 접근은 하나님의 백성이 고질적인 우상숭배에 빠져 있는 문화 속에서 살아가는 딜레마를 해결해 나가도록 도와준다. 하지만 예언자적 접근은 우상숭배 자체를 밝혀내고 드러내며 비난한다. 그러나 놀랍게도 성경에서 예언자적 접근은 보통 **하나님의 백성을 대상으로** 하고 있다. 우상숭배가 가장 지독하게 일어나고 손해를 끼치는 곳이 바로 하나님의 백성이다.

앞에서 살펴본 대로, 신약을 보면 전도를 할 때 다신론적 세계관을 명백하게 거부한다. 하지만 특정한 신들을 공개적으로 비난하거나 그 신들을 숭배하는 자들을 조롱하는 말은 찾아볼 수 없다. 또 구약에서 이스라엘 사람이 이방 민족들에게 말하는 많지 않은 경우를 보면, 일반적으로 그들이 잘못된 신을 숭배해서 정죄를 받는 것이 아니라 도덕적·사회적 악으로 인해 정죄를 받는다(앞에서 살펴본 대로, 물론 그 둘은 서로 연결되어 있다). 이에 대한 예로는 아모스가 이스라엘 주위 나라들의 죄들을 열거하는 것(암 1:1-2:3. 주목할 만하게도, 아모스는 암 2:4에서 유다에게 말할 때만 거짓 신 숭배를 구체적으로 언급한다)과 요나가 니느웨를 정죄하는 것을 들 수 있다. 니느웨에 대한 정죄는 분명히 그들의 신이 아니라 그들의 "악독"과 "강포"를 향한 것이었다(욘 1:2; 3:8). 엘리야가 바알 예언자들을 조롱한 것은 무지한 이교도들을 조롱한 것으로 보아서는 안 된다. 그중 많은 사람들은 실제로 유일하신 야웨 하나님을 믿다가 변절한 사람들이었기 때문이다. 그들의 범죄는 주로 우상을 숭배하도록 사람들을 오도한 죄였다.

하지만 예언자들이 **하나님의 백성에게** 그들이 저지른 우상숭배에 대해 고발할 때는 온갖 수사학적 장치가 다 동원된다. 이사야 40-48장에 나오는 통찰력 있는 논쟁, 예레미야 10장에 나오는 비슷한 논의들, 신명기 4장의 경고들 등 몇 가지만 살펴보면 금방 알 수 있다. 이같이 심한 불균형이 나타나는 이유는 무엇인가? 이방 나라들을 다룰 때는 그들의 거짓 신들을 거의 비난하지 않는 반면에, 이스라엘을 다룰 때는 다른 신들에 대해 가차 없이 비판을 하는 이유는 무엇인가?

물론 살아 계신 하나님의 질투에서 비롯된 진노를 불러일으키지 않을까 하는 두려움 때문에 우상숭배를 피해야 하는 것은 사실이다(바울도 그 논거를 모르는 바 아니었다(고전 10:22)]. 하지만 예언자들은 얼핏 더 강력하게 보였던 **열방의 신들에 대한 부당한 두려움으로부터 하나님의 백성을 해방시켜 주기 위해** 우상숭배의 헛됨을 폭로했다. 이것은 이사야 40-48장에서 명백하게 나타난다. 그것은 예레미야가 다음과 같이 말한 동기이기도 하다.

> 여러 나라의 길을 배우지 말라.
>> 이방 사람들은 하늘의 징조를 두려워하거니와
>> 너희는 그것을 두려워하지 말라.…
> 그것이 둥근 기둥 같아서
>> 말도 못하며
> 걸어 다니지도 못하므로
>> 사람이 메어야 하느니라.
> 그것이 그들에게 화를 주거나
>> 복을 주지 못하나니
>> 너희는 두려워하지 말라. (렘 10:2, 5)

또한 예언자들이 열방의 신들을 비난하는 이유는 이스라엘이 그 신들을 따르면 궁극적으로 실망하고 수치를 당할 것을 알기 때문이다. 하나님의 백성에게 우상을 숭배하지 말라고 경고하는 것은 그들 자신을 보호하기 위해서다. 우상숭배의 대가는 너무 크다. 바빌론에서 포로 생활을 하던 이스라엘은 에스겔의 회상적 설명을 통해 그것을 알게 되었다.

로마서 1:18-32을 여기에 포함시켜도 괜찮을 것이다. 바울이 우상숭배의 사악한 뿌리와 쓴 열매를 혹독하게 폭로한 것도 예언자적 전통과 일맥상통하기 때문이다. 옛 예언자들과 마찬가지로, 바울은 구속받은 자들에게 우상숭배를 **하나님의 관점**에서 보고, 그들이 무엇으로부터 구속받았는지 절대로 잊지 말라고 부탁한다.

에베소는 또 하나의 흥미로운 사례 연구를 제공한다. 사도행전을 보면 바울은 에베소에서 복음을 전파했다. 거기에 있는 많은 사람들이 우상숭배와 마술을 버리고 살아 계신 하나님께로 돌아왔다. 에베소 교회를 설립하는 동안 바울은 아데미를 공개적으로 마구 비방하지 않았다(에베소 시 당국자가 그 점을 인정했다). 하지만 후에 아데미를 섬기다가 돌이켜 그리스도를 믿기로 한 에베소의 새 신자들에게 글을 쓸 때는 그들이 그리스도를 믿기 전에 처해 있던 위험한 영적 상태에 대해 거침없이 말했다. 그들은 이스라엘로부터, 이스라엘의 메시아로부터, 이스라엘의 언약의 소망으로부터, 이스라엘의 하나님으로부터 멀리 떨어져 있었다. 바울은 이 에베소인들이 많은 신들을 섬기고 있긴 했지만 실제로는 '아테오이'(*atheoi*), 곧 "하나님이 없는" 상태였다고 반어적으로 말한다. 참되고 살아 계신 하나님에 대한 지식도 없고 그분과 관계도 없었기 때문이다(엡 2:12). (그들이 많은 신들, 특히 아데미를 숭배하고 있음에도) 하나님이 없는 그들은 "소망이 없는" 상태에 있었다.

후에 바울은 다시 한번 이전에 에베소인들이 어떠한 삶에서 구출되었는지 상기시킨다. 그것은 바울이 로마서 1장에서 우상숭배와 매우 밀접한 관련이 있다고 말한 것들[무익함, 어두움, 마음의 굳어짐, 감각적 방탕 등(엡 4:17-19)]로 얼룩진 삶이다. 바울이 이렇게 글을 쓰는 목적 중 일부는 신자들에게 우상숭배의 도덕적·영적 어두움을 상기시키고, 다시는 우상을 숭배하지 않도록 경고하며, 구속받은 사람답게 거룩한 삶을 살도록 격려하려는 것이다. 바울은 아직도 우상을 숭배하고 있는 사람들에게 공개적으로 전도 사역을 할 때보다 그 우상에서 해방된 사람들을 훈련시킬 때 훨씬 더 격렬하게 우상숭배에 대해 경고했다. 이것은 우리가 구약 예언자들에게서 관찰한 불균형을 잘 보여 준다. **우상숭배의 위험에 대해 가장 많은 경고가 필요한 것은 바로 하나님의 백성이다.** 또 그들이 무엇으로부터 구출을 받았고 무엇으로 되돌아가지 말아야 하는지 인식해야 하는 것도 바로 하나님의 백성이다.

신구약 모두에서 우상숭배에 대해 하나님의 백성에게 이렇게 예언자적으로 경고하는 것은 선교학적으로 어떤 의미가 있는가? 하나님의 백성 안에서 그 백성을 통해 이루어지는 하나님의 선교를 인식할 때 그 대답을 찾을 수 있다. 열방에 복 주시려는 하나님의 목표는 열방이 결국 그들의 신들을 버리고 살아 계신 하나님만 예배할 것을 요구한다(예를 들어, 시 96편과 다른 많은 예언자의 환상들이 그런 날을 상상하고 있다). 하지만 그것이 전부가 아니다. 하나님의 선교는 또한 하나님 자신의 백성이 살아 계신 하나님을 섬기며 이 세상을 살아갈 때 순결함과 순수성을 유지하고, 그들을 오염시키는 혼합주의에 저항할 것을 요구한다. 그렇게 하면 열방은 순종하며 언약에 충성을 다하는 이스라엘을 보게 될 것이며, 그 결과 살아 계신 하나님이신 야웨께 찬송과 영광을 돌리게 될 것이다(신 4:6-8; 28:9-10). 그러나 불순종하고 우상을 숭배하는 이스라엘은 야웨께 수치를 가져올 것이며, 열방 가운데서 그분의 이름이 더럽혀질 것이다(신 29:24-28; 겔 36:16-21). 다시 말해, 하나님의 백성으로 우상을 멀리하게 하는 이유는 그들 자신의 영적 건강을 위한 것만이 아니다. 그것은 열방을 위한 하나님 자신의 선교를 위한 것이기도 하다.

생생한 비유적 표현을 자주 사용하는 예레미야는 상징적 행동으로 나타낸 한 예언에서 이스라엘의 선교에 대한 이러한 인식의 양면을 다 포착했다(렘 13:1-11). 아름다운 옷이 그것을 입은 사람에게 영광과 찬송을 가져다주는 것처럼, 하나님은 이스라엘을 "내 백성이 되게 하며 내 이름과 명예와 영광이 되게 하려 하였다."[4] 이 세 단어는 하나님께서 이스라엘이 열방 가운데서 누리게 되리라고 약속하셨던 것과 똑같다(신 26:19). 하나님의 백성이 하나님께 충성하고 순종함으로써 얻게 되는 명성은 궁극적으로 하나님 자신의 명예와 영광을 위한 것이다. 이것이 선교학적 동력이다.

하지만 이스라엘이 (렘 13:10에 명시된) 우상숭배를 한 결과 그들은 오랫동안 젖은 땅에 묻혀 있었던 아름다운 옷과 같이 된다. "띠가 썩어서 쓸 수 없게 되었더라"(렘 13:7, 10). 하나님은 우상숭배라는 썩어 가는 누더기로 인해 흠뻑 젖고 더러워진 백성을 '입을' 수가 없으시다. 하나님이 열방에게 복이 되도록 선택하신 백성 자신이 그런 신들로 가득 차 있다면, 어떻게 열방을 거짓 신 숭배에서 끌어낼 수 있단 말인가? 그렇다면 우상숭배에 대해 그처럼 신랄하고 엄중하게 경고하는 것은 단지 하나님 자신의 백성의 유익을 위한 것만이 아니고, 궁극적으로는 그들을 통해 열방이 유익을 얻기 위함이다. 그것이 이스라엘의 선교적 중요성이다. 하나님의 백성은 그들 자신을 위해서 뿐만 아니라 그들의 선교를 위해, 정확히 말하자면 열방 가운데 이루어지는 하나님의 선교를 위해 거짓 신들로부터 자신들을 지켜야 한다.

결론

우리가 1부의 여러 장에서 우상숭배에 반대하는 성경의 논쟁이 지닌 선교학적 차원에 관해 깨달은 점을 요약해 보자.

- 비록 신과 우상들은 세상에서는 그 무엇이지만, 살아 계신 하나님에 비하면 아무것도 아니라는 역설을 알게 되었다.
- 신과 우상들은 귀신적인 세계의 도구 혹은 그 세계로 들어가는 입구가 될 수도 있지만, 성경은 그것들이 사람의 손으로 만든 것, 우리 자신의 타락하고 반역적인 상상력의 산물이라는 점을 대단히 강조하고 있음을 알게 되었다.
- 또한 우상숭배의 가장 큰 문제는 그것이 창조주 하나님과 피조물 간의 구분을 흐리게 하는 것임을 알게 되었다. 우상숭배는 피조물(우리 자신을 포함해서)을 손상시키며 동시에 창조주의 영광을 축소시킨다.
- 하나님의 선교는 피조물을 원래대로, 곧 하나님 자신께 모든 영광을 돌리고 그럼으로써 모든 피조물이 하나님이 바라시는 복을 충만히 누릴 수 있는 상태로 회복시키는 것이므로, 하나님은 모든 형태의 우상숭배와 싸우시며 그 싸움에 합류하도록 우리를 부르신다.
- 하지만 우상숭배에 대해 성경의 가르침에 근거한 선교적 접근은 인간들이 스스로 신을 만드는 매우 다양한 방법들, 그 신들이 취하는 다양한 형태들, 우리 인간이 그 신들을 섬기는 다양한 동기들이 무엇인지 이해하려고 노력한다.

- 또한 우상숭배의 심각함과 성경이 왜 그렇게 우상숭배에 대해 격렬한 표현을 사용하는지 인식하기 위해서, 성경이 우상숭배의 악영향을 얼마나 폭넓게 폭로하는지 이해할 필요가 있다.
- 마지막으로, 우상숭배와 맞서 싸우면서 다양한 상황마다 어떤 반응들이 적절한지 분별해야 한다. 분별 작업을 하면서 사도들과 예언자들에게서 교훈을 얻어야 한다.

이 모든 과업은 1부의 여러 장에서 다룬 것과 같은 광범위한 성경 본문들에 비추어서 수행되어야 할 뿐 아니라, 특정한 문화적·종교적 상황 및 그 상황들이 우상숭배에 대한 인간의 탐닉을 특정하게 표현하는 것과 관련해서 수행되어야 한다. 예언자들과 사도들은 야웨와 그리스도의 보편성과 초월성을 주장하는 동시에 그들이 파송된 특정한 지역적 상황에 예리한 통찰을 갖고 관여하는 분명한 본보기를 제시한다. 우리의 선교 역시 그래야 한다. 이제 2부에서 우리의 선교적 과제를 다룰 차례다.

2부

과거와 현재의 정치적 우상숭배

2부의 모태가 된 강좌의 제목은 "정치적 격동의 시대에 예수님을 따르는 삶"이었다. 이 강좌를 준비하면서 제목의 두 부분을 결합시키는 일이 가장 어려웠다.

예수님을 따르는 삶에 대해 말해 달라고 부탁을 받았다면, 나는 잘 알려진 몇몇 성경 본문으로 제자도에 대해 간단히 설명하고 몇 가지 도전적인 권면을 할 수 있다. 제자도에 대한 성경적 강의? 별로 어려운 일이 아니다.

단순히 지난해 일어난 중대한 정치적 변화에 대해 논평해 달라고 부탁을 받았다면, 나는 아마 사양했을 것이다. 나는 사적 대화를 나눌 경우 보통 내 의견을 기꺼이 밝히곤 하지만, 공적 강의를 할 경우 정치에 대해 상세히 말하지 않는다. 특히 다른 나라에 손님으로 초청을 받아 간 경우에는 더욱 그렇다. 성경에 집중하기로 하자.

그런데 두 주제를 함께 다루어 달라고 한다. 물론 성경이 그렇게 한다는 사실을 인정하지 않을 수 없다. 따라서 성경에만 집중하면서 그것을 정치적 세계에 연결시키지 **않는다면** 성경 전체에 충실하다고 말할 수 없다. 수많은 성경 본문의 맥락이 바로 정치적 세계, 즉 정치, 경제, 정부, 법 등의 공적 세계이기 때문이다. 따라서 그런 초청을 받고 나는 오늘날 세계에서, 특별히 서양 세계(특히 영국과 미국)에서 일어나고 있는

113

일들에 대해 **성경적**으로 생각해 보도록 강한 도전을 받았다.

이는 반드시 성경 전문가로 여겨지는(그럴 자격이 있든 없든) 우리 같은 사람들의 과제가 **되어야** 한다. 성경을 일반적인 말로 해설할 뿐 아니라 성경이 어떻게 여전히 현대 세계에 대해 말하는지 분별하는 일도 우리의 책임이다. 존 스토트(John R. W. Stott)는 그런 직관적 통찰력에서 BST(The Bible Speaks Today)로 알려진 매우 대중적인 성경 강해 시리즈를 시작한 바 있다. 그는 그런 통찰력에서 이중 귀 기울임이라는 유명한 전략을 개발하기도 했다. 이중 귀 기울임이란, 우리는 **하나님의 말씀**에 귀를 기울여야 하고(성경을 연구하고 이해하고 믿고 순종해야 하고), **또 세상**에 귀를 기울여야 한다(우리 자신의 문화, 그 문화의 좋고 나쁜 특성, 그것의 질문과 비판을 이해해야 한다)는 것이다.

성경을 현대 정치에 관련시키는 것은 보통 상당히 불편한 일이다. 우리가 감추고 싶어 하고 심지어는 우리가 전혀 보고 싶어 하지 않는 많은 것들을 드러내기 때문이다. 예를 들면, 우리의 공적·정치적 삶의 상당 부분을 지배하는 우상들과 같은 것이다. 하지만 신과 우상들이라는 개념 전체는, 성경에(특히 공적·국가적 삶의 영역에서) 두드러지게 나타나는 주제임에도 불구하고 현대 기독교의 정치적 담론과 분석에서 해로울 정도로 무시되고 있다.

그런 배경에서 나는 이 책의 제목을 **"이것이 너희 신이다"**(Here Are Your Gods)로 선택했으며, 이 2부에서 그 문제를 실제적으로 다루려고 한다.

이 단어들은 구약에서 두 경우에 언급되는데, 여기에는 풍자적인 모호함이 있다. 첫 번째는 이스라엘 백성이 한 말로("이는 너희의 신이로다"), 그들은 모세가 시내산에서 하나님을 만나고 있는 동안에 대배교를 시작하는데 아론이 금송아지를 만들어 오자 이 말을 한다(출 32:4). 두 번째는 여로보암의 말로("이는 너희의 신들이라"), 국가 권력을 공고히 하고 신성시하는 정치적 행위로서 그 왕국의 양 끝에 두 금송아지를 만든 후에 이 말을 한다(왕상 12:28).

두 경우에 이 말은 "너희를 애굽 땅에서 인도하여 낸(올린)"이라는 문구 다음에 나온다. 그 기저에는 이런 우상들을 야훼, 그들의 유일하게 강력하신 구원자 하나님과 어떻게든 동일시하려는 욕구가 있다. 하지만 그것들은 새긴 형상으로, 본질상 우상들이다! 그것들은 십계명의 첫 번째 계명과 두 번째 계명을 노골적으로 위반하는 것이다. 이것이 혼합주의의 핵심이다. 이스라엘 사람들은 그들이 야훼, 살아 계신 하나님을 여전히 충성스럽게 경배한다고 주장하고 싶어 하지만, 그들은 자신들이 만든 우상들에게 항복하고 있다. 그들은 자신들의 역사에 함께하신 하나님을 완전히 저버릴 수는 없지만, 반역적으로 자신들을 위해, 두 번째 사례에서는 노골적인 정치적 목적을 위해 신들을 만든다. 국가적 우상숭배는 일찍이 시작되었다. 우리가 1부 2장에서 본 대로, 그것이 여로보암의 원죄였다.

서양 세계에, 특히 미국과 영국에 여전히 남아 있는 '기독교 왕국'(Christendom, 기독교가 지배하는 국가나 사회―옮긴이)의 낡은 잔재에서 신(God)이라는 단음절어는, 대중의 마음이나 상상에서, 서양 문명의 기독교적 유산 내에서 당연한 것으로 여겨지는 하나님을 의미하는 경향이 있다. 그 유산이 아무리 많이 거부되고 버림받고 변질되며 위협을 받는다 해도 말이다. 따라서 하나님이 공적 연설에서 언급될 때("우리는 하나님을 신뢰한다", "하나님은 미국을 축복하신다", "하나님은 여왕을 구원하신다", "우리는 하나님을 대신하지 않는다"), 이것은 상상으로 만들어 낸 하나님이다. 아마도 어디에나 있지만, 모든 것에 무력하고 모든 것과 무관한 그런 하나님이다.[1] "진짜" 신들, 정치적·경제적·문화적 권력의 레버를 당기면서 혼란과 어둠 가운데서 웃고 있는 신들은, 인간이 수천 년 동안 머리를 조아려 왔고 그들의 그럴듯한 유혹을 받아 여전히 머리를 조아리고 있는 거짓 신과 우상들이다. 그리스도인으로서 우리는 필사적으로 그들의 정체를 밝히고 폭로해야 한다. "이것이 너희 신이다!"

다시 당면한 과제로 돌아가 보자. 하나님의 말씀을 세상에 관련시키려는 이런 노력은 궁극적으로는 불안감을 없애 준다. 우리가 단지 우리 주위를 맴도는 이야기가 아니라, 실제로 일부가 되는 이야기(마지막 심판의 궁극적 교정과 새 창조의 영광으로 절정에 이르는, 성경의 위대한 구속적 이야기) 안에서 그 이야기를 위해 살아야 한다는 점을 상기시켜 주기 때문이다. 그런 성경적 이야기는 소망으로 가득 차 있다. 궁극적으로 모든 인간 제국들을 무찌르고 승리를 거두실 하나님의 주권적 선교와 하나님 나라의 이야기이기 때문이다. 그렇다면 메시아, 구세주, 주 그리고 왕이 되시는 예수님을 따르는 제자로서 우리는 어떻게 살아야 하는가?

이것이 우리가 2부에서 살펴볼 과제다.

5장
성경적 관점에서 바라본 열방의 흥망

구약이 말하는 연속적인 제국들의 긴 이야기는 이스라엘의 주 하나님의 주권적 통치 아래 반복되는 역사적 패턴을 나타낸다. 오경, 예언서, 시편과 지혜서는 모두 하나님이 모든 열방을 다스리시며, 그 열방은 이 세상에서 이루어지는 인간의 삶을 위해 하나님이 세우신 기준에 따라 흥하고 망한다는 점을 확언한다.[1]

하나님은 이 점을 자신을 신격화하는 이집트 제국의 통치자 바로에게 분명히 말씀하셨다. "내가 손을 펴서 돌림병으로 너와 네 백성을 쳤더라면 네가 세상에서 끊어졌을 것이나 내가 너를 세웠음은 나의 능력을 네게 보이고 내 이름이 온 천하에 전파되게 하려 하였음이니라"(출 9:15-16).

하나님은 이스라엘 사람들에게, 하나님이 그들에게 가나안 땅을 주시는 것처럼 다른 국가들에게 다른 땅을 주셨다는 점을 알리신다.

야웨 하나님은 수 세기에 걸쳐 역사의 체스판을 누비고 계신다. 신명기 2:1-23은 거의 부수적인 각주로 열방을 다스리시는 야웨의 주권을 확언한다. 다른 국가 앞에서 한 국가를 쫓아내고 다른 땅에 사람들을 정주시킨 것은 모압, 암몬, 르바임, 아위, 삼숨밈(그들이 누구이든) 족속의 신들이 아니라 야웨였다. 이스라엘에게 살 땅을 주시는 것은 하나님께 새로운 일이 아니었으며, 그것 자체는 역사에서 독특한 일도 아니었다(아모스가 나중에 주장하는 대로 말이다. 암 9:7을 보라).

이사야는 이스라엘의 하나님이 이 세상의 왕들을 세우시고 폐하시는 것으로 묘사한다. 그것은 의도하는 대상인 바빌론 제국의 권력에 비추어 볼 때 놀라운 주장이었다.

> 귀인들을 폐하시며
>   세상의 사사들을 헛되게 하시나니
> 그들은 겨우 심기고
>   겨우 뿌려졌으며
>   그 줄기가 겨우 땅에 뿌리를 박자
> 곧 하나님이 입김을 부시니 그들은 말라
>   회오리바람에 불려 가는 초개 같도다. (사 40:23-24)

시편 기자와 지혜서 저자들도 마찬가지로 인간적 권세도 스스로 계획을 세우고 자신들의 결정과 행동에 책임을 지지만, 역사적 결과를 궁극적으로 통제하시는 분은 하나님이심을 확언한다. 하나님의 말씀이 결국 승리한다.

여호와께서 나라들의 계획을 폐하시며
　　민족들의 사상을 무효하게 하시도다.
여호와의 계획은 영원히 서고
　　그의 생각은 대대에 이르리로다. (시 33:10-11)

왕의 마음이 여호와의 손에 있음이 마치 봇물과 같아서
　　그가 임의로 인도하시느니라. (잠 21:1)

느부갓네살도 항복하고 이와 같은 사실을 인정했다. "지극히 높으신 이가 사람의 나라를 다스리시며 자기의 뜻대로 그것을 누구에게든지 주시며 또 지극히 천한 자를 그 위에 세우시는 줄을 사람들이 알게 하려 함이라"(단 4:17). 다니엘 자신은 느부갓네살이 꿈에 본 신상을 장차 수 세기 동안 흥하고 망할 제국들의 연속이라는 관점에서 해석했다(단 2장).

구약에 일관되게 자주 등장하는 이런 가르침은 신약에 그대로 이어진다. 게다가 역사와 열방을 다스리시는 하나님의 주권적 통치는 부활하신 그리스도의 지배로 대체된다. 그리스도는 요한이 본 대로 십자가에서 죽으시고 부활하신 하나님의 어린양으로, 우주적 통치의 자리인 하나님의 보좌 한가운데 서 계신다(계 5:6). 예수 그리스도는 그분이 주장하신 대로 "땅의 임금들의 머리"시다(계 1:5). 예수 그리스도는 시편 2편을 연상시키는 구절로 "만왕의 왕이요 만주의 주"로(계 19:16), 열방을 철장으로 다스리실 것이다(계 19:15).

도덕적 원리와 기준

하지만 열방의 흥망을 다스리시는 하나님의 주권적 통치는 제멋대로 이루어지지 않는다. 창조 이래로 우리 세계 안에 내재되어 있는 **도덕적 원리**가 있으며, 그 원리는 모든 열방에 적용된다. 물론 그 원리는 이스라엘에서 가장 정교한 형태로 명백히 나타난다. 이것은 이 책의 후반부 전체를 떠받치는 중요한 해석학적 가정이다. 물론 하나님은 그분의 성품과 요구를 이스라엘에 계시하셨다. 그러나 하나님이 이스라엘을 만드시고 선택하신 것은 **열방을 위해서**였다. 하나님이 이스라엘의 사회경제적·정치적 생활에 요구하신 기준은 그들이 구속을 경험하고 야웨와 언약을 맺은 사실에 비추어 심화되었지만, 그 기준은 모든 사람들의 창조자와 심판자가 모든 열방과 정부에 요구하시는 의와 정의의 기준과 일치했다.

아모스는 먼저 주변 국가들이 저지른 비인도적인 죄를 비난하고, 그들이 이스라엘의 주 하나님께 그 죄에 대한 책임을 져야 한다고 주장함으로써 유다와 이스라엘에게 책임을 묻기 시작한다(암 1:1-2:8). 하나님이 비인도적인 악한 죄를 저지른 **적국들**을 심판하신다면, 하나님은 **이스라엘**을 얼마나 더 심판하시겠는가? 하나님이 이스라엘을 위해 매우 많은 일을 하시고 매우 많은 말씀을 하셨기 때문에 이스라엘은 적국들보다 하나님의 뜻을 더 잘 알았을 것이다. 그것이 아모스의 주요한 수사학적 요점이다. 그러나 그 요점의 유효성은 그 요점의 가정에 달려 있다. 즉 야웨는 **모든** 열방을 심판하시는 하나님이다.

예레미야는 그분의 손에 들려 있는 "진흙"의 반응에 반응하는 신적 토기장이의 비유를 유다뿐만 아니라 모든 국가에 명확히 적용시킨다. 토기장이와 진흙의 교훈은 단순히 하나님의 뜻에 개인적으로 순종하는 것이 아니다. 안타깝게도 이 비유는 종종 그런 식으로 읽히고 설명된다. 일부 설교들은 예레미야의 실제 본문과 메시지에 대해 설명하기보다, "당신의 뜻대로 하소서, 주여, 당신의 뜻대로 하소서./당신은 토기장이요, 저는 진흙이오니"라고 말하는 애들레이드 폴라드(Adelaide A. Pollard)의 오래된 찬송가에 대해 더 설명하는 것 같다.[2] 예레미야의 메시지는 개인적 경건이 아니라 국제 역사에서 나타나는 하나님의 도덕적 주권에 대한 것이었다.

> 내가 어느 민족이나 국가를 뽑거나 부수거나 멸하려 할 때에 만일 내가 말한 그 민족이 그의 악에서 돌이키면 내가 그에게 내리기로 생각하였던 재앙에 대하여 뜻을 돌이키겠고 내가 어느 민족이나 국가를 건설하거나 심으려 할 때에 만일 그들이 나 보기에 악한 것을 행하여 내 목소리를 청종하지 아니하면 내가 그에게 유익하게 하리라고 한 복에 대하여 뜻을 돌이키리라. (렘 18:7-10)

불행하게도 요나는 이 원리의 전반부가 지닌 의미를 온전히 이해하지 못했지만, 그의 책(요나서)은 작동 중인 이 원리에 대한 완전한 사례 연구라 할 수 있다. 비록 요나는 크게 당황하고 화를 냈지만 말이다.

하나님은 그분의 목적을 성취하기 위해 국가와 제국들을 일으키실 수 있지만, 그들의 오만, 폭력, 악행이 참을 수 없는 수준에 이를 때 그들을 심판하신다. 그 결과 그들은 붕괴하거나 세계적으로 하찮은 수준으로 몰락한다. 또는 역사의 무대에서 완전히 사라져 버리기까지 한다. 이런 사실은 떠오르는 앗시리아의 권력과 관련해 이사야가 분명하게 진술한 바 있다. 하나님은 앗시리아를 유다를 처벌하는 막대기처럼 사용하셨으며, 그 후에 앗시리아 자체를 심판해 버리셨다.

> "앗수르 사람은 화 있을진저, 그는 내 진노의 막대기요
> 그 손의 몽둥이는 내 분노라.
> 내가 그를 보내어 경건하지 아니한 나라를 치게 하며
> 내가 그에게 명령하여 나를 노하게 한 백성을 쳐서
> 탈취하며 노략하게 하며
> 또 그들을 길거리의 진흙같이 짓밟게 하려 하거니와
> 그의 뜻은 이 같지 아니하며
> 그의 마음의 생각도 이 같지 아니하고
> 다만 그의 마음은 허다한 나라를 파괴하며
> 멸절하려 하는도다."…
> 그러므로 주께서 주의 일을 시온 산과 예루살렘에 다 행하신 후에
> "앗수르 왕의 완악한 마음의 열매와 높은 눈의 자랑을 벌하시리라."
> (사 10:5-7, 12)

하박국은 다음에 바빌론에 대해 동일한 메시지를 말하며, 예레미야는 그 메시지를 강화한다(합 2:4-20; 렘 50-51장).

성경 시대에서 우리는 역사의 페이지를 가로지르는, 크고 작은 제국들의 연속을 본다. 메소포타미아, 이집트, 가나안의 아모리 족속 국가들, 솔로몬의 지역 제국, 앗시리아, 바빌론, 페르시아, 헬라, 로마….

어떤 제국은 단지 70년 동안 존속하고(바빌론), 다른 제국은 700년 동안 존속하지만(로마), 영원한 제국은 없다.

그것이 핵심 교훈이다. **모든 제국들은 하나님의 주권적인 손 아래 종말을 고한다.** 하나님이 수 세기에 걸쳐 우리 성경을 형성하는 저술의 제작을 감독하신 한 가지 이유는, 그것이 이 교훈을 매우 분명하게 할 만한 시간과 공간을 제공해 주었기 때문이다. 성경 내러티브 전체는 제국들의 흥망, 국가와 정부와 전체 문명의 성쇠 가운데 발생한다. 하나님은 그런 일이 계속 일어나도록 허락하셨으며, 성경 독자인 우리가 수백 년 동안 이어지는 그런 연속적 사건들을 추적할 수 있게 하신다. 하나님은 제국들이 흥하고 망하며 오고 가는 것을 지켜보는 우리에게 이렇게 말씀하시는 것 같다. "아직도 깨닫지 못하느냐?"

한때 위대했던 국가와 제국들이 붕괴한 데는 일반적으로 내적·외적 요인들이 복합적으로 작용한 것 같다(그런 요인들에 대한 지식과 정보는 성경 기록과 고대 제국들의 역사를 연구한 다른 자료들을 통해 얻을 수 있다). 우리는 다음과 같은 요인들을 알 수 있다.

- **내적** 부식: 도덕적 악행, 경제적 불평등과 그 불평등이 만들어 낸 분노와 반항, 과도한 폭력, 정치적 부패, 황금만능주의, 족벌주의, 탐욕
- **외적** 요인들: 변화된 경제적 조건(예를 들어, 비옥한 토지의 파괴나 기근으로 인한 변화), 경쟁자와 적들의 등장, 또는 단순히 더 젊고 더 진취적인 문화가 도래하면서 시대에 뒤진 낡은 문화들이 희생됨

그렇다. 성경 시대에 국가와 제국들이 권좌에 올랐다가 붕괴한 데는

때때로 극적으로 많은 역사적 요인들이 관련되어 있다. 그런 요인들을 밝혀내려면 역사적 연구와 해석이 필요하다. 그러나 성경은 더 멀리, 더 깊이 진실을 알려 준다. 그와 같이 제국과 국가들이 붕괴한 것은 **인간적 환경과 사회 경제적 현실을 이용한** 하나님의 심판으로도 해석된다. 역사적 과정은 하나님의 통치와 분리된 별개의 무엇이 아니다. 오히려 그것은 하나님의 통치 원리를 구현한다. 하나님은 역사적 과정 내에 갇히시지 않고, 단지 그 과정과 동일시되시지도 않는다. 하나님은 역사적 과정을 다스리고 계시지만, 그 과정 내에서 역사하시며 그것을 통해 그분의 주권을 행사하신다.

모든 제국들은 어느 정도 **오만**을 만들어 내고 즐기며 오만에 의존한다. 오만은 보통 자민족중심주의적 또는 인종차별적 자부심 및 우월성과 결합되어 있다. 그런 종류의 자만심―사탄에 기원하지만 모든 인간에게도 나타나는―은 타락한 우리 인간의 본질적 특징이다. 그것은 또한 하나님이 싫어하시는 것이며 결국 인간의 자멸을 초래한다. 역사를 다스리시는 하나님의 의로운 통치 원리가 오랜 시간에 걸쳐 그런 방향으로 작용하기 때문이다. 아담과 하와에게 죽음을 가져온 죄가 국가적·제국적 수준에서 확대되고 미화될 때, 그 죄는 동일한 규모로 계속해서 죽음을 가져온다. 하나님의 심판은, 개인적 수준이든 세계적 수준이든 우리 자신의 오만하고 우상숭배적인 선택에 따르는 결과다. 우리는 우리가 뿌리는 것을 거둔다. 언젠가.

오늘날의 흥망은?

그렇다면 서양 세계는 어떠한가? 이런 성경적 사상과 원리는 오늘날 우리가 처한 상황에 대해 무엇이라 말하는가?

오래전부터 나는 최근 수십 년 동안 일반적으로 서양 문명에서, 특히 영국과 미국 문화의 사회적·경제적·정치적 동향에서 성경에 나오는 고대 제국들의 붕괴와 비교할 만한 조짐이 보인다고 생각해 왔다. 나는 곧 이런 조짐 몇 가지를 언급할 것인데, 그에 앞서 역사적 관점을 약술해 보자.

약 6백 년 전에 르네상스 이전 서양 유럽은 세계에서 가장 가난한 대륙이었다. 14세기에 발생한 흑사병으로 인구의 약 30-60퍼센트가 죽었다. 훨씬 더 발전하고 부유한 제국들이 세계의 다른 지역에서 번창하고 있었다. 서아프리카의 아샨티 왕국, 중동의 오스만 제국, 중국의 명조, 중앙아메리카의 아즈텍 제국, 안데스산맥의 잉카 제국 등이 있었다.

그 후에 15세기 중반부터 유럽 사람들은 놀라울 정도로 많은 탐험과 이주를 하기 시작했다. 그런 흐름은 약 4세기 동안 지속되었다. 유럽 사람들은 점진적으로 세계 각지에 그들 자신을 수출해서 다른 사람들의 땅에 (허락이나 비자를 받지 않고) 정착했다. 지금까지 그들에게 알려지지 않은 대륙과 문명들을 "발견했으며", 여기서 교역을 하고 저기서 식민지를 만들고, 일부 사람들을 노예로 만들고 다른 사람들을 몰살했다. 엄청난 부와 자연 자원이 전 세계에서 흘러들어오면서 그것으로부터 이익을 얻을 수 있었던 유럽 국가들은 서서히 부유해지고, 산업혁명으로 가는 길과 뒤이어 일어난 식민지 지배 및 경제적 흐름의 패턴과 길을 조성했다. 유럽과 주로 유럽 사람들의 이주로 세워진 국가들은(특히 북아메리카와 오스트랄라시아) 서양 문명, 또는 단순히 "서양"

의 중심 지역으로 세계를 지배하게 되었다.

역사가 우리에게 말해 주는 대로, 5백 년은 어떤 위대한 문명에게나 긴 시간이다. 그 기간에 두드러지게 부상한 서양의 제국주의 세력이나 식민지 권력들조차도 오직 한두 세기 지속했을 뿐이다. 예를 들어, 포르투갈, 스페인, 네덜란드, 프랑스, 벨기에, 심지어 대영제국도 다 마찬가지였다. 전성기는 지나갔다. 우리는 한 문명이 쇠락하는 말기에 있는 것 같다. 출산율은 줄어들고 고령화가 진행되고 있다. 우리가 성경이 제시하는 원리를 적용하고 역사적 사례를 훑어보면, 쇠퇴와 붕괴의 조짐들은 (그것들이 많은 역사적·사회적·경제적 차원을 지니고 있지만) 성경적으로 하나님의 도덕적 심판이 서서히 진행되는 과정으로 해석될 수 있다고 주장할 수 있다.

국제적으로 19세기는 대영제국이 지배하는 시기였으며, 20세기에 이르러 미국이 세계를 지도하는 지위를 차지했다. 이제 21세기는 마침내 중국의 시대가 될 것이 거의 확실해 보인다. 리처드 닉슨(Richard Nixon) 대통령이 오래전에 이런 예측을 했다고 하는데, 그의 예측은 옳은 것 같다. 중국이 세계를 주도하는 지위에 등극하는 것은 (금세기 말 그리스도가 그 전에 재림하지 않으신다면) 서양에 무엇을 의미하겠는가? 오직 하나님만이 아신다.

그러나 심지어 그런 예측을 숙고할 때도, 우리는 하나님이 한 세기 이상 중국에서 일해 오셨다는 사실을 기억해야 한다. 중국에는 대략 1억 명의 그리스도인들이 있는 것으로 알려져 있다.[3] 현재 일요일마다 중국의 기독교 교회에는 서유럽 전체보다 더 많은 사람들이 예배에 참여하고 있다. 중국 정부는 기독교 교회들을 더욱더 규제하고 있다(그들은 이슬람에 대해서도 마찬가지로 규제하고 있다). 지금 중국에 있는 많은 신자들은 일상적으로 박해 및 고난과 투옥을 당할 위험에 직면해 있다. 그렇지만 로마제국 치하에 있던 그리스도인들도 마찬가지였다. 그들은 수적으로 꾸준히 증가하면서 주기적으로 극심한 박해를 당했다. 그러나 주전 312년 콘스탄티누스 황제가 회심하면서 결국 기독교는 4세기 안에서부터 로마제국을 변화시켰다. 하나님은 엄청난 인내심을 갖고 계신다. 하나님 보시기에 천 년이 하루 같다면, 겨우 한 세기는 얼마나 짧을까?

역사를 주권적으로 통치하시는 하나님은 그런 지정학적·종교적 변화 속에서 우리 세계를 위해 무슨 일을 준비하고 계시는가? 중국이 세계를 지배하는 권력이 되고 중국 그리스도인들이 결국 중국의 문화적·정치적 태도와 입장에 상당한 영향력을 행사한다면 어떻게 될까? 우리는 또 하나의 '기독교 왕국'(크리스텐덤) 같은 것을 원하지 않는다. 그러나 세계 기독교의 중심 지역이 현재 이미 서양에서 남반구(또는 알려진 대로, 다수 세계)로 이동해 온 것처럼, 우리는 또한 동반구로 이동하는 것을 보지 않을까? 내가 말한 대로, 오직 하나님만이 아신다. 나는 감히 미래를 예측하지 않겠다.

이제 여기서 제안하고 있지 **않는** 바가 무엇인지 언급하는 것이 매우 중요하다. 나는 쇠퇴하는 서양과 상승하는 중국을 비교하면서 그들이 우리보다 더 의롭다고 말하려 하는 것이 아니다. 또는 그와 같이 극도로 단순화된 무엇을 말하는 것이 아니다. 구약은 어느 국가가 다른 국가보다 더 의롭거나 더 악한지에 대해 이분법적 가정을 하는 이스라엘에게 경고한다(신 9:4-6). 훗날 앗시리아나 바빌론이 이스라엘을 물리치고 승리한 일이 그 적국들이 더 의롭다는 증거가 아닌 것처럼, 이스라엘이 가나안 족속들을 물리치고 승리한 것은 이스라엘이 그들보다 더 의롭다는 증거가 아니었다. 신명기 9장에서 하나님이 한 국가나 제국을 몰락시키실 때, 하나님은 그것이 **그 자체의 악함** 때문이라고 주장하신다. 하나님이 세계를 지배하는 한 권력의 시대를 종식시키고 다른 권력을 세우실 때, 그것은 두 번째로 새롭게 부상하는 세계적 권력이 하나님 보시기에 결백하고 의롭다는 것을 의미하지 않는다. 하나님이 통치하시는 역사는 지나치게 단순하지도, 틀에 갇혀 있지도 않다. 나쁜 놈들과 좋은 사람들이 나오는 할리우드 영화가 아니다.

조짐과 징후

하나님이 이스라엘과 다른 국가들에게 하신 경고에 나타난 성경적 기준을 적용하면, 서양 문명은 점차 말기를 향해 가는 쇠퇴의 악순환에 빠져 있다. 이에 대한 조짐과 징후는 많다. 최소한 다음의 현상들을 고려해 보라.

역사적·제도적 폭력의 유산

우리는 역사적으로 (아메리카 원주민과 토착민들의) 대량 학살, 대서양 양쪽에서 수 세기에 걸쳐 이루어진 아프리카 노예제도, 약탈적인 식민주의, 그리고 무기와 대리전에서 엄청나게 수지맞는 장사 위에 세워졌으며 계속 그것들로부터 이익을 얻는 사회에서 살고 있다. 다시 말해, 서구 사회는 제도를 이용하고 정치적인 재가를 받아 적어도 십계명 중세 계명들—살인, 도적질, 탐심을 금하는—을 파괴하면서 부유해져 왔다. 그것도 거대한 규모로 그런 일을 벌여 왔다. 우리는 수 세기에 걸쳐 손에 피를 묻혔다. 무죄한 피를 흘리는 것은 구약에서 가장 비난받은 정치적 악 중 하나로, 하나님의 심판이 언젠가는 그 위에 임한다.

그런 악 중 마지막 것(무기 거래와 전쟁을 통해 이익을 얻는 것)을 제외하고, 우리는 그런 악들이 과거에만 있었다고 생각할지 모른다. 그러나 인간 노예제도는 윌리엄 윌버포스(William Wilberforce)의 시대보다 오늘날 훨씬 더 큰 규모로 남자와 여자 그리고 어린이들의 삶을 파괴한다. 세계 노예제도 지수의 통계는 2016년 어느 날 현대 노예제도의 희생자 수를 약 4천 30만 명으로 추산한다.[4] 서양 국가들에서 사는 우리 대부분은 세계 어딘가에 있는 여섯 혹은 그 이상의 노예들로부터 수혜를 입고 있다. 우리가 싸게 사고 싶어 하는 의류, 우리의 휴대폰에 있는 광물, 우리가 먹는 여러 음식까지 우리는 노예들을 통해 이익을 얻고 있다.[5]

원주민 대량 학살과 식민주의의 오만한 약탈 및 명령에 관해서 구약은 역사적 불의와 억압의 영향이 수 세기 동안 이어지며, 그런 악들에 대한 응보가 여러 세대 후에 임할 수 있음을 보여 준다.[6] 나쁜 행동을 하면, 시간이 오래 걸릴지 몰라도 언젠가 그 화가 자신에게 다시 돌아오는 법이다.

빈곤과 불평등의 증가

(다수 세계뿐만 아니라 서양 국가들에서도) 가난한 자들을 등한시하는 일이 증가하고 있다. 반면에 극소수, 즉 0.1퍼센트에 해당하는 사람들이 상상할 수 없을 정도로 엄청난 부를 축적하고 있다. 이 글을 쓸 무렵에

신뢰할 만한 실태 조사는 영국에서 4백만 명의 어린이들이 가난하게 살고 있다고 (정부 측정 기준에 따라 정의된 대로) 추정한다.[7] 절대 빈곤과 푸드뱅크에 의존하는 현상이 지난 10년 동안 빠르게 증가했다. 미국의 경우, (다시 정부 정의에 따라) 약 3천 8백만 명(인구의 11.8퍼센트)이 빈곤하게 살며, 거기에는 모든 어린이들의 16.2퍼센트가 포함된다.[8] 반면에 우리는 전 세계 인구 중 가장 가난한 절반의 사람들이 갖고 있는 부와 맞먹는 부를 소유한 사람들을 미니버스 한 대에 다 태울 수 있다는 사실을 알게 된다.[9]

이같이 불평등이 증가하는 현상은 2007-2009년의 세계금융위기 이후로 더욱 악화되었다. 그 위기로 인해 일부 사람들의 부는 증가한 반면에 세계의 가난한 자들은 몇몇 서양 은행들이 저지른 범죄에 가까운 바보짓의 대가를 치러야 했다. 세계에서 가장 부유한 몇몇 국가들에서 매우 부유한 소수와 생존을 위해 몸부림치는 많은 가난한 사람들이 공존하고 있는 기괴한 현실은, 예언자들이 구약 이스라엘에서 그런 모습을 보고 분노했을 때와 마찬가지로, 지금 하나님 보시기에 가증한 일이다. 사회가 더 불평등해질수록 사회가 불안정해지고 폭력이 증가할 가능성이 더 높아진다는 것은 충분히 연구된 사실이다.[10] 실제로 불평등은 역사상 존재한 몇몇 대제국을 붕괴시킨 한 요인으로 간주된다.[11]

극단적 형태의 포퓰리즘과 국수주의의 등장

우리 국가들이 20세기에 두 차례 세계대전의 참상을 경험했다고 할지라도, 우리는 거기서 아무런 교훈을 얻지 못한 것 같다. 우리가 1930년대를 연상시키는 대중의 인기에 영합하는 정치적 태도, 정책, 수사법이 증가하는 모습을 목도하고 있기 때문이다. 백인우월주의 운동과 극우정당, 웹사이트와 선전이 다시 출현하고 있다. 다수 공동체 내에 피해자 증후군을 조장하는 동시에 역설적으로 그들 자신의 우월성과 권리를 주장하는 정체성 정치와 선동 정치가들의 기술로 인해 두려움과 증오의 정치가 형성되면서 "다른" 어떤 것이든 사회적·경제적 병폐의 원인으로 간주될 수 있다. 오늘날의 선동가들은 여전히 바로의 각본을 사용한다.

한편, 국제연합과 유럽연합 같은 기관들에 대한 적대감과 명예훼손이 나타난다. 이 두 기관이 완전하거나 모든 인간의 노력을 둘러싼 잘못, 결함, 고질적 부패로부터 자유롭지는 않지만 이들의 노력으로 반세기 동안 평화를 유지할 수 있었다. 적어도 전쟁으로 피폐해진 유럽의 대부분에서는 그랬다. 브렉시트 안건(Brexit agenda, 영국의 유럽연합 탈퇴)과 "미국 우선주의"(America First) 주문은 국수주의적 고립주의를 나타낸다. 그것은 집단적 이익을 위해 규칙에 기반한 국제적인 협력을 하기보다 경쟁을 해서 승자와 패자로 나누기를 좋아하는 정책이다. 이것은 국가적 이해관계를 정글의 법칙으로 바꾼다. 모든 국가는 혼자 힘으로 살아가고, 가장 강한 국가가 승리하게 하라. 이런 종류의 적대적이고 공격적인 경쟁이 어떻게 어떤 문명에 복이 될 수 있는지 이해하기 어렵다. 제2차 세계대전 후에 부상한 규칙에 기반한 국제질서라는 이상주의는 (대체로 기독교에서 얻어 낸) 고상한 가치를 성취하기 위해 서양 문명이 시도한 마지막 노력이었다. 그러므로 공격적인 국수적 민족주의에서 그런 이상과 가치가 상실되고 있는 현상은 그 프로젝트 전체의 붕괴를 가져올 전조인 것 같다.

성적 혼란과 가족 해체

1960년대의 성 혁명과 해방으로 생긴 결과 중 일부는 긍정적이고 필요한 것으로 볼 수 있다. 예를 들면, 더 확대된 여성 해방과 직장 내 양성평등 인정(하지만 경제적 현실에서 볼 때 아직 갈 길이 멀다), 고전적인 이중 기준 도덕(불륜이나 심지어 강간조차 여성을 탓하고 여성에게 사생아를 낳은 책임을 돌리는 반면에, 남성은 처벌이나 심지어 비난마저 면한다. "사내가 다 그렇지 뭐!")의 위선과 부당함, 억압성 인정, 서로 합의한 성인들 간에 이루어지는 동성성교의 비범죄화 등이 있다.[12]

하지만 재앙이 되는 장기적 영향도 있었다. 성적 친밀감이 배고픔처럼 쉽게 기계적으로 만족될 수 있는 욕구에 지나지 않을 때, 그것은 평생에 걸친 깊고 헌신적인 인격적 관계의 영역에서 오락적 만족과 "자기실현"의 영역으로 이동한다. **관계**라는 단어조차도 다음 관계가 생길 때까지 일시적으로 성적 친밀감을 누리는 활동을 의미하는 것이 될 수 있다. 그런 주변 문화에서 이루어진 결혼은 점차 기존의 결혼과 동일한 기대를 하게 되면서 어려움을 겪는다. 지난 수십 년 동안 이혼율이 급증해 왔다(하지만 영국의 경우 최근에 이혼율이 하락했다). 마찬가지로 결혼 없는 동거, 일반적으로 이루어지는 난잡한 성행위, 임신 중절 역시 급증해 왔다.

사회적 구조에 끼치는 해로운 영향에 대해서도 연구조사가 잘 되어 있다. 보통 그렇듯이, 어린이들이 가장 큰 고통을 받는다. 온갖 종류의 타당하거나 이해할 만한 이유로 혼자 아이를 기르는 모든 한부모를 비난하거나 죄악시하는 인상을 주지 않으면서, 두 생물학적 부모에 의해 양육된 어린이들이 여러 면에서 더 잘 자라는 경향이 있다고 제안하는 연구를 찾기란 매우 어렵다.[13] 하지만 그것이 요점은 아니다. 요점은 인간 사회를 위한 하나님의 전반적인 계획 속에 이성애 결혼과 가족을 세우시려는 하나님의 지혜가 사회의 가장 취약한 사람, 곧 어린이를 엄청나게 희생시키면서 서서히 약화되어 왔다는 것이다.

그것은 그 자체로 수십 년에 걸친 성 해방에 대한 슬픈 고발이긴 하지만, 단지 깨어지고 정체되고 외로운 인간들의 삶만을 가리키는 것이 아니다. 그것은 문명이 해체되어 가는 또 다른 징후다. 국가는 이와 관련해 막대한 비용을 지불한다. 그것은 결혼과 가족 해체의 부수적 결과가 장기간에 걸쳐 쌓이면서 발생하는 비용이다. 영국에서 '결혼 재단'은 세금, 수당, 주택, 의료, 사회보장, 민형사 재판, 교육을 포함해 여러 지역으로 흩어져 있는 가정의 납세자들이 부담해야 할 세금이 약 80조원이라고 추정한다. "가족 해체는 사회 정의의 문제로, 지독한 고통과 곤란한 일들을 수반한다. 가족 해체는 만연해지고 있고, 거의 모든 사회 문제의 원인이다. 특히 우리 어린이들에게 영향을 끼치며, 불평등의 주된 원인이 된다."[14]

생태학적 황폐화

우리는 하나님의 창조 세계가 고의적으로 마구 파괴되는 가운데 살고 있다. 종들이 멸종하고, 해양과 대기가 오염되며, 가속화되는 (그리고 되돌릴 수 없을까 봐 두려운) 지구 온난화의 결과로 기후붕괴가 일어나고 있다. 물론 이런 현실이 유럽과 미국만의 잘못은 아니지만(오염, 파괴, 이산화탄소 배출과 관련해 몇몇 최악의 과잉 사례가 중국, 인도, 브라질, 인도네시아 등에서 발생하고 있다), 서양이 그것들을 악화시킨 요인들을 앞장서서 행한 것은 분명하며 그것들을 완화시키기 위해 앞장서서 행동할 수도 있었다. 이 경우에 생태학적 황폐화로 서양 문명만 위태롭게 되는 것이 아니라 어쩌면 지구상에 있는 모든 인간 문명이 위태롭게 될 수도 있다.

언제나 그렇듯이, 세계에서 가장 가난하고 가장 취약한 자들이 이미 가장 큰 피해를 입고 있다.[15] 하지만 우리는 아주 오랫동안 지구 온난화에 대해 알고 있었다. 거의 반세기 전에 지구 온난화에 가장 크게 기여한, 바로 그 화석 연료 회사들이 그 문제에 대해 과학적으로 연구 조사를 하고 실태를 파악한 적이 있었다. 그런 다음 그들은 그 문제를 조직적으로 부인해 버렸다. 인간 활동(특히 화석 연료 연소)이 지구 온난화에 기여했다는 세계적인 과학적 합의에 대해 거듭해서 많은 의혹이 제기되었다. 지구 온난화를 분명히 나타내는 모든 조짐은 단순히 이상한 날씨 현상으로 무시되어 버린다.[16] 우리는 단기간 맘몬을 우상으로 경배하는 일 때문에 지구의 미래를 기꺼이 희생시켜 버리려는 것 같다.

진실 전쟁

탈근대성(postmodernity)이라는 종잡을 수 없는 상황에서 진실은 어려운 시기를 맞이하고 있다. 진실 주장이 권력 게임에 지나지 않다는 의심이 대중의 의식과 문화에 깊이 새겨져 있다. "당신에게 참된 것이 나에게 반드시 참된 것은 아니다." "당신의 진실"이 나에게 적용되어야만 한다는 주장은 (대죄로 간주되는) 오만과 판단주의가 된다. 그러나 진실이라는 개념 전체를 상대화시키는 것은 그것만으로 지적이고 문화적인 수준에서 혼란을 야기하고, 궁극적으로 서양 문명이 세워진 토대 일부(과학과 기술을 포함해서)를 약화시킨다. 또한 공적 생활에 있어서 진실에 더욱더 해로운 영향을 끼치게 된다. 그것은 아주 의도적으로, 아주 태연하게 거짓말하는 일을 일상화한다.

최근에 우리는 가장 높은 수준에서 벌어지는 치열한 진실 전쟁 가운데 살고 있는 것 같다. 권력자들(또는 권력을 추구하는 자들)이 쉽게 그런 거짓말을 하며, 그러다가 거짓이 드러나면 거의 아무런 책임도 지지 않고 그저 어깨를 으쓱하고 가볍게 떨쳐 버리는 모습은 시민의 안정과 정치적 안정, 정부에 대한 대중의 신뢰에 막대한 영향을 끼친다. 성경의 예리한 가르침에 비추어 보건대, 이런 추세가 증가하는 현상은 해롭고 파괴적이다. 또 예수님의 기준에 따르면, 그것은 사탄에 기원한다(요 8:44).

날조, 과장, 거짓 주장, 자가당착, 완전한 허위에 명백히 중독된 것으로 악명이 높은 두 사람이 영국과 미국에서 최고 정치 지도자의 자리에 오른 우리 문화와 정치의 상태에 대해 무엇이라 말할 것인가? 그런 일이 계속 진행될수록, 더 오래 용인하거나 웃어넘기거나("그 사람 원래 저래") 심지어 박수를 보낼수록("그는 사실대로 솔직히 말하는 사람이야"), 그것은 공직뿐만 아니라 사회생활과 가정생활의 모든 영역에서 정직, 신뢰성, 진실성의 가치를 더 약화시킨다.

더 우울하고 불길한 징조로 보이는 일은, 우리 정치 지도자들이 뻔뻔스럽게 거짓말을 하고, 거짓말을 대수롭지 않게 여기며, 거짓말을 하고도 처벌을 모면할 뿐만 아니라 상당히 많은 보통 사람들이 그런 현실에 개의치 않는다는 것이다. (투표, 여론 조사, 포커스 그룹—여론 조사를 위해 각 계층을 대표하도록 뽑은 소수의 사람들—을 살펴보면 그런 경향을 확인할 수 있다.) 영국에서 총리가 대수롭지 않게 거짓말을 하는 것에 대해 기자들이 질문을 하자 사람들은 "나는 거짓말에 개의치 않아요. 나는 그가 좋아요. 그는 일을 해낼 거예요"라는 식의 반응을 보였다. 그의 태도는 이런 것 같다. "나는 내가 거짓말을 하고 있다는 것을 알아요. 당신도 내가 거짓말을 하고 있다는 것을 알지요. 그리고 나는 당신이 내가 거짓말을 하고 있다는 사실을 안다는 것을 알지요. 하지만 나는 개의치 않아요. 왜냐하면 당신도 정말 개의치 않기 때문이지요." 솔직히 말해서, 그런 상태로 가다 보면 결국 대혼란이나 전제 정치, 또는 둘 다에 직면하게 될 것이다.

정치 지도자들은 부끄러움 없이 거짓말을 하고 나머지 사람들이 안일하게 그것을 받아들이자 예레미야는 깜짝 놀랄 정도로 심한 책망을 했다. 그의 말은 오늘날 들어도 소름이 돋을 만큼 적실하다.

> 이는 그들이 가장 작은 자로부터 큰 자까지
> 　　다 탐욕을 부리며
> 선지자로부터 제사장까지
> 　　다 거짓을 행함이라.
> 그들이 내 백성의 상처를
> 　　가볍게 여기면서 말하기를
> 평강하다 평강하다 하나
> 　　평강이 없도다.
> **그들이 가증한 일을 행할 때에 부끄러워하였느냐.**
> 　　**아니라 조금도 부끄러워 하지 않을 뿐 아니라**
> 　　**얼굴도 붉어지지 않았느니라.** (렘 6:13-15, 저자 강조)

이 땅에 무섭고 놀라운 일이 있도다.

선지자들은 거짓을 예언하며

제사장들은 자기 권력으로 다스리며

내 백성은 그것을 좋게 여기니

마지막에는 너희가 어찌하려느냐. (렘 5:30-31, 저자 강조)

영국에서 2016년 브렉시트 국민투표 때 어디에 투표했든, 가장 큰 패배자는 진실이었고 증거에 기반한 분석이나 투사에 대한 신뢰였다. 거짓말과 거짓 약속이, 그것들이 의도적으로 호도하는 것으로 완전히 드러난 후에도 계속해서 오랫동안 공공연하게 반복되었다. 동시에 소셜 미디어는 거짓과 "가짜 뉴스"(그 문구의 참된 의미에서)의 의도적인 유포를 수월하게 해 준다. 사람들은 스마트폰 화면을 지배하는 알고리즘의 반향실에서 자신들이 듣기 원하는 것을 듣는다.[17] 이 모든 것이 찰스 스펄전(Charles Spurgeon)이 그의 시대에 본 슬픈 아이러니를 빠르게 앞당기는 것 같다. "진실이 신발을 신고 있는 동안 거짓말은 세상을 절반가량 이동할 수 있다."[18]

내가 말한 대로, 진실에 대한 이런 사악한 공격에는 몹시 사탄적인 무언가가 있다. 이 공격은 규모가 커지고 있지만, 심각성은 이미 성경에서 강조된 바 있다. 구약의 가장 혹독한 비난과 비탄은 공적 영역에서 진실이 상실된 것과 관계가 있다(예를 들어, 시 12:1-5; 암 5:10). 다음에 나오는 말은 오늘날에도 마찬가지로 아주 적절하지 않은가?

정의가 뒤로 물리침이 되고

공의가 멀리 섰으며

성실(truth)이 거리에 엎드러지고

정직이 나타나지 못하는도다.

성실(truth)이 없어지므로

악을 떠나는 자가 탈취를 당하는도다. (사 59:14-15, 저자 강조)

우리는 성경으로 돌아가 앞에서 언급한 목록에 대해 자문해 보아야 한다. 또 추가할 수 있는 것은 없는지 진지하게 성찰해야 한다.

역사적 폭력과 유혈 사태 위에 세워지고, 빈곤과 불평등이 제도적으로 증가하고, 국가와 국가가 적대하며, 결혼과 가족의 토대를 서서히 약화시키고, 하나님의 창조 세계를 훼손시키고, 공적 진실이라는 개념을 무의미할 정도로 평가 절하하는 문명과 문화에 지속 가능한 미래가 있을 수 있는가? 인간의 타락을 보여 주는 이 모든 징후들이 성경에서 엄중한 비난을 받는다는 점을 고려해 보건대, 온 세상의 심판자가 서양 세계에 "이제 그만하지 그래"라고 말씀하시는 것 같지 않는가?

그런 질문들에 대해 성경적으로 대답하려고 노력하면서, 나는 사사기를 펼친다. 거기서 우리는 사회적 붕괴와 폭력이 증가하는 이야기를 본다. 점점 빨라지는 사회적 쇠퇴, 부족 전쟁, 그리고 성폭력과 대량학살을 포함한 무서운 도덕적 악행 등등. 똑같은 종류의 질문들이 생긴다.

'하나님의 복을 받아 노예제와 핍박에서 구출된(이 사건은 매년 유월절 감사 축제로 경축되었다) 국가, 자신만의 비옥한 땅을 선물로 받은 국가, 권리와 책임의 헌법(모세 율법, 특히 신명기)에 기초해 세워진 국가에서 어떻게 그런 일이 일어날 수 있었는가?' 하는 질문을 하지 않을 수 없다. 그와 같이 복과 혜택을 받은 백성이 어떻게 몇 세기만에 완전히 망가지고 붕괴되며 또 그 때문에 거듭해서 하나님의 심판을 받을 수 있었는가? 대체 어떻게 그런 일이! 하지만 그들은 그런 일을 했다. 바울은 이런 이야기들은 우리를 교육하기 위해 기록되었다고 말한다(고전 10:1-11).

우리가 배울 수 있는 교훈을 알려면, 우리는 다음 장에서 사회적·경제적·정치적 생활을 위한 하나님의 바람, 인간의 번영을 위한 하나님의 계획을 좌절시키는 우상들에 대한 분석, 역사 가운데 활동하는 하나님의 심판에 대해 성경이 무엇을 말하는지 잠시 생각해 봐야 한다.

성경은 많은 사람들이 생각하는 것보다 공적 생활의 영역에 대해 우리에게 가르쳐 줄 아주 많은 교훈을 갖고 있다. 특히 그들이 구약을 읽어 보지 않았다면 더욱 그렇다. 성경에는 아주 풍부하고 포괄적인 정치적·경제적·사회적 신학이 있다. 안타깝게도 서양 그리스도인들은 수 세기 동안 그런 사실을 거의 무시해 왔다.[19]

6장
정치적 영역에 계신 하나님

구약 이스라엘의 하나님은 그 백성의 정치 생활에 대해 열정적인 관심을 보이셨다. 하나님은 **통치하는 자들을 통치하는** 여러 법을 주셨으며, 그분은 필요할 때 그들에게 도전하고 그들을 바로잡기 위해 예언자들을 보내셨다. 이 장에서 우리는 먼저 하나님이 공직자들에게 요구하시는 기준을 성경이 어떻게 명시하는지 살펴보고, 그다음에 공적 생활을 쉽게 오염시키는 것으로 하나님이 거부하시는 우상들을 성경이 어떻게 폭로하는지 살펴볼 것이다. 마지막으로 사회 전체가 계속해서 하나님의 기준을 거부하고 대신에 그런 우상들을 추구할 때 하나님이 역사 안에서 집행하시는 심판을 성경이 어떻게 묘사하는지 살펴볼 것이다.

먼저, 내가 1장에서 강조한 요점을 기억하라. 즉, 이스라엘을 위한 하나님의 의도는 이스라엘이 열방에 하나님의 구속적 복을 전하는 도구가 될 뿐만 아니라 국가, 문화, 역사의 국제적 범위에 걸쳐 하나님의 바람과 요구를 반영하는 원리를 구현하는 모델이나 패러다임으로 기능하는 것이다.

성경은 하나님이 공적 생활에서 요구하시는 기준을 계시한다

여기에 하나님이 공직자들의 행위를 위해 제시하시는 가치와 기준을 보여 주는 세 가지 예가 있다. 더 많은 다른 예들은 내가 쓴 책을 참조하라.[1]

1. 겸손: 왕에 대한 율법(신 17:14-20)

하나님은 이스라엘이 왕을 세우도록 명령하지 않으셨다. 그러나 그런 형태의 정부를 채택하도록 결정한 사건에서, 하나님은 그 백성이 어떤 종류의 왕을 세워야 하는지 지시하셨다. 기본적으로 이스라엘의 왕은 그들이 알고 있었을 어떤 왕과 달라야 했다.

　이스라엘의 왕은 주변 문화의 군주들을 닮지 않아야 했다. 그들은 정치적 권위의 기반을 엄청나게 화려한 부와 군사 권력 및 탐욕의 과시에 두었다. 하지만 이스라엘은 그렇지 않았다. "그는 병마를 많이 두지 말 것이요 병마를 많이 얻으려고 그 백성을 애굽으로 돌아가게 하지 말 것이니 이는 여호와께서 너희에게 이르시기를 너희가 이 후에는 그 길로 다시 돌아가지 말 것이라 하셨음이며 그에게 아내를 많이 두어 그의 마음이 미혹되게 하지 말 것이며 자기를 위하여 은금을 많이 쌓지 말 것이니라"(신 17:16-17). 하나님의 율법은 무기(말/마차), 하렘(다처), 과도한 은과 금을 금지했다. 이스라엘의 왕은 고전적인 3인조, 곧

돈, 섹스, 권력을 멀리해야만 했다.

물론 솔로몬과 그의 뒤를 이었던 유다와 이스라엘 대부분의 왕들은 이 세 기준을 다 어겼다. 이후로 줄곧 많은 정치적·종교적 지도자들이 그런 기준을 무시하고 어겼다. 하나님의 백성 가운데 왕에게 금지된 이 세 가지 모두는 오늘날의 정치 지도자들이 공공연하게 자랑하고 처벌의 대상도 되지 않는 것들이다. 특히 성적 방탕과 과도한 부를 자랑하고 뽐낸다. 우리는 자신들의 공직을 이용해서 이미 엄청나게 많은 부를 증가시키는 일을 하는 백만장자와 억만장자들의 지배를 받는다.

하나님은 아주 다른 종류의 정치를 의도하셨다.

2. 진실성: 공직의 책임(삼상 12:1-5)

부족 사사의 시대와 군주제의 등장 사이에 사무엘이라는 거물이 존재한다. 사무엘은 마지막 사사였고, 여러 면에서 그는 거의 최초의 왕 같은 역할을 했다. 사무엘은 평생 사법적·군사적·정치적 문제에 있어 국가 지도자의 역할을 담당했다.

그의 인생 끝 무렵에 사울이 왕으로 지명되고 사무엘이 백성의 지도자 자리에서 막 내려오려고 할 때, 사무엘은 아주 중요한 조치를 취한다. 사무엘은 장부를 열고 백성에게 스스로 설명한다. 사무엘의 말은 그의 재직 중에 일어난 일에 대해 감사를 해 보라는 초대장이다. 사무엘은 백성에게 증인의 역할을 해 줄 것과 하나님께 재판관의 역할을 해 주실 것을 부탁한다. 그는 검증에 대해 아무것도 감추지 않는다. 사무엘은 자신이 진실하게 행동했다고 주장하지만, 그는 그 주장에 대해 공적 책임을 진다. 사실상 사무엘의 책임은 그의 진실성에 있어 핵심적인 요인이다.

> 사무엘이 온 이스라엘에게 이르되 보라 너희가 내게 한 말을 내가 다 듣고 너희 위에 왕을 세웠더니 이제 왕이 너희 앞에 출입하느니라. 보라, 나는 늙어 머리가 희어졌고 내 아들들도 너희와 함께 있느니라. 내가 어려서부터 오늘까지 너희 앞에 출입하였거니와 내가 여기 있나니 여호와 앞과 그의 기름 부음을 받은 자 앞에서 내게 대하여 증언하라. 내가 누구의 소를 빼앗았느냐. 누구의 나귀를 빼앗았느냐. 누구를 속였느냐. 누구를 압제하였느냐. 내 눈을 흐리게 하는 뇌물을 누구의 손에서 받았느냐. 그리하였으면 내가 그것을 너희에게 갚으리라 하니 그들이 이르되 당신이 우리를 속이지 아니하였고 압제하지 아니하였고 누구의 손에서든지 아무것도 빼앗은 것이 없나이다 하니라. 사무엘이 백성에게 이르되 너희가 내 손에서 아무것도 찾아낸 것이 없음을 여호와께서 너희에게 대하여 증언하시며 그의 기름 부음을 받은 자도 오늘 증언하느니라 하니 그들이 이르되 그가 증언하시나이다 하니라. (삼상 12:1-5)

이 이야기는 많은 교훈을 준다. 특별히 사무엘은 (1) 그가 공직으로부터 사익을 취하지 않았으며, (2) 그가 부패와 뇌물 수수로 공적 신뢰를 배신하지 않았다고 주장한다. 이스라엘 백성은 사무엘의 주장을 받아들이고 긍정한다. 사무엘은 그의 공직을 진실하고 정직하게 수행했다.

그것들은 정치 활동을 하는 지도자 누구에게나 적용되는 중요한 기준이다. 그것들은 물론 우리의 정치적 영역에서 이상으로 여전히 제시될 수 있다. 그것들은 헌법상 제한, 이해 충돌 회피, 보수 조항, 다른 형태의 법적 제재로 보호되어야 한다. 그 원리는 아주 오래전부터 있었으며, 사무엘의 간단한 말은 그 당시 이스라엘의 문화 내에서 그 원리를 표현한다. 권력자들은 투명하게 책임을 져야 하며 그들의 진실성에 대해 공적 조사를 받아야 한다.

또한 사무엘은 백성에게 그들이 원하는 왕들이 사무엘이 하지 않았다고 말하는 바로 그 일들을 할 것이라고 경고한다. 사무엘상 8:10-20에 기록된 사무엘의 강력한 연설을 읽어 보라. 왕들은 정치적·경제적 시스템 전체를 왜곡시켜서 그들 자신과 추종자들의 이익과 부를 늘려 나갈 것이다. 과세, 징병, 토지 몰수, 왕의 이익을 위한 강제 노동 등이 있을 것이다. 보통 사람들은 자신들의 정치 지도자들, 즉 이스라엘의 왕들과 우리 현대 문화에서 찾아볼 수 있는 비슷한 부류의 많은 권력자들을 위해 무거운 세금을 내면서 노예가 되었다고 느낄 것이다. 사무엘은 이스라엘의 군주제가 앞으로 수 세기 동안 어떻게 될 것인지 아주 정확히 알았다.

사무엘의 경고는 오늘날에도 여전히 유효하다. 보통 사람들은 정치 권력자들의 탐욕과 이기심 때문에 굉장히 큰 대가를 치른다. 안타깝게도 책임과 진실성은 실제로 구현되기보다 그렇지 못한 사례가 더 많다.

3. 정의: 하나님의 기본적인 요구(잠 31:3, 8-9 등)

정부를 도덕적으로 평가하는 하나님의 기준은 권력자들이 그들에게 위임된 권력을 **힘없는 자들**을 위해 행사하고, 외국인들을 포함해서 가난하고 억눌리고 착취당하는 자들을 위한 정의를 보장하는 정도다. 후자(외국인들, 이주자들)는 구약 율법에서 보호와 정의를 필요로 하는 존재로 특히 두드러지게 나타난다. "그들(거류민들)을 자기같이 사랑하라"는 "네 이웃 사랑하기를 네 자신과 같이 사랑하라"와 균형을 이룬다(레 19:18, 34).

정치 지도자의 주된 기능으로 정의를 행하라는 요구는 구약 도처에서 나온다. 르무엘의 어머니는 아들에게 현명한 조언을 하면서 그 요구를 다음과 같이 요약한다(우리가 서둘러 그 장 나머지에 등장하는 현숙한 아내를 칭찬하면서 유감스럽게도 간과한 본문이다).

> 르무엘왕이 말씀한 바 곧 그의 어머니가 그를 훈계한 잠언이라.
> 내 아들아, 내가 무엇을 말하랴. 내 태에서 난 아들아, 내가 무엇을 말하랴.
> 서원대로 얻은 아들아, 내가 무엇을 말하랴.
> 네 힘을 여자들에게 쓰지 말며
> 왕들을 멸망시키는 일을 행하지 말지어다.
> 르무엘아, 포도주를 마시는 것이 왕들에게 마땅하지 아니하고 왕들에게 마땅하지 아니하며 독주를 찾는 것이 주권자들에게 마땅하지 않도다.
> 술을 마시다가 법을 잊어버리고
> 모든 곤고한 자들의 송사를 굽게 할까 두려우니라.…
> **너는 말 못하는 자와**
> 모든 고독한 자의 송사를 위하여 입을 열지니라.
> **너는 입을 열어 공의로 재판하여**

곤고한 자와 궁핍한 자를 신원할지니라. (잠 31:1-5, 8-9, 저자 강조)

다윗이 솔로몬을 위해 여러 차례 기도한 내용은 솔로몬이 그의 백성을 위해 정의를 행해야 한다는 것이다(시 72:1-2, 12-14). 그것은 솔로몬이 자신을 위해 한 기도이기도 하다(왕상 3:9-12). 하지만 유감스럽게도 솔로몬은 그의 통치 후반에 가서 정의를 제대로 행하지 못한다.

예레미야는 다윗 왕조의 정통성을 위한 기준으로 정의에 대한 하나님의 기준을 내세운다. 하나님의 방식을 따라 사회 정의를 보장하지 못하면 국가가 무너지고 왕도 함께 망할 것이다.

> 여호와께서 이와 같이 말씀하시되 너는 유다 왕의 집에 내려가서 거기에서 이 말을 선언하여 이르기를 다윗의 왕위에 앉은 유다 왕이여, 너와 네 신하와 이 문들로 들어오는 네 백성은 여호와의 말씀을 들을지니라. 여호와께서 이와 같이 말씀하시되 너희가 정의와 공의를 행하여 탈취당한 자를 압박하는 자의 손에서 건지고 이방인과 고아와 과부를 압제하거나 학대하지 말며 이곳에서 무죄한 피를 흘리지 말라. 너희가 참으로 이 말을 준행하면 다윗의 왕위에 앉을 왕들과 신하들과 백성이 병거와 말을 타고 이 집 문으로 들어오게 되리라. 그러나 너희가 이 말을 듣지 아니하면 내가 나를 두고 맹세하노니 이 집이 황폐하리라. 여호와의 말씀이니라. (렘 22:1-5)

그 당시 예레미야가 대상으로 삼은 것은 여호야김왕의 명백하게 탐욕스럽고 불의한 부였다. 예레미야는 그것을 요시야왕의 경건한 정의와 대조한다. 예레미야는 정의를 행하는 것이 바로 하나님을 아는 것이라고 신랄한 어조로 확언한다(렘 22:13-17).

물론 아모스도 그 당시에 만연한 사회적 불의 가운데서 하나님의 요구를 가장 기억할 만하게 표현한다. "오직 정의를 물같이 공의를 마르지 않는 강같이 흐르게 할지어다"(암 5:24). 미가 역시 마찬가지로 기억할 만한 3중 말씀을 선포한다.

> 사람아, 주께서 선한 것이 무엇임을 네게 보이셨나니
>> 여호와께서 네게 구하시는 것은
> 오직 정의를 행하며 인자를 사랑하며
>> 겸손하게 네 하나님과 함께 행하는 것이 아니냐. (미 6:8)

결국 구약 정경 전체에 걸쳐 율법서와 예언서와 성문서에서, 우리는 하나님이 공직자와 정치 지도자들에게 원하신 행동 방식의 근저에 이와 같은 핵심 가치들, 곧 겸손, 진실성, 정의가 놓여 있음을 발견한다.

성경은 하나님이 거부하시는 우상들을 폭로한다

1부에서 살펴본 대로, 우상숭배는 성경에서 상당히 중요한 주제 중 하나이지만 현대 복음주의 그리스도인들이 이제껏 등한시한 주제다. 그 이유는 부분적으로 우리 자신이 (구약 이스라엘처럼) 주위 사람들의 거짓 신들에 우리도 모르게 연루되어 있고 때때로 지배를 받기 때문이다. 진실로 나는 서양 문명이 서서히 그러나 점차 빠른 속도로 붕괴되는 한 가지 이유는, 서양 기독교가 매우 혼합주의적이고 우상숭배적인 특

성을 갖고 있는데다가 우리 주위 문화의 우상숭배에 영향을 받기 때문이라고 생각한다. 하나님의 백성인 우리는, 구약의 이스라엘처럼 우리 주위 문화의 거짓 신들과 무비판적으로 결탁해 있다.

하나님은 가나안 땅 진입을 눈앞에 둔 이스라엘에게 불쑥 거짓 신들의 위협을 강조하신다. 예를 들어, 신명기 4:15-31에 기록된 심각하고 긴 경고를 읽어 보라. 그 메시지는 단순하다. '무슨 수를 써서라도 우상숭배를 피하라!' 하지만 구약에 나오는 우상숭배 비판은 이른바 신이라고 주장되는 것들의 물리적 조각상을 만드는 일이나 피조된 물체(해, 달, 별, 생물, 지구 자체)를 경배하는 일을 단순히 금지하는 것이 아니었다.

1부에서 자세히 살펴본 대로, 구약은 모든 거짓 신들이 결국 "인간의 손으로 만든 것"이라고 확언한다(그것은 모든 거짓 신들에게 가해진 가장 흔한 비난이다). 그것이 의미하는 바는 (모든 사람들이 아는 대로) 단순히 그 조각상들이 손으로 만들어진다는 사실뿐만 아니라 **그 조각상들이 나타낸다고 주장되는 신들**은 인간이 마음속으로 만들어 낸 생각에 지나지 않다는 것이다. 우리는 우리를 유혹하는 것들(명성, 영광, 부) 가운데서 우리 자신의 신들을 만든다. 아니면 우리가 두려워하는 것들을(질병, 적, 나쁜 날씨) 물리치기 위해, 또는 우리에게 우리가 필요로 하는 것들을(농작물, 풍요, 비, 죽음 너머 생존) 주기 위해 우리 자신의 신들을 만든다. 우리는 그분의 섭리와 뜻에 따라 우리를 위해 이 모든 문제들을 처리하시는 살아 계신 창조주 하나님에 대한 경배를, 우리 자신의 행복과 안전을 위해 우리가 그분 대신 무엇이든 만들어 놓을 수 있는 것과 바꾼다. 그런 신들은 모두 우리 손으로 만든 것이기 때문에 우리가 소망하는 것을 해 줄 수 없다. 심지어 그 신들이 그들 안에서 마귀적 악의 힘을 이용할 때도 마찬가지다. 거짓 신들은 실패한다. 그 점이 우리가 확신할 수 있는 유일한 것이다.

인간 문화에는 온갖 종류의 거짓 신과 우상들이 있다. 그러나 구약 이스라엘의 사회적·경제적·정치적 생활과 관련해서 특히 해롭고 파괴적인 세 가지 우상을 강조할 수 있다. 특별히 그것들이 정치 권력자들, 곧 왕과 정부들을 유혹했을 때 피해가 극심하게 나타났다. 이 세 가지 우상은 현대 서양 문화 가운데 있는 우리 주위에서도 찾아볼 수 있다. 이것들은 여전히 우리 문화의 신들이지만, 여기서는 구약의 렌즈를 통해 살펴본다.

1. 번영의 우상

가나안 문화와 종교에서 바알은 섹스와 풍요(인간, 동물, 농작물)의 신, 사업 거래와 돈의 신, 매년 돌아오는 계절들과 그것들의 생명을 주는 잠재력의 신, 땅의 신이었다. 바알은 일상생활에서 중요한 모든 것의 신이었던 것 같다. 이스라엘이 직면한 유혹은 대단히 그럴듯하게 보였을 것이다. 이 땅에서 성공하고 번영하려면, 이미 그곳에 살면서 번영을 누리고 있는 사람들의 신[또는 신들—높은 신, 엘(El)의 아들인 바알 신의 현현으로 다수의 바알이 있었기 때문이다]의 방식을 따라야 한다. 물론 국가적 정체성을 위해 야웨를 계속 고수할 수 있다(그분은 이스라엘의 하나님이셨다). 야웨는 여전히 국가가 복을 받기 위해(그 복이 무엇을 의미하든) 의지할 수 있는 국가적 하나님이 되실 것이다. 어쨌든 야웨는 안식일과 축제를 지키기 위해서든 아니면 전쟁에서 이기기 위해서든 받들어 모셔야 하는 위대한 하나님이시다. 그러나 그 외의 생활을 위해서는 누가 필요한가? 그때 바알이 필요하다. 건강과 부를 위해.

예언자들은 바빌론 포로 이전 이스라엘이 그 땅의 바알들을 쫓아가는 이런 경향에 반대해서 수 세기에 걸쳐 싸웠다. 이스라엘은 (풍요를 위해) 제의 매춘에 참여했으며, 창조 세계의 모든 복이 그것들을 주신 참된 제공자, 야웨 하나님 덕분이 아니라 바알 덕분이라고 생각했다.

그러나 이것은 단순히 종교적 문제가 아니었다. 다시 말해, 그것은 사람들이 안식일에 또는 지역 사당에서 어떤 신을 경배하는가 하는 문제가 아니었다. 야웨의 율법이 만들어 내고 유지한 사회는 바알이 통치한 사회적·경제적·정치적 문화와 극명한 대조를 이루었다. 나봇, 아합, 이세벨의 내러티브는 이 점을 생생하게 보여 준다(왕상 21장).

아합왕이 나봇의 포도원을 사거나 다른 땅과 교환하자고 제안할 때, 나봇은 충격을 받아 움찔한다. 이스라엘의 율법에서 땅은 쉽게 사고팔 수 없으며 작은 가족 단위의 장기적 복지를 위해 가족의 유산으로 남겨 두어야 했다(레 25:23). 아합의 요청은 불법이며, 그는 그 점을 알고 있다. 그래서 아합은 그저 못마땅한 표정을 짓는다.

다른 한편으로, 이세벨은 페니키아 출신이었다. 그녀는 이스라엘에 바알 숭배를 도입하고 야웨 경배를 몰아내는 데 열심이 많은 사람이었다. 그녀의 정치는 근본적으로 달랐다. 그녀가 온 지역에서 왕은 자신이 원하는 것을 갖거나 취할 수 있었다. 그래서 그녀는 이스라엘의 율법을 이용해 나봇과 그의 아들들을 법에 의거해 죽이도록 조치를 취해서 그의 땅을 물려받을 후손이 없게 만든다. 그런 다음 그녀는 그 땅을 남편에게 선선히 넘겨준다. 다시 말해서, 바알의 우상숭배는 억압과

강탈의 사회적·경제적 악이 증가하는 현상과 맞물려 있다. 다음 세기에 모든 8세기 예언자들이 가난한 자들의 재물을 강탈하는 일이 증가하는 현실을 비난할 만큼 나봇의 운명은 아주 흔한 일이 된 것 같다.

우상숭배와 불의는 이스라엘에서 서로 나란히 나타났다. 그것들은 지금도 그렇다. 야웨만이 정의의 하나님이시다. 야웨는 세계에 있는 나봇의 편을 드시고 엘리야를 보내서 강탈, 잔인함, 탐욕에 대해 아합의 정부를 비난하게 하시는 하나님이다. 바알은 약한 자들을 고통과 상실로 몰아가는 강한 자들의 관행을 부추기고 미화하기까지 하는 신이다. 맘몬의 우상숭배는 지금도 방해가 되는 자들을 빈곤하게 만든다.

바알 숭배는 섹스와 돈을 우상으로 섬기는 서양 문화에 그대로 살아 있다. 가나안 사람들과 (그들을 쫓은) 이스라엘이 광범위한 의미에서 풍요를 숭배한 것처럼, 우리는 현대 사회에서 그와 비슷한 것들을 숭배한다. 우리는 모든 것을 풍부하게 소유해야만 한다. 이데올로기로서의 소비주의는 경제를 부양하며, 경제는 결국 만족할 줄 모르는 소비자 수요와 갚을 수 없는 소비자 부채를 만들어 내는 데 달려 있다.

그다음에 우리는 소비주의 이데올로기에 명성의 우상숭배를 더한다. 엄청난 부는 화려함, 명예, 사치스런 생활방식(물론 항상 그런 것은 아니다)과 동행한다. 돈과 명성이라는 두 우상은 불편한 사실에 우리의 눈을 멀게 하는 경향이 있다. 즉 극소수의 엄청난 부가 많은 사람들의 극심한 가난을 희생을 바탕으로, 또는 그와 동시에 적어도 그 부를 분명히 과시하면서 이루어지며, 가장 부유한 0.01퍼센트는 공동선에 기여하는 바가 매우 적다는 것이다. 그들의 부에 비례해 보면 거의 없다고 할 수 있다.[2]

한 걸음 더 나아가 우리는 막대한 부와 명성을 얻은 어떤 사람은 삶의 다른 많은 영역에 대해서도 틀림없이 신뢰할 만한 조언을 해 줄 수 있는 지혜와 전문 지식을 갖고 있다고 생각한다. 우리는 그들의 의견과 말을 두려운 마음으로 받아들인다. 그들이 정치 지도자가 될 자격이 있다고 생각한다. 부는 존경을 만들어 낸다. 그 존경이 마땅한 것이든 아니든, 우리는 우리가 숭배하는 신들을 구현하는 것처럼 보이는 자들을 높인다.

욥은 돈을 숭배하는 것이 천체를 숭배하는 것 못지않은 우상숭배의 한 형태이며, 따라서 살아 계신 하나님 보시기에 죄가 된다는 점을 인식했다.

> 만일 내가 내 소망을 금에다 두고
> 　순금에게 너는 내 의뢰하는 바라 하였다면
> 만일 재물의 풍부함과
> 　손으로 얻은 것이 많음으로 기뻐하였다면
> 만일 해가 빛남과
> 　달이 밝게 뜬 것을 보고
> 내 마음이 슬며시 유혹되어
> 　내 손에 입맞추었다면
> 그것도 재판에 회부할 죄악이니
> 　내가 그리하였으면 위에 계신 하나님을 속이는 것이리라. (욥 31:24-28)

예수님과 신약은 부를 숭배하는 것을 "맘몬"이라고 부른다. 그것은 여전히 수없이 많은 방법으로 우리 문화를 지배한다. 특히 미국에서, 점차적으로 영국에서 지나친 부가 우리 정치에 막대한 영향을 끼친다. 우리는 (선거에 천문학적인 돈을 지출함으로써) 돈이 살 수 있는 최고의 정부를 얻으며, 기업 이해 관계자들과 억만장자 로비스트들이 정당 기여와 다른 호의의 대가로 받아 낼 수 있는 정책과 행동을 얻는다. 서양 민주주의는 금권정치로 변하고 있다.³

그러나 일반 대중에 속하는 우리 대부분은 그리스도인이든 아니든 이러저러한 방식으로 맘몬 숭배에 참여하기 때문에, 그 시스템은 거짓 신들이 활동하면서 만들어 내는 부패, 부정, 고통을 영속시킨다. 사실 일부 그리스도인들은 단순히 그들의 종교의 관행으로 그것에 세례를 줌으로써 그들 주위 문화의 우상숭배에 편승한다. 그것은 번영 복음이라고 부르는 비성경적인 속임수다. 내가 다른 곳에 쓴 대로, 맘몬이 신인 세상에서 살아 계신 하나님의 이름은 맘몬을 섬기는 데 이용될 수 있다. 모든 시대의 교회 협잡꾼들이 증명하는 대로, 16세기에는 죄사함을 위한 면벌부를 파는 테첼(Tetzel)이 있었다면 오늘날에는 구원, 신유, 번영을 파는 미디어 전도자들이 있다.⁴

2. 국가적 자부심의 우상

2부 서론에서 본 대로, 열왕기상 12장에는 많은 교훈을 가르쳐 주는 이야기가 있다. 여로보암은 이스라엘 열 지파를 르호보암왕이 통치하는 예루살렘 정부에서 분리시켰다. 르호보암은 그의 아버지 솔로몬의 통치 말년에 시행된 억압적인 정책들을 영속시키고 악화시켰다. 여로보암은 르호보암에 반대하는 내란을 일으키고 이스라엘이라는 이름을 가진 새로운 북왕국의 왕이 되었다. 그는 여로보암 1세가 되었다. 그런 다음, 여로보암은 그의 왕국과 안보를 강화하기 위해 신들을 만들었다. 그것은 그의 왕국 양끝에 세운 두 개의 수송아지 조각상이었다. 여로보암은 아론의 흉내를 내서(출 32:1-6) 이런 신들이 이스라엘을 이집트에서 건져내신 야웨를 어떻게든 나타낸다고 주장했다. 그러나 이는 매우 분명한 우상숭배다. 여로보암은 그 신들을 위한 산당을 만들었으며 제 마음대로 절기를 정하고 제사장들을 세웠다(왕상 12:26-33).

다시 말해, 이것은 그의 경쟁자 유다에 맞서 그의 왕국의 자부심과 이미지를 높이기 위해 만든 국가적 문화 종교였다. 여로보암은 하나님을 이용해서 국가안보를 강화시켰다. 그는 그의 백성이 언약 율법의 기준에 순종하여 살아 계신 하나님을 섬기고 경배하도록 이끌기보다, 노골적으로 이스라엘 하나님의 이름과 상징을 이용해서 자신이 세운 국가와 정권을 축복하고 영화롭게 했다.

그래서 아모스가 1세기 후에 여로보암 2세의 통치 동안 북왕국에 와서 만연한 사회적·정치적 불의에 대해 비난의 메시지를 선포할 때, 벧엘에 있는 성소의 대제사장 아마샤가 아모스에게 돌아가라고 외친 것은 놀랄 일이 아니다. "선견자야, 너는 유다 땅으로 도망하여 가서 거기에서나 떡을 먹으며 거기에서나 예언하고 다시는 벧엘에서 예언하지 말라. 이는 **왕의 성소요 나라의 궁궐**임이니라"(암 7:12-13, 저자 강조).

성소와 성전은 이제 주 하나님의 언약적 요구가 아니라 국가의 이익을 섬기고 있었다. 종교가 국가적 이익을 섬기는 일에 마음대로 이용되었다.

나중에 유다 왕들은 앗시리아의 신들을 우상으로 삼았다. 심지어는 그들의 조각상을 성전에 가져다 두었다. 이것은 속국의 왕으로 그들에게 강요된 일이었을 수 있다. 그럼에도 아하스왕과 므낫세왕은 앗시리아 제국의 권력을 **흠모한** 것 같은 인상을 받는다. 앗시리아 사람들은 무자비하고 영리하고 장대했으며, 정복하고 다스리는 법을 알았다. 따라서 크고자 하면, 그들과 함께하라! 이같이 국가적 지위를 우상으로 숭배한 결과, 그 지위를 추구했든지 아니면 샀든지 사회악, 국내 폭력, 앗시리아에 바치는 조공으로 인한 국보의 대규모 손실, 앗시리아, 이집트, 바빌론이 지배하는 국제무대에서 취하게 된 황당한 자세, 군사 원정과 불필요한 동맹과 분쟁의 비용이 증가했다.

결국 이스라엘과 유다 두 나라는 국가적 우상숭배를 한 대가를 치렀다. 스스로 창대해지려고 시도하면서(바벨의 원죄), 그들은 하나님이 아브라함에게 하신 약속, 즉 하나님이 그분의 백성을 창대히 만드시겠다는 약속을 무시했다. 그들은 그들 자신의 안전을 강화하려고 시도하면서 예언자들의 약속, 즉 야웨 한 분만이 그들이 필요한 모든 안전이라는 약속을 신뢰하지 않았다.

위대한 국가라는 이 우상숭배가 취하는 한 가지 특별한 형태는 (우리가 솔로몬과 그 이후 왕들의 통치에서 본 대로) 군사적 안보에 집착하고 군대 자체를 영웅으로 숭배하는 것이다. 그것은 단순히 한 국가가 군비에 지출하는 부의 양이 아니다.[5] 군비가 방대한 수준에 이른다 해도 마찬가지다. 또 그것은 대단한 군사 장비와 대규모 전력을 자랑하는 국가들을 모방하는 것도 아니다. 그것은 기독교 교회가 국가적 자부심의 상징과 국가의 군사적 독성을 외견상 정당화하고 세례를 주려고 하는 것이다. 나는 그것이 혼합주의적 신앙이라고 생각한다.

영국의 많은 역사적 교회들은 군사적 상징과 연대기를 전시하고 있다. 때로 그것들을 성찬대 옆에 나란히 두기도 한다. 나는 전에 성경적 범위 내에서 적법한 애국심을 거부하지 않는다고 말한 바 있지만, 평화의 왕의 자기희생이라는 복음의 핵심 옆에 놓인 제국의 전쟁 상징물이 무슨 메시지를 전달하겠는가? 미국에서 많은 교회들이 성조기를 두드러지게 내세운다. 어느 교회에서 나는 예배가 시작될 무렵 성경 및 성찬과 함께 국기가 행진해 들어오는 것을 서서 맞이한 적이 있다. 다시, 살아 계신 하나님만을 배타적으로 예배하기로 헌신한 어떤 사람은 이런 혼합에 대해 어떻게 생각해야 하는가? 엄중한 헌법상의 정교 분리를 감안하면 그것은 적어도 외부자에게 모순처럼 보인다. 베드로는 그리스도인들에게 황제를 존경하라고 말하며, 바울은 그들에게 세금을 내라고 말한다. 그러나 초기 그리스도인들이 로마제국의 상징물이나 독수리 깃발 주위에 모여 예배를 드리는 모습은 상상하기 어렵다.

고대 만신전에는 더 큰 국가 신들과 친척 관계에 있는 하급 신들이 있었다. 동일한 현상이 미국의 **국가안보**에 대한 우상숭배가, **개인** 안전을 내세우며 개인의 손에 총이 확산되는 것과 손을 잡는(말 그대로) 방식에 반영되어 있을 수 있다. 나 같은 외부 관찰자들에게 총은 분명히 미국 신들의 올림피아 슈퍼리그에 있다. 총은 모든 반대자들 위에 군림하며 그것의 통치권을 제한하려는 모든 시도를 물리친다. 총의 신은 인간의 생명이라는 가장 끔찍한 제물을 요구하며(그것은 아동 인신제사 못지않다) 그런 사건들을 뒤따르는 혐오를 대수롭지 않게 여긴다.[6] 이 신을 옹호하는 자들은 국기로 상징되는 위대한 국가라는 신을 열렬히 숭배하는 특징을 지닌 것 같다. 내가 볼 때, 이 둘은(총과 애국심, 수정

헌법 제2조와 함께) 자주 사실상 신성모독적인 혼합주의의 형태로 하나님의 이름과 연결된다. "하나님, 총, 용기(God, guns, and guts)가 미국을 자유롭게 (또는 위대하게) 만든다. 세 가지 모두를 계속 지키자"는 깜짝 놀랄 만한 구호를 새긴 티셔츠와 여러 용품들을 당신은 살 수 있다. 나는 일반 식료품점과 철물점 그리고 온라인 광고에서 그것들을 "보수적인 그리스도인들에게 꼭 필요한 것"이라고 소개하는 장면을 본 적이 있다.[7]

3. 자기 예찬의 우상

이것은 매우 개인적인 우상이 될 수 있다. 그것은 하나님의 형상으로 창조된 최초의 인간들이 도덕적 자율의 길을 선택했던 타락 시점까지 거슬러 올라간다. 그들은 하나님의 선하심을 불신하고 하나님의 권위를 거부하고 하나님의 명령에 불순종하기로 선택했다. 그들은 우리 인간이 하나님의 자리를 차지할 수 있다는 사탄의 거짓말에 굴복했다. 하나님의 형상으로 지음받은 것에 만족하지 못한 채 그들은 하나님의 영역을 침범하고 스스로 선악의 판정자가 되기로 선택했다.

창세기 3장의 아주 단순한 내러티브는 인류 역사의 중대한 역사적 전환을 생생한 이미지로 묘사하며, 우리가 그 이후로 계속 범하는 죄의 본질을 정확히 포착한다. 그렇다면 자부심이 전통적인 7대 죄악의 첫 번째로 열거되는 것은 정당하다 하겠다. 그것은 자신을 우상숭배하는 것이다.

그러나 자신에 대한 우상숭배는 문화와 국가 전체에도 영향을 끼친다. 강인한 자립의 긍정적 가치는 쉽게 자기숭배와 자기도취의 악으로 변한다. 아주 뻔뻔하고 기세등등한 자기도취는 서양 문화의 특징이 되어 버렸다. 실제로 그것은 대중적인 형태의 미덕이 되었고 광고 산업으로 유지되고 있다. "그 일은 당신 덕분에 성공한 거예요." "당신은 그만한 가치가 있기 때문입니다." "당신 자신을 믿으세요." 우리 문화의 슬로건들은 아주 어린 나이부터 어린아이들의 피 속으로 들어간다. 연이어 나오는 디즈니 영화들의 메시지는 당신이 되고 싶은 것은 무엇이나 될 수 있다고 말한다. 당신은 그저 당신 자신을 믿어야 한다. 우리 지도자들의 일부는 이기적인 과대망상증에 가까운 유아기 단계의 자아도취에서 결코 벗어나지 못한 것 같다.

이사야는 그런 종류의 자기를 높이고 자기를 방어하는 오만을 간파하고, 전체 사회와 그 통치자들이 오만에 굴복할 때 그것은 정말로 완전한 우상숭배라고 외쳤다. 끝에 우상들에 대해 언급하는 모습을 주목하라.

> 대저 만군의 여호와의 날이
>   모든 교만한 자와 거만한 자와
> 자고한 자에게 임하리니
>   (그들이 낮아지리라),…
> 그날에 자고한 자는 굴복되며
>   교만한 자는 낮아지고
> 여호와께서 홀로 높임을 받으실 것이요
>   우상들은 온전히 없어질 것이며. (사 2:12, 17-18)

우리는 이미 에스겔이 어떻게 거만을 대무역국 두로와 대제국 이집트의 주된 우상숭배로 파악하고, 부와 권력을 지나치게 자랑하는 통치자들의 오만을 폭로하는지 살펴본 바 있다(겔 28:2-5; 29:2-3).

물론 대중적인 정치 문화에는 더 많은 신과 우상들이 있다. 구약 이스라엘의 이야기는 창조주와 구속자, 거룩하고 의롭고 참되고 선한 살아 계신 하나님 야웨와 이스라엘을 끊임없이 위협하고 유혹한 우상들, 지금도 서양 문화에 숨어 있으면서 점차로 해롭고 부패한 권력으로 우리 정치를 지배하는 우상들 간에 벌어진 하나의 아주 긴 투쟁에 대한 이야기다.[8]

이 장에서 이제까지 우리는 성경이 하나님이 요구하시는 기준을 계시하고 하나님이 거부하시는 우상들을 폭로한다는 점을 살펴보았다. 그러나 성경은 더 많은 것을 알려 준다. 성경은 우리에게 그런 우상숭배가 마지막에 요구하는 혹독한 **대가**에 대해 경고한다. 거짓 신들은 언제나 결국 당신을 희생시킨다.

우상숭배는 하나님의 심판을 불러온다.

성경은 하나님이 역사 내에서 집행하시는 심판을 식별한다

우리가 살펴본 대로, 사사기는 하향 나선을 묘사한다. 반복되는 우상숭배는 국가적 쇠퇴, 분열, 폭력의 증가, 도덕적 타락을 가져오고 최종적으로 무정부 사태를 낳는다. 사사기의 끝에 나오는 설명은 "그때에 이스라엘에 왕이 없으므로 사람이 각기 자기의 소견에 옳은 대로 행하였더라"이다. 앞부분의 진술은 이중적 의미를 함축한다. 한편으로, 그것은 이스라엘 사람들이 그들의 참된 왕으로서 야웨를 거부했다는 의미다. 그들은 야웨가 주신 언약적 기준에 따라 살지 못하고 있으며, 그들이 하나님의 통치에 국가적으로 불순종하는 것은 하나님이 정말로 그들에게 경고하셨던 사회적 혼란을 야기하고 있다.

다른 한편으로, "이스라엘에 왕이 없으므로"는 인간적 수준에서 단순한 사실을 진술한 것이다. 이스라엘 사람들은 필요할 때에 하나님이 세우신 지도자들(사사들)이 이끄는 느슨한 지파 동맹으로 살고 있었다. 그러나 무질서와 대혼란이 증가하면서 "이스라엘에 왕이 없으므로" 같은 진술은 아마도 그들이 정말로 강한 인간 왕을 가질 수 있다면("다른 열방처럼") 우상숭배, 사회적 파괴와 불안정의 문제들을 해결할 수 있을 것이라는 뜻을 시사하는 듯하다.

시대가 혼란하고 위태로울 때는 강한 사람, 곧 일을 잘 처리하고 모든 문제들을 해결할 수 있는 현실적이고 권위적인 지도자가 필요하다. 바로 그런 이유로 필리핀과 브라질에서 권위적인 선동가를 권좌에 앉혔다. 또한 그런 이유는 많은 사람들이(많은 그리스도인들을 포함해서) 법적으로 정당하지 않은 힘과 독재적인 경향을 과도하게 사용하는 것을 합리화하는 명분이 되기도 한다.

그렇다면 왕을 얻은 이스라엘이 사사기에 나오는 문제들을 해결할 것인가? 성경의 다음 두 책에는 군주제가 따라 나오며, 불안한 출발 후에(사울) 다윗과 솔로몬의 초기 통치 동안 국가가 부강해지는 것 같다(잠시 동안). 하지만 한 세대 안에 다음과 같은 일들이 주기적으로 반복되기 시작했다. 왕과 백성은 하나님이 요구하신 모든 기준을 어기고, 하나님이 거부하신 모든 우상들을 쫓아가며, 하나님이 경고하신 심판을 맞이하고 만다. 사사기의 문제들을 해결하기는커녕 이런 강한 지도자들(왕들)은 일반적으로 상황을 훨씬 더 악화시킨다.

히브리 정경에서 사무엘기와 열왕기는 전기 예언서에 속한다. 그것은 이런 내러티브들(여호수기부터 열왕기하까지)의 저자와 편집자들이 이스라엘 군주제의 역사를 예언자적 관점에서 해석한다는 것을 의미한다. 다시 말해, **그들은 하나님이 그 사건들을 보신 대로 본다**. 이런 내러티브 본문들이 후기 예언서들(이사야서, 예레미야서, 에스겔서, 열두 예언서)과 나란히 놓일 때, 그것들은 이스라엘 백성이 어떻게 **그들의 지도자들에 의해** 대대로 한 단계의 우상숭배에서 또 다른 우상숭배로 **이끌려** 다니는지 매우 분명하게 보여 준다. 이어지는 정부들은 우상숭배를 중단시키지 못한다. 극소수의 예외가 있을 뿐이다(여호사밧, 히스기야, 요시야). 그런 행위를 하면 반드시 국가 전체에 전면적인 재앙이 임할 것이라는 예언자들의 경고를 무시하면서, 그들은 계속 쇠퇴와 하락의 길을 걸어간다. 이런 책들은 도덕적·영적·국가적 붕괴에 대한 복잡하고 울적하지만 많은 교훈을 가르쳐 주는 이야기를 말한다. 이스라엘과 유다 두 나라는 만연한 사회적·경제적 불의와 사법적·정치적 부패로 점철된 우상숭배의 길을 따라간다. 그러다가 결국 그들은 하나님이 경고하신 대로 사망과 멸망의 심판을 당한다.

그 징후들은 무엇이었는가? 이 과정에서 무슨 일이 일어났는가? 우리는 그것에서 무엇을 배울 수 있는가?

성경적·역사적 기록과 예언자들의 논평은 하나님의 심판을 불러온 여러 요인들을 강조한다. 그것들은 모두 국가가 부패하는 과정 가운데 작동한 요인들이다. 이런 요인들은 모두 현대 정치에서도 치명적인 독소 역할을 한다.

- 경제적 격차의 증가. 소수에게 부가 몰리고 다수는 가난, 강탈, 무주택의 처지에 내몰림. 특히 가장 취약한 자들, 즉 여성과 어린이들이 그렇다(사 5:8; 미 2:1-2)
- 정부 특혜, 정실 인사, 친족 등용, 후원을 통한 정치 시스템의 부패 (삼상 8장)
- 부자들과 광범위한 뇌물 수수에 의한 법정 통제를 통한 사법 시스템의 부패(아모스)
- 폭력, 유혈 사태, 정치적 살인의 증가(사 1장; 겔 22장)
- 종교적으로 승인된 난잡한 성행위의 확산(호세아)
- 거짓말, 부인, 도덕적 혼란, 부끄러워할 줄 모르는 뻔뻔함이 가득한 문화 전체(렘 2; 5; 6장)

이제 이스라엘의 정치적·경제적 생활에서 이런 무시무시한 요인들이 야웨 하나님에 대한 종교적 불성실(우상숭배)과 **별개의** 것이 아니라는 점을 이해하는 것이 중요하다. 오히려 이런 사회적 현상은 이스라엘의 국가적 우상숭배의 증거요 열매였다. 사람들이 거짓 신들, 즉 우리가 앞에서 언급한 종류의 우상들 및 많은 다른 우상들을 숭배할 때, 이런 일이 사회에서 일어난다. 전체 공동체가 정의, 정직, 진실, 동정의 하나님이신 야웨의 길을 거부하고 의도적으로 탐욕, 섹스, 풍요, 개인적·국가적 자부심의 신의 길을 선택할 때, 전체 사회는 부패, 불평등, 억압, 거짓말, 폭력으로 가득하게 된다.

수 세기에 걸쳐 예언자들이 경고하고 하나님이 오랜 인내심을 보이신 후에 마침내 **하나님은 그들을 도덕적으로 엄중하게 심판하신다.**

에스겔과 예레미야가 표현한 대로, 하나님이 그와 같이 타락한 사회를 심판하시는 것 외에 어떻게 달리 행동하실 수 있겠는가? 이스라엘은 자신들이 수 세기 전에 몰아낸 가나안 사람들이나 그들을 에워싸고 있는 국가들보다 더 악하게 행동하고 있었다.

그래서 이스라엘은 붕괴하고 만다. 안에서 썩고 밖에서 공격을 당하며 바빌론으로 추방당하면서 사실상 소멸된다. 예루살렘의 멸망과 바빌론 추방은 구약 이스라엘의 역사에서 가장 충격적인 사건이었다. 그것은 예언자들에 의해 그 당시의 **지정학적·군사적 현실**을 통해 이루어진 **하나님의 심판**으로 명백하게 묘사된다. 예레미야애가를 읽고서 우리는 사회 전체가 주로 그 지도자들의 죄와 어리석음 때문에 치른 대가에 몸서리치지 않을 수 없다. 우리는 눈물 없이 그 책을 읽을 수 없다. 이스라엘의 보통 사람들은 그들의 통치자들이 이끈 고질적이고 지속적인 죄와 우상숭배 때문에 얼마나 혹독한 고난을 겪었는지 모른다. 그들이 거짓 신들을 숭배한 것은 사회적·경제적·정치적 정책과 관행에 분명히 나타났고, 국가적 내파와 붕괴로 부메랑이 되어 되돌아왔으며, 예언자들은 그 사건들을 하나님의 심판이라고 판단했다.

그것이 이스라엘의 최후가 되어야 했다. 진실로 하나님의 은혜와, 이 백성 이스라엘을 통해 하나님이 세상의 열방에 복 주기로 계획하신 장기적인 선교적 목표와 약속이 없었더라면, 그것이 최후가 되었을 것이다. 그래서 이스라엘 사람들이 이집트에 있을 때 하나님이 아브라함과 맺은 언약을 기억하신 것처럼, 하나님은 다시 바빌론 유배에서 그분의 백성을 구하고 회복시키기 위해 행동하셨다. 주전 587년 예루살렘이 멸망하고 약 두 세대가 지난 후에, 이스라엘은 주전 538년 페르시아 황제 고레스의 칙령에 따라 예루살렘으로 되돌아왔다.

그러나 우리는 다음 내용을 강조해야 한다. 구약에서 주기적으로 나타나서 사회적 붕괴를 심화시키고 결국 전면적인 국가적 붕괴로 이끄는, 이 고질적 우상숭배는 역시 "우리의 교훈을 위해 기록되었다." 그것은 어떤 면에서 언약 백성인 구약 이스라엘의 역사로서 독특했다. 그러나 또 다른 면에서 이스라엘은 **인류의 죄** 자체를 구현하고 실행했다. 열방 중의 한 국가로서 이스라엘은 열방의 길을 가려는 유혹을 받았으며, 결국 그들은 아주 많은 다른 국가들의 궁극적 운명, 곧 소멸을 당하게 될 것이다. 하지만 그것은 하나님의 은혜와 선교를 위한 일이 될 것이다.

이스라엘의 이야기는 국가적 우상숭배의 증대와 대가 그리고 사회적·경제적·정치적·국제적 영역의 실제적 현실을 통한 하나님의 심판의 집행에 대한 몇 세기에 걸친 긴 사례 연구다. 이것은 사람들이 살아계신 하나님을 예배하지 않고 그분의 길을 저버리고 우상들이 그들을 통치하도록 할 때 일어나는 일이다.

바울은 그리스도인들에게 우리 구원의 하나님께 불충하는 위험에 대해 편지를 쓰면서 "조심하라!"고 말한다(고전 10장). 그러나 그 경고는 기독교 교회에만 적용되는 것이 아니라 더 광범위하게 적용된다. 이 책의 2부에서 내가 주장을 강력히 펼치고 1부에서 우상숭배에 대해 심층적인 연구를 한 이유는, 강한 해석학적 확신에 근거한다. 바로 구약 이스라엘은 하나님에 의해 그들 자신의 배타적 이익을 위해 구속받고 언약을 맺은 자족적인 백성으로 세워진 것도 아니고, 단지 신약 교회에 적용될 수 있는 영적 교훈의 원천으로 그리고 그 후 줄곧 그리스도인 설교자들이 사용할 수 있는 자료로 만들어진 것도 아니라는 것이다. 여기서 그 주장을 완전하게 설명할 여유가 없으므로 요점을 정리해 보겠다. 많은 본문에 따르면 이스라엘은 하나님에 의해 그분의 구속적 복과 언약 관계가 세상의 모든 열방에서 나온 백성에게 퍼져나가는 도구가 되도록 만들어졌을 뿐만 아니라, 토라를 통해 형성되어 야웨 하나님의 성품과 요구의 통치를 받는 사회가 어떤 모습인지 보여주는 모델이 되도록 만들어졌다는 것이다.⁹ 따라서 이스라엘의 율법과 이스라엘의 역사 안에 구현되고 실행된 원리에는, 우리가 사회적 영역에서 이루어지는 인간의 삶이 최고로 번영할 수 있는 방법을 배우고, 부정적으로 매우 많은 영역에서 인간의 복지를 파괴시킬 수 있는 행동들을 배우도록 하나님이 **의도하신** 것들이 담겨 있다.

결론

그러나 이스라엘 사람들이든 다른 나라 사람들이든, (신약 용어로) 유대인이든 이방인이든, 인간으로서 우리는 살아 계신 하나님께 주의를 기울이지 못하고 우상숭배의 길을 선택했다. 결국 우리는 엄청난 대가를 치르게 되었다. **그것이 정확히 바울이 로마서 1장에서 인간의 곤경을 해석하는 방법이다.** 인간 죄의 보편성에 대한 바울의 묘사는 구약성경에 상당히 많이 의존한다(마찬가지로 그의 구원 신학 역시 아브라함으로 시작한다). 바울은 다음의 주장을 아주 명백히 한다. 인간(개인, 국가, 전체 문화)이 집요하게 계속 우상들을 따를 때, 결국 하나님은 그들이 원하는 것과 그들이 숭배하는 것에 그들을 내버려 두신다.

하나님의 심판은 바울이 묘사하는 종류의 사회적 붕괴 가운데 집행된다. 바울이 열거하는 끔찍한 사회악들은 하나님의 심판의 **이유라** 기보다는(물론 나쁜 행위로서, 그것들은 하나님의 심판 아래 있다) 오히려 현재 집행되는 하나님의 심판의 **내용과 경험**이다(물론 종말에 이루어질 하나님의 마지막 심판을 부인하는 것은 아니다). 하나님이 우리를 우리 자신의 우상숭배와 선택에 내버려 두실 때 사회가 어떻게 되는지 보여 주는 말씀이 있다. 그때 사회는 그런 관행이 만들어 내는 온갖 고통으로 신음하게 된다.

> 또한 그들이 마음에 하나님 두기를 싫어하매 하나님께서 그들을 그 상실한 마음대로 내버려 두사 합당하지 못한 일을 하게 하셨으니 곧 모든 불의, 추악, 탐욕, 악의가 가득한 자요 시기, 살인, 분쟁, 사기, 악독이 가득한 자요 수군수군하는 자요 비방하는 자요 하나님께서 미워하시는 자요 능욕하는 자요 교만한 자요 자랑하는 자요 악을 도모하는 자요 부모를 거역하는 자요 우매한 자요 배약하는 자요 무정한 자요 무자비한 자라. 그들이 이 같은 일을 행하는 자는 사형에 해당한다고 하나님께서 정하심을 알고도 자기들만 행할 뿐 아니라 또한 그런 일을 행하는 자들을 옳다 하니라. (롬 1:28-32)

결국 사람들이 우상들에 굴복할 때(서양 문화가 수 세기 동안 해 온 것처럼), 우상들은 궁극적으로 그들을 지배하게 될 것이다. 우리는 우리가 수세대 동안 심어 온 것을 거두고 있다. 하나님은 말씀하신다. "이것이 너희 신이다! 너희가 그들을 선택했다. 너희가 그들을 숭배한다. 너희가 그들에게 제물을 바친다. 너희가 그 결과에 책임이 있다."

나는 2016년에 일어난 사건, 브렉시트와 미국 대통령 선거가 그런 **징후를 나타내는** 것이라고 생각한다. 이 두 사건은 최근 수년에 걸쳐 두 나라의 사회적·정치적 생활에 온갖 혼란을 초래했다. 그 사건들은 장기적인 우상숭배와 단기적인 어리석음의 결과인 것 같다. 그것은 우상을 숭배하는 문화적·사회적 경향을 보여 주는 척도요 그런 경향이 심화된 사례라고 생각한다.

아마도 그 사건들은 열방의 역사를 주권적으로 통치하시는 하나님의 섭리 안에서, 서양 문화에 대해 하나님의 심판의 원리가 작동하는 가운데 일부 역할을 담당할 것이다. 그것이 그렇게 될 것인지 여부는 오직 하나님만이 아신다. 예언하는 것은 아니지만, 내가 할 수 있는 말은 그것들이 문명 전체가 심각하고 되돌릴 수 없는 곤경에 처해 있음을 나타내는 징후 같다는 것이다. 하나님은 심판하실 때 우리를 그저 우리가 선택하는 신들에게 내버려 두신다. 때때로 "사람들은 자신들의 수준에 맞는 정부를 갖는다"라고 말한다. 성경은 "그리고 사람들은 자신들이 숭배하는 신들을 갖는다"라고 응수할 것이다. 이스라엘의 역사는 이 둘이 대단히 밀접한 관련이 있음을 보여 준다. 사람들은 자신들이 숭배하는 신들을 반영하는 정부를 갖는다. 우상은 그것을 따르는 사람들을 다스리게 되었다. 부, 섹스, 총, 인종, 국수주의, 자기애는 사회와 문화 가운데 구체화되었다.

마침내 하나님은 "이스라엘아, 여기 너희 왕이 있다"라고 말씀하신다. 이것이 너희가 구한 것이요, 이것이 너희가 얻는 것이다. **하나님의** 심판 원리는 **인간이** 선택한 목적과 수단, **인간의** 결정과 지시, **인간의** 실패와 어리석음의 현실 가운데 집행된다.

그리스인들에게는 그들의 시인 중 하나가 한 말이 전해져 내려온다. "신들은 그들이 파멸시키고자 하는 자들을 우선 미치게 만든다." 구약성경을 깊이 연구해서 예리한 성경적 직관력을 가지게 된 장 칼뱅(John Calvin)은, 하나님이 한 국가를 심판하실 때 그분은 그 국가에 사악한 지도자들을 주신다고 말했다.[10]

그렇다면 우리는 이 같은 세상에서 어떻게 살아야 하는가? 이제 3부에서 이 문제에 대해 살펴보자.

3부

우상숭배하는 세상 속의 하나님 백성

우리가 2부에서 묘사한 우상숭배 가운데 하나님 백성으로 산다는 것은 무엇을 의미하는가? 우리는 무엇을 요구받는가? 무엇보다도 먼저, 우리도 모르는 사이에 주위 문화로부터 우리의 무의식에 스며들어 그리스도인으로서 우리 자신의 삶을 매우 쉽게 오염시키는 여러 거짓 신들로부터 돌아서고, 성경의 한 분 참된 살아 계신 하나님께 돌아가는 것이다. 그것은 회심 때 단 한 순간에 일어나지 않는다. 실제로 그것은 회심 때 시작될 뿐이다. 그때뿐 아니라 평생의 습관이 되어야 한다. 일생 동안 우리는 우상을 의도적으로 인식하고 거부하며 그 대신 의도적으로 끊임없이 살아 계신 하나님을 선택해야 한다. 진실로 나는 나이가 들면 들수록 우리가 이 일을 계속해야 한다고 상기하는 것이 더욱 필요하다고 말하고 싶다. "만일 여호와를 섬기는 것이 너희에게 좋지 않게 보이거든 너희 조상들이 강 저쪽에서 섬기던 신들이든지 또는 너희가 거주하는 땅에 있는 아모리 족속의 신들이든지 너희가 섬길 자를 **오늘** 택하라. 오직 나와 내 집은 여호와를 섬기겠노라"(수 24:15).

여호수아는 "나이 많아 늙었을" 때(수 23:1) 이스라엘 백성에게 이런 도전을 했다. 이미 그들은 가나안 정복의 한 세대를 거치면서 살아남은 백성이었다. 그것은 한 분 살아 계신 하나님, 야웨 섬기기를 계속 **선택하고** 또 옛 신들이나 그들이 곧 만나게 될 새 신들 섬기기를 **계속**

거부하라는 도전이었다.

그러나 분명히 그들은 "우리 부모님들은 광야 시내산에서 야웨를 섬기기로 선택했습니다"라고 말했을 것이다. 여호수아는 광야 이야기의 나머지 부분을 생각하면서 "그것으로는 충분하지 않소"라고 응답했을 것이다. 분명히 그들은 계속해서 고집스럽게 **우리는** 이 땅에 들어와서 적들을 물리쳤을 때 야웨를 섬기기로 선택했습니다"라고 말했을 것이다. "그것으로도 충분하지 않소"라고 여호수아는 주장했을 것이다. 그들의 적들이 섬기는 거짓 신들이 여전히 그들 주위에 있으면서 농업적 성공과 성적 생식력을 비롯해 이 새로운 땅에서 나오는 온갖 좋은 다른 것들을 약속했다. 그렇다. 언약으로 인친 선택, 의도적인 선택이 거듭해서 있어야만 했다. "너희가 섬길 자를 **오늘** 택하라."

그것은 예언서부터 요한일서의 마지막 절까지 성경 전체를 관통해서 나오는 도전이다. 그것은 **급진적으로 하나님 중심의 삶을 살라**는 요청이다. 그런 요청은 우리에게 어떤 의미를 갖는가? 그것이 우리가 3부에서 탐구할 주제다.

7장에서 우리는 그와 같은 하나님 중심의 삶이 지닌 세 차원을 살펴볼 것이다. 1) 하나님의 **이야기**로 우리의 삶을 형성하라. 2) 하나님의 **선교**에 참여하라. 3) 하나님의 **나라**를 구하라. 마지막 장에서 우리는 그와 같은 하나님 중심의 삶이 윤리적·영적으로 어떤 의미를 지니는지 검토할 것이다. 그것은 1) 우리 주위 세상과 구별된 삶이며, 2) 성경에 나온 기도들로 형성된 기도하는 삶이다.

7장
살아 계신 하나님에 의해 형성된 백성

타락한 세상 가운데서 하나님 백성으로 산다는 것은 우리가 아브라함과 사라의 허리와 자궁에서 시작된 이후 줄곧, 구약 이스라엘의 수 세기 동안, 기독교 교회의 역사 내내 하나님이 그분 자신의 것으로 부르신 백성이 직면한 커다란 도전이다. 그 도전은 아주 많은 차원과 요구가 따른다. 하지만 그것들 중에 적어도 다음의 세 가지가 반드시 포함되어야 한다. 1) 우리는 하나님의 말씀에 의해 형성된 백성이 되어야 한다. 2) 우리는 하나님의 선교에 동참하는 백성이 되어야 한다. 3) 우리는 하나님의 나라 아래 사는 백성이 되어야 한다. 이 세 가지 각각이 오늘날 우리에게 의미하는 것이 무엇인지 생각해 보자.

우리는 하나님의 이야기를 따라 사는 성경 백성이 되어야 한다
거의 틀림없이, 그리스도인들이라면 우리는 이미 성경 백성이라고 주장할 것이다. 그러나 우리는 성경이 실제로 무엇이라고 생각하는가? 그리스도인들이 성경을 어떻게 바라보는지 알 수 있는 한 가지 방법은 그들이 성경을 주로 어떻게 사용하는지를 주목하는 것이다.

일부 사람들에게, 성경은 규칙의 책이다. 즉 도덕적으로 올바른 삶을 살기 위한 도구다. 그들은 성경을 주로 윤리적 지침서로 사용한다. 그들은 성경에 따라 자신들의 삶을 산다고 주장하고, 다른 사람들에게 그들의 삶을 사는 법을 가르치며 또 필요한 경우 성경의 기준에 미치지 못하는 자들을 비난하기도 한다. 우리는 이 책에서 이미 그런 일을 조금 했다.

일부 사람들에게, 성경은 약속의 책이다. 즉 매일을 살아가는 데 힘이 되는 말씀의 저장소다. 그들은 멋진 장면 위에 인쇄한 성구를 액자에 넣어 집 안에 놓거나, 아니면 아름다운 밈(meme)에 성구를 끼워 넣어 소셜미디어에 올리는 것을 좋아한다. 그들은 그런 성경 구절에서 위로, 소망, 평안을 얻는다.

일부 사람들에게, 성경은 교리의 책이다. 즉 교리적 신학 체계를 세우는 데 필요한 원재료다. 그들은 기독교 신앙에 대해 진지하며 교육적 사고방식을 갖고 있다. 그들은 각각의 주요 교리를 뒷받침하는 성경 본문들과, 마찬가지로 온갖 종류의 거짓된 교리들을 반박하는 성경 본문들을 강력히 강조하는 건전한 신학 서적들을 읽고 영적 자양분을 섭취한다.

성경은 분명히 이런 모든 것들을 많이 포함하고 있다. 명백한 윤리적 기준, 놀랄 만큼 위로를 주는 약속, 견고한 신학적 진리를 다 포함하고 있다. 그러나 하나님이 우리에게 그분의 말씀을 섭리 가운데 주신 방식, 곧 전반적인 정경의 형태를 고려하건대, 성경은 기본적으로 이야기다. 더 정확히 말하면, 그 이야기, 하나님, 우주, 그리고 우리 세계의 역사와 미래를 포함하는 모든 것에 대한 이야기다. 그것은 아주 좋게 시작했으나 엄청나게 큰 문제가 발생해 심각한 곤란을 겪다가, 마침내 거대하고 복잡한 줄거리를 통해 그 문제를 해결하고 놀라운 결말(이것은 사실상 새로운 시작이다)로 끝나는 이야기다.

문제는 많은 그리스도인들이 그저 **세상의** 이야기 가운데 살면서 성경을 어떻게든 그 이야기에 관련시켜 보려고 한다는 것이다. 즉, 그들은 자신들의 모든 가정과 결정을 우리 주위에 있는 세상 사람들이 형성하는 것과 똑같은 노선을 따라 형성한다. 또 여기저기에 성경 구절들을 "적용함으로써" 성경적으로 그럴듯하게 만들려고 시도한다. 우리는 성경을 "내 삶"에 적용하려고 진지하게 노력한다. 그것은 좋은 일 같지만, 사실상 내 삶이 현실의 중심이라고 추정하는 것이다(성경은 형용사적인 방식으로 어떻게든지 그 현실의 중심에 맞추어져야 한다). 때때로, 더 나쁘게, 우리는 성경을 선별적으로 사용해서 우리 자신의 개인적 열망, 사회적·정치적 견해 또는 망상을 강화한다.

우리는 정말 그 줄거리, 곧 성경적 줄거리를 잃어버렸다. 우리는 우리가 속해 있는 그 이야기를 잃어버렸다.

성경은 우주에 대한 참된 이야기를 말한다. 그것은 7막으로 된 거대한 드라마와 같다.[1] 전체 이야기는 다음과 같이 단순한 도형으로 표현할 수 있다.

그림 7. 1. 성경의 7막

- **1막: 창조.** 하나님은 하늘과 땅을 창조하시고 그분의 형상을 따라 인간을 만드신 다음 땅을 다스리고 섬기도록 하셨다. 하나님, 인간, 땅은 창조적 삼각관계를 형성한다.
- **2막: 반역.** 우리는 하나님의 지시에 불순종하고 우리가 선악을 스스로 결정하기로 선택했다. 우리는 인간 삶에 죄, 사망, 분열을 가져왔으며, 창조 세계 자체를 망가트렸다.
- **3막: 구약 약속.** 하나님은 우리가 저주와 사망을 가져온 곳에 복과 구원을 베풀겠다고 약속하셨다. 아브라함을 통해 하나님은 이스라엘 백성을 세우셨으며, 이스라엘을 통해 그 복의 좋은 소식은 결국 세상의 모든 열방을 포함할 것이다. 구약 이야기는 그 약속의 성취를 향해, 그리고 그 이야기의 그 부분에서 생겨나는 모든 기대와 소망을 품은 채로 끊임없이 앞으로 나아가고 있다.
- **4막: 그리스도.** 전체 성경 이야기의 중심에 해당하는 막은 우리가 신약의 처음 네 책을 따라 복음서에서, 메시아와 주가 되시는 나사렛 예수에 대해 읽는 것이다. 그분의 성육신, 삶과 가르침, 속죄의 죽음, 승리의 부활, 그리고 영광스러운 승천과 우주적 통치. 이것이 중심에 해당하는 막이요, 성경적 복음의 핵심이다.

- **5막: 신약 선교**. 이 드라마는 성령이 부어지고, 믿는 유대인과 이방인들로 구성된 교회가 땅끝까지 선교하는 것으로 계속된다. 성경적 이야기의 이 부분은 오순절부터 그리스도의 재림까지 이어진다.
- **6막: 마지막 심판**. 좋은 소식은 악이 최종 결정권을 가지지 않고 하나님이 결국 잘못되고 악한 모든 것을 처리하시고 파멸시키심으로써 만물을 바로잡으실 것이라는 사실이다(그것이 성경에서 말하는 심판이다). 6막은 2막에 대한 하나님의 대답이 완성되는 것이며, 4막에서 성취된 모든 일이 완성되는 것이다. 그것은 최종적 교정, 즉 아주 비참하게 잘못되었던 모든 것을 바로잡는 일이 될 것이다.
- **7막: 새 창조**. 성경 드라마는 극적인 새로운 시작으로 끝난다! 만물을 바로잡으신 후에 하나님은 만물을 새롭게 하시고, 하나님의 화목된 창조 세계 안에서, 그리스도의 몸과 같은 부활의 몸을 입은, 구속받은 인류와 함께 거하실 것이다. 창조적 삼각관계는 영광스럽게 회복될 것이다. 그래서 하나님은 통일된 새 하늘과 새 땅에서 구속받은 인류와 함께 거하실 것이다. 그 후에 영원히 우리는 우리와 함께 하시는 하나님의 임재("임마누엘")와 타락한 현 세계를 망쳐 놓고 부패시키고 고통과 고난을 가했던 모든 것의 부재를 향유할 것이다.

7막으로 이루어진 성경적 드라마는 더 익숙한 성경적 세계관의 4중적 형태, 즉 창조(1막), 타락(2막), 역사에서 이루어지는 구속(3-5막) 그리고 미래 소망(6-7막)을 따라 만들 수 있다.

예수님을 따르는 자들은 이 거대한 성경적 드라마에 참여하는 자들이다. 우리는 이 성경적 이야기 **안**에, 이 이야기를 **위해** 살도록 부름받는다. 그것은 이 이야기가 우리가 누구인지 그리고 우리가 왜 여기 있는지에 대해 말하는 것과 관련해서 우리 삶의 방향을 조정해야 함을 의미한다. 우리에게 하나님의 선교를 위한 하나님의 백성이라는 정체성과 사명을 부여하는 것이 바로 이 성경적 이야기다. 우리에게 지금 위치한 거대한 드라마의 그 부분에서 우리가 어떻게 살아야 하는지 말해 주는 것이 바로 이 이야기다.

요점은 **우리는 성경 안에 있다**는 것이다! 나는 우리가 하나님의 이야기에서 우리의 역할을 담당하도록 부름받는다고 말하는 것이 무슨 의미인지 설명할 때에 앞의 그림에 나온 도형이 매우 유익하다는 것을 알게 되었다(그 도형은 편지 봉투 뒷면이나 레스토랑 냅킨에 그릴 수 있다). "당신은 이 거대한 드라마에서 어디에(어느 막에) 위치하는가?"라고 물을 때, 그 대답은 매우 분명히 "5막"이다. 그리스도의 부활은 과거 역사에 일어난 사실이다. 그리스도의 재림은 간절히 기다리는 미래 사건이다. 우리는 중추적이고 정점에 해당하는 그 두 성경적 순간 사이 어딘가에, 부활하신 그리스도가 돌아오실 때까지 그분이 명령하신 선교를 수행하면서 5막에 산다.

"당신은 어떤 이야기 가운데 살고 있는가?"는 내가 자주, 특히 예수님을 따르는 청년들에게 묻는 질문이다. 올바르고 도전적인 대답은 우리는 성경의 거대한 드라마의 5막에 참여하고 있다는 것이다. 우리는 하나님이 1-4막에서 이미 행하시고 말씀하신 것에 비추어(이스라엘의 과거 이야기, 율법서와 예언서의 가르침, 이스라엘의 예배와 지혜, 그리스도의 삶과 사역과 가르침, 사도들의 가르침) 거기에 살고 있다. 우리는 또한 하나님이 6막과 7막의 확실히 보장된 미래에 행하실 일에 비추어(마지막 심판 때 궁극적인 교정이 확실히 이루어지고, 새 창조의 역사가 분명히 일어난다) 거기에 살고 있다. 우리의 삶은 성경의 이 거대한 이야기, 모든 것을 포함하는 이야기에 의해 지배를 받아야 한다. 우리의 현재는 성경적 과거와 성경적 미래에 의해 형성되어야 한다.[2] 이것이 **우리의 이야기**(내러티브)다. 이것이 기독교 신자로서 **우리**의 정체성이며, 우리가 이 세상에 존재하는 이유다.

다시 말해, 성경 백성으로 사는 것은 단지 성경을 내 삶에 적용하는 문제가 아니다. 오히려 정반대다. 우리는 스스로에게 다음과 같이 물어야 한다. "나는 내 삶을, 지금 여기서 이 세대를 살아가는 내 작은 인생을 성경의 거대한 이야기에 어떻게 적용할 수 있는가? 나는 이 이야기에 잘 들어맞는 방식으로, 하나님이 행하시는 일에 참여하고 그분이 미래를 위해 계획하시는 모든 일을 대비하면서 어떻게 살 수 있는가? 나의 삶, 나의 선택, 나의 행위, 나의 생각과 행동은 어떻게, 어느 정도 가치와 일관성을 지닌 채로 이 거대한 이야기에 속해 있을 수 있는가?"

우리는 다니엘을 우리 모델로 삼아야 한다. 다니엘은 바빌론에 살면서 일했지만 예루살렘을 향해 창문을 열어 놓고 매일 기도했다(단 6:10). 나는 그것이 단순히 향수나 공상이었다고 생각하지 않는다. 반대로 다니엘은 바빌론 왕을 섬겼지만, 그의 삶은 그분의 이름을 예루살렘에 두신 왕과 또 그의 하나님이 그분의 백성 이스라엘의 이야기와 성경에 새겨 놓으신 기준과 가치의 지배를 받았다. 바빌론 신들에 둘러싸여 있고 바빌론 정부를 섬기면서도, 다니엘은 이스라엘의 하나님께 충실했다. 우리도 바빌론에 살아야 하지만, 바빌론을 위해서나 바빌론의 이야기를 따라, 또는 바빌론 신들의 유혹에 굴복해 살지는 않는다. 우리는 이 세상 안에서 살지만 세상의 이야기가 아니라 하나님의 이야기를 따라, 즉 온전한 성경적 계시를 따라 산다.

우리의 주된 관심사(우상을 거부하고 급진적으로 하나님 중심의 삶을 사는 것)로 다시 돌아와서, 우리는 성경 자체에 전념해야 한다. 서양 기독교에서 주위 사람들의 신들과 연관된 혼합주의와 문화적 포로 현상이 발생하는 것이 놀랄 정도로 성경 지식이 퇴보하는 현상과 병행하는 것은 결코 우연이 아니다. 심지어 이른바 복음주의 그리스도인들 가운데서도 성경에 대한 무지가 만연해 있다. 하나님의 백성이 하나님의 말씀에 대한 지식을 잃어버릴 때(또는 하나님의 말씀에 대한 관심을 완전히 잃어버리기까지 할 때), 자연적으로 그들은 하나님의 이야기, 곧 우리가 속해 있어야 하는 그 이야기를 잊어버린다. 그리고 다른 신들이 그 공백을 채운다. 우상숭배를 거부하려면 진지하고 체계적인 개인적 성경 읽기와 생기 넘치고 계획적이고 자양분이 많은 성경적 설교로 돌아가야 한다.

우리는 하나님의 선교에 헌신하는 복음 백성이 되어야 한다

예수님이 선교에 헌신하신 것처럼, 그분을 따르는 자들도 선교에 헌신한다. 예수님이 보내심을 받은 것처럼, 우리도 보내심을 받는다. "아버지께서 나를 세상에 보내신 것같이 나도 너희를 세상에 보내노라." 따라서 제자도는 정의상 선교적이다. 우리는 지상대위임령의 명령에 모두 포함되어 있다. "하늘과 땅의 모든 권세를 내게 주셨으니 그러므로 너희는 가서 모든 민족을 제자로 삼아 아버지와 아들과 성령의 이름으로 세례를 베풀고 내가 너희에게 분부한 모든 것을 가르쳐 지키게 하라. 볼지어다, 내가 세상 끝날까지 너희와 항상 함께 있으리라"(마 28:18-20). 이 위임령은 하나님으로 시작하고 하나님으로 끝난다. 그리스도의 주되심에 대한 확언으로 시작하고, 그리스도의 임재에 대한 약속으로 끝난다. 두 경우 다 하나님 언어를 사용한다. 그것은 모두 창조 세계를 다스리시는 그리스도의 보편적 주권에 대한 진리에서 나온다. 예수님은 야웨의 지위, 곧 모든 창조 세계의 하나님 되심을 주장하신다. 선교 자체는 근본적으로 하나님 중심이다(하나님 중심이 되어야 한다). 하나님이 하나님이시기 때문에, 하나님이 행하시는 것을 하나님이 행하시기 때문에 우리는 우리가 행하는 것을 행한다. 우리의 선교는 전부 하나님의 선교에서 나온다. 이것이 바로 우리가 파악해야 할 아주 중대한 요점이다.

마태복음 28:18에 나오는 그리스도의 첫 말씀은 신명기 4:39을 강하게 반영한다. 모세는 이스라엘이 온갖 종류의 거짓 신들을 외면하게 하려고 결연히 노력하는 장에서, 이스라엘 사람들에게 그들의 하나님에 대해 말하고 있었다. "그런즉 너는 오늘 위로 하늘에나 아래로 땅에 오직 여호와는 하나님이시요 다른 신이 없는 줄을 알아 명심하고"(신 4:39). 이스라엘의 주 하나님은 하늘과 땅(곧 창조 세계 전체)의 하나님이시다. 이것은 구약이 도처에서, 특히 시편에서 반복하는 하나님에 대한 진리다. 승천산 위에 서서 예수님은 그분을 따르는 자들이 모두 알고 경배하는 하나님에 대한 그 진리를 태연하게 취해서 스스로 주장하신다. 마태가 그들이 거기서 예수님을 만났을 때, "그들이 그분을 경배했다"고 기록한 것은 당연하다(하지만 마태는 또한 몇몇 사람들이 의심했다고 솔직하게 지적한다). 그들은 십자가에 못 박히고 부활하신 그리스도를 만났을 때 자신들이 살아 계신 하나님, 야웨, 하늘과 땅의 창조자의 임재 가운데 있음을 알았다.

그렇다면 우리의 선교가 무엇을 포함하든지, 그것은 예수님이 창조의 주인이요, 땅이 그분께 속한다는 사실을 보증하고 권위를 부여한다. 예수님은 지주요, 우리는 그분의 소작인이다. 땅은 그분의 재산이요, 우리는 그 땅의 청지기로, 우리가 그 위에서 그것과 함께하는 일에 대해 그분께 책임을 져야 한다.

따라서 우리의 선교는 땅끝까지 그리고 세상 끝까지, 즉 이 행성의 모든 시공간에서 이루어진다. **모든** 제자들, 예수님을 따르는 모든 사람들은 자기복제를 하라는 이 지시에 순종하라는 명령을 받는다. 간단히 말해, 우리는 우리가 주와 구세주 되시는 예수 그리스도께 우리의 삶을 드리자마자 선교를 하기 시작한다.

그러나 우리의 선교에 포함되는 것은 정확히 무엇인가?

해를 거듭하면서 교회의 선교가 무엇인지 규정하고 설명하려는 많은 제안들이 있었다. 내가 유익하다고 깨달은 한 가지는 이른바 선교의 다섯 가지 표지다(하지만 그것이 결코 유일한 것은 아니다).[3] 그것들은 몇 단어로 요약할 수 있다. **전도**, **가르침**, **동정**, **정의**, **창조 세계의 청지기 직**이다. 그것은 아주 포괄적이고 총체적인 목록이며, 각 항목은 성경 전체에 깊은 뿌리를 두고 있다. 게다가 다섯 가지 표지 모두는 우리가 하나님의 선교에 참여하는 방식으로 고려될 수 있다. 즉 그것들은 **우리가 하나님 자신이 행하시거나 행해지기를 바라시는 일에 우리가 참여하는 활동들이다.** 우리가 이런 일들을 할 때, 하나님은 우리와 함께, 우리는 그분과 함께 적극적으로 참여하고 있는 것이다. 이런 일들은

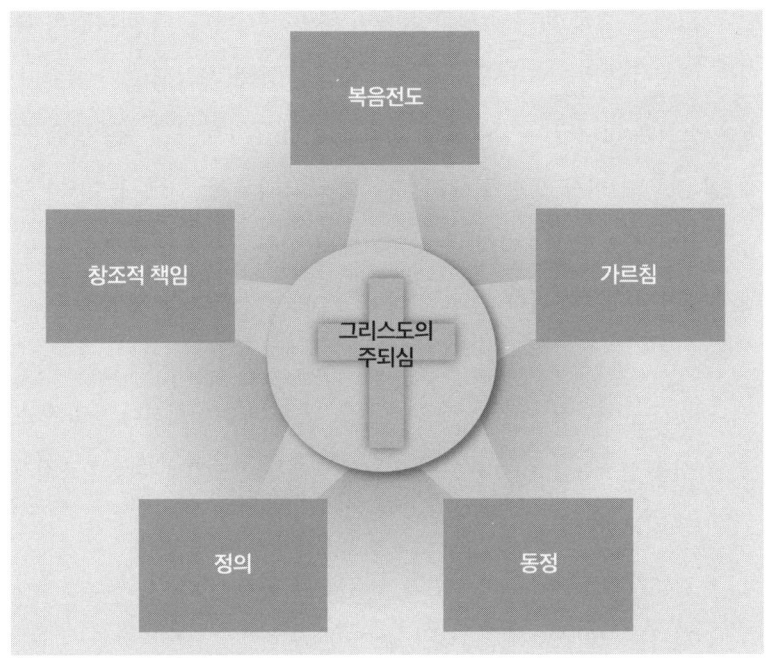

그림 7. 2. 선교의 다섯 표지

성경에서 하나님의 열정적인 관심사로 분명히 밝히고 있기 때문이다.

다시 우리는 다른 모든 것과 마찬가지로 우리의 선교에서도 급진적인 하나님 중심적 삶의 도전을 상기할 필요가 있다. 그래서 우리는 선교의 이 다섯 표지들의 중심에 지상대위임령의 첫 확언, 즉 모든 피조물을 다스리시는 그리스도의 주되심을 놓아야 한다. 그것은 다섯 표지들 각각을 발생시키고 동시에 그것들을 다 함께 결합시키는 통합 센터의 역할을 한다.

이 다섯 가지 선교의 차원 모두는 그리스도의 주되심에 달려 있다. 그래서 그것들은 예수님이 주님이시라는 복음 진리를 중심으로 연결된다. 그것이 결국 하나님 나라 복음이 의미하는 바다. 즉 하나님의 통치는 메시아와 주가 되시는 예수님 자신을 통해 시작되고 구현된다. 좋은 소식은 하나님이 왕이시며, 하나님의 왕권은 나사렛 예수님을 통해, 곧 그분의 지상 생활 안에서, 속죄의 죽음과 부활 안에서, "땅의 임금들의 머리"로서(계 1:5) 하나님 우편에서 이루어지는 주권적 통치 안에서 행사된다는 것이다.

- 전도를 하면서, 우리는 예수님이 주, 왕, 구세주가 되신다는 좋은 소식을 선포한다. 이것은 모든 진정한 성경적 선교에서 복음의 중심성을 강조한다.
- 가르치면서, 우리는 사람들을 성숙한 믿음과 제자도의 삶으로, 주가 되시는 그리스도께 순종하는 삶으로 이끈다.
- 동정을 베풀면서, 우리는 "두루 다니시며 선한 일을 행하신"(행 10:38) 주 예수님의 모범을 따른다.
- 정의를 추구하면서, 우리는 주 예수 그리스도가 온 땅의 심판자시며 모든 정의는 결국 예수님이 좌정해 계시는 하나님의 보좌에서 나온다는 사실을 기억한다.
- 창조 세계 내에서 우리의 사명을 적절하게 수행하면서, 하나님이 왕과 제사장으로 우리가 다스리도록 맡기신 모든 것을 사용하고 돌보면서, 우리는 창조와 구속의 권한으로 주 예수 그리스도께 속한 것을 다룬다.

우리는 복음전도와 가르침을 합치고 동정과 정의를 합쳐서 선교 표지

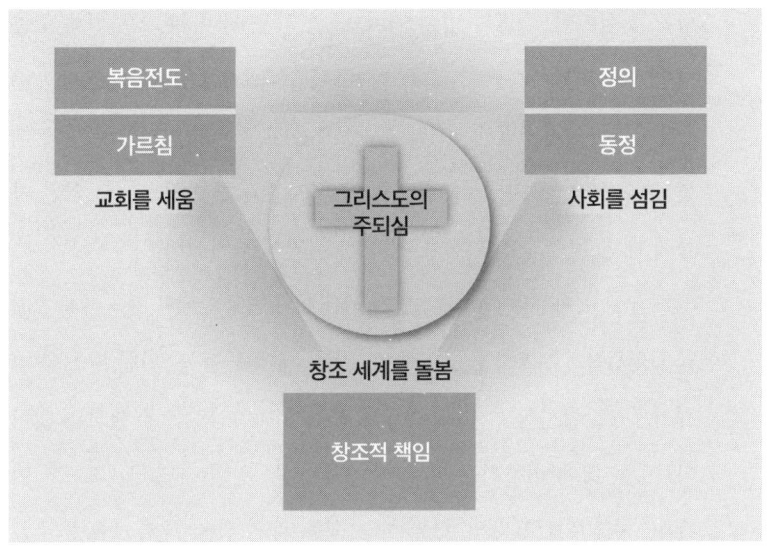

그림 7. 3. 교회·사회·창조 세계

를 훨씬 더 단순하게 만들 수 있다. 그렇게 하면 세 가지 주된 선교적 과제 혹은 우리의 선교 활동을 위한 세 가지 초점이 만들어진다. 그래서 우리의 선교에는 다음과 같은 요소들이 포함된다.

1. (복음전도와 가르침을 통해) **교회를 세움**. 이 두 활동은 사람들을 회개, 믿음, (예수 그리스도 제자로서의) 순종의 삶으로 이끈다. 우리는 지역 교회의 설교, 교육, 제자훈련 프로그램이 지상대위임령을 완수함에 있어, 교회가 명백히 전도 활동을 하거나 선교사를 파송하는 일과 마찬가지로 교회가 수행하는 선교의 한 차원이라는 점을 기억해야 한다("내가 너희에게 분부한 모든 것을 가르쳐 지키게 하라").
2. (동정과 정의를 통해) **사회를 섬김**. 예수님은 우리를 세상에 보내사 사

랑하고 섬기며, 소금과 빛이 되며, 선한 일을 하며, 우리 주위에 있는 사람들의 "평안을 구하도록" 명령하셨다(예레미야가 바빌론에 있는 이스라엘 사람들에게 말한 것처럼, 렘 29:7). 선교는 예수님의 가르침에 대한 순종을 포함하며, 예수님은 가난한 자들과 사회적으로 소외된 자들에 대한 동정과 정의 등에 대해 많은 말씀을 하셨다.

3. (생태계 보호 활동과 더불어 다양한 인간 일과 직업 안에서 창조 세계 자원들을 알뜰하게 사용하는 것을 통해) **창조 세계를 돌봄**. 이런 활동은 창세기 1-2장에서 인류에게 주어진 최초의 대위임령을 실행하는 것이다. 이 두 장에서 우리는 피조물을 다스리는 왕적 사명(창 1:26-28; 여기에는 우리 인간이 농업, 건축, 산업, 교통, 과학, 의술, 기술, 예술 등의 분야에서, 우리 주위의 창조 세계에서 사용하고 혜택을 받는 모든 방법을 포함한다)과 "경작하며 지키는" 제사장적 사명(창 2:15)의 아름다운 균형을 본다.

매우 중대한 요점인 까닭에 반복해서 말하자면, 이 모든 일은 예수 그리스도가 주로 다스리시는 하나님 나라의 복음에 의해 통합되고 동기가 부여된다. 모든 것이 그것에서 나온다. 우리는 예수님이 교회의 주님이시기 때문에 교회를 세운다. 우리는 예수님이(가이사가 아니라) 모든 나라, 정부, 문화의 주님이시기 때문에(주님으로 인정을 받으시든 받지 않으시든) 사회를 섬긴다. 우리는 예수님이 하늘과 **땅**("땅과 거기에 충만한 것", 시 24:1)의 주님이시기 때문에 창조 세계를 경건하게 사용하고 돌보는 일을 한다. 우리 선교의 모든 차원은 그리스도의 주되심 및 하나님의 의지와 선교에서 나온다. 전 세계와 모든 피조물이 그 사실을 인정하게 될 것이며, 그렇게 하면서 우리의 창조자와 구속자를 알고 사랑하고 찬양하고 경배하게 될 것이다.

이 세 가지 선교 영역은 철저하게 성경적이다. 케이프타운 서약(The Cape Town Commitment)은 참으로 총체적이고 통합적으로 선교를 이해하면서 세 가지 모두가 결합될 필요가 있음을 인정한다.

> 통합적 선교는 복음이 예수 그리스도의 십자가와 부활을 통해, 개개인들과 사회와 창조 세계를 위한, 하나님의 좋은 소식이라는 성경적 진리를 분별하고 선포하고 실행하는 것을 의미한다. 이 세 가지 모두는 죄 때문에 깨어지고 고통을 겪는다. 이 세 가지 모두는 하나님의 구속적 사랑과 선교에 포함된다. 이 세 가지 모두는 하나님 백성의 포괄적 선교의 일부가 되어야 한다.[4]

여기서 이런 선교 영역들에 대해 더 자세히 설명할 지면이 없다.[5] 그러나 그 영역들의 포괄성은 선교 평가를 하는 교회들에 유익한 도구가 될 수 있다. 내가 소속해 있는 교회인, 런던 랭엄 플레이스의 올 소울스 교회는 국내외에서 이루어지는 모든 선교 사역과 후원의 원형으로 선교의 다섯 표지를 사용한다. 우리는 다섯 영역에서 이루어지는 선교 활동을 지지하고, 기금을 대고, 기도하려고 한다. 동시에 삶 전체를 다스리시는 그리스도의 주되심에 구현된 하나님 나라 복음의 기초 위에 모든 것을 세우고, 그 기준에 따라 모든 것을 평가하려고 한다.

하지만 여기서 우리가 논의하는 주제와 관련해서 내가 강조하고자 하는 요점은 이것이다. 정치적 변화와 혼란의 와중에서도, 격동의 시대에서도, 우리 문화의 신과 우상들이 만연하고 승리하고 있는 것처럼 보일 때조차도, 우리가 우리나라들에 하나님의 심판이 임하고 있음을 인식할 때조차도, **그럼에도 불구하고 우리 선교는 계속 진행된다.**

예레미야가 주전 597년 바빌론에 1차 유배 중에 있는 유다 사람들에게 편지를 썼을 때(10년 후 예루살렘이 멸망당한 후에 2차로 훨씬 더 많은 사람들이 포로로 잡혀 왔다), 그 사람들은 그 시점까지 이스라엘 전체 역사에서 가장 충격적인 경험을 견뎌 내고 있었다. 악이 승리하고 이방 신과 우상들이 이긴 것처럼 보였다. 느부갓네살은 시드기야왕을 패배시켰을 뿐만 아니라 바빌론의 신들이 야웨를 패배시켰다. 또는 패배시킨 것처럼 보였다. 아니, 야웨의 성전마저 약탈당하고 훼손되고 완전히 타 버렸다! 어떤 신이기에 자신의 성전을 구할 수 없었단 말인가?(이사야가 바빌론의 신들 및 그들의 조각상에 대해 물었던 질문이다)

그러나 예레미야는 그들에게 다른 관점을 제공했다. 즉 이스라엘의 하나님 야웨가 여전히 통제하고 계신다는 것이다. 이스라엘이 포로로 붙잡혀 간 것은 (느부갓네살이 아니라) 야웨가 하신 일이었다. 바빌론 유배가 참으로 하나님이 이스라엘을 심판하신 결과였을지라도, 바빌론 자신이 장차 하나님의 심판을 받게 될지라도(렘 50-51장을 쭉 읽어 보라), **그럼에도 불구하고** 바로 그런 무서운 시대에 하나님은 그분의 백성에게 새로운 사명을 주셨다. 이 사명은 그 당시 상황에 비추어 볼 때 엄청나게 놀라운 일이었다. "너희는 내가 사로잡혀 가게 한 그 성읍의 평안을 구하고 그를 위하여 여호와께 기도하라 이는 그 성읍이 평안함으로 너희도 평안할 것임이라"(렘 29:7). 그들은 여전히 아브라함의 백성이고, 여전히 열방에 복이 되도록 만들어진 백성이었다. 이 열방에는 적국들도 포함된다. 따라서 그들이 바빌론에 정착하도록 하고, 그 문명 전체에 대한 하나님의 때가 올 때까지, 주위 사람들의 선을 구하고 그들을 위해 기도하게 하라. 이것은 "네 원수를 사랑하라"는 계명과 매우 비슷한 구약의 명령이다. 심판을 당해 포로로 붙잡혀 있을지라도, 하나님의 백성은 사명을 갖고 있었다. 그것은 하나님이 수 세기 전에 아브라함을 불러 주신 원래의 사명이다. 나는 다니엘과 세 친구들이 예레미야의 편지가 읽히는 것을 들었던 포로들 가운데 있었으며, 또 그들이 들은 것을 그대로 행했다고 생각한다. 우리는 다니엘서 4장에서 다니엘이 느부갓네살에게 분명히 나타내 보인 애정과 선의를, 다니엘이 매일 세 번 기도할 때 이방인 지도자를 위해 기도했다고 당연히 생각하는 것 외에 달리 어떻게 설명할 수 있는가? 사람들이 매일 위해서 기도하는 누군가를 계속 미워하는 것은 어렵다.

마찬가지로 그리스도인으로서 우리는, 하나님 심판의 표지가 매우 분명히 나타나는 문화와 문명의 붕괴 가운데서도 배를 포기하는 것이 아니라 계속 우리의 사명을 완수하라는 요청을 받는다. 즉 하나님이 우리를 그분의 백성으로 만드신 그 목적을 섬기라는 것이다. 거기에는 일하고 섬기고 우리 주위 공동체의 복지를 추구하는 것, 값비싼 대가를 치르더라도 살아 계신 하나님을 증언하고 그분이 그리스도를 통해 제공하시는 구원에 대해 증거하는 것, 세상 사람들이 우리가 기도하는 그 하나님을 조롱하고 부인하더라도 세상과 그 통치자들을 위해 기도하는 것이 포함된다.

그리스도는 종교적·세속적 당국의 압도적인 권력과 적의 가운데서 그분을 따르는 작은 무리에게 지상대위임령(물론 이 문구는 그분이 아니라 우리가 만든 것이다)을 주셨다. 또한 그리스도는 그들에게 장차 올 하나님의 심판의 현실과 징조에 대해 수없이 경고하셨다(그리스도가 요한에게 그분의 계시를 주실 때 더 많은 가르침이 추가될 예정이었다). 그런데도 그들은 "가이사가 주시다!"라고 선포되는 세상에 나가서 담대하고 용감하게(대부분의 사람들이 보기에) "**예수님**이 주시다!"라고 단언했다.

그들은 다음과 같이 선언했다. "맞습니다! 십자가에 못 박히신 이스라엘의 메시아, 예수님이 주님이십니다. 우리는 그 사실을 당신에게 좋은 소식으로 전합니다. 이것은 그분의 부활과 성령의 분명한 능력을 목격한 증인들이 확증한 사실입니다. 이 좋은 소식에 기초해서 우리는 여러분이 회개하고, 예수님을 믿고, 그분께 순종하는 제자가 되기를 요청합니다. 그러면 여러분은 여러분이 지은 죄에 대해 하나님의 용서를 받을 것이며, 하나님 나라의 시민이 되고 하나님 가족의 구성원이 될 것입니다. 여러분은 실제로 인간이 되는 완전히 새로운 방법의 일부가 될 것입니다. 여러분은 훨씬 더 좋은 운명을 가진 매우 다른 이야기에 참여할 것입니다. 그것은 하나님의 새로운 창조 세계에서 누리는 영생입니다."

우리는 그들의 세상과 크게 다르지 않은 세상에서 여전히 똑같은 선교적 과제를 안고 있다.

우리는 똑같은 소명, 곧 예수님이 선포하러 오신 하나님 나라의 시민으로 사는 소명을 안고 있다. 제자다운 삶을 살라는 요구는 근본적으로 하나님의 통치를 받아들이고 순종하라는 도전이며 그에 따라 삶 전체를 형성하라는 도전이다. 그것이 세례 요한의 메시지요 예수님의 메시지였다. 그것은 오늘날 우리가 직면하는 똑같은 요구요 도전이다.

우리는 하나님의 통치에 복종하는 하나님 나라 백성이 되어야 한다

우리는 예수님이 하나님 나라의 개념을 **만들어 내셨다**고 생각하지 않아야 한다. 그것은 예수님의 동료 유대인들에게 이미 대단히 익숙한 개념이었다. 그것은 이스라엘의 예배와 그 나라가 성취되기를 간절히 바란 예언자들을 통해 만들어진 개념이었다. 시편 기자들은 "하나님이 통치하신다!"라고 노래했다. 그 노래는 현실을 그대로 진술하는 것(야웨는 참으로 모든 피조물을 통치하신다)인 동시에 미래에 대한 소망을 단언하는 것이었다. 야웨의 통치가 모든 사람들에 의해 완전히 인정받을 때, 종말론적 의와 정의, 평화와 조화의 시대가 올 것이기 때문이다. 하나님이 세상을 심판하러 오실 때(그것은 만물을 바로잡는 것을 의미한다, 시 96:10-13) 모든 피조물이 그분 앞에서 기뻐할 것이다.

그래서 이스라엘에서 하나님의 왕되심은 매우 **실제적이고 현실적인 결과**를 가져왔다. 그것은 단지 신학적으로 믿어야 할 진리에 그치지 않았다. 이스라엘 율법의 구체적인 항목 뒤에는 왕이신 하나님의 권위가 놓여 있었다.…따라서 야웨의 왕되심을 인정하는 데는 강력한 **윤리적** 의미가 담겨 있었다. 그분의 통치는 사회적·경제적·정치적 관계의 실세계에 구체적으로 나타나는 **의와 정의**의 통치였다. 우리는 하나님의 다스림을 찬양하는 몇몇 시편에서 그것을 찾아볼 수 있다.…[예를 들어, 시 97:2; 99:4; 145:8-9; 146:7-10]…

그러므로 하나님의 나라는 야웨의 통치를 의미했으며, 야웨가 왕인 곳에서는 또한 정의와 동정이 통치해야만 한다.…

그래서 예수님이 하나님의 나라를 선포하러 오셨을 때, 그분은 머

나먼 곳이나 이상이나 태도에 대해 말씀하시지 않았다. 그것은 단지 이 상향이나 마음속에서 느끼는 기쁨이 아니었다. 하나님의 통치의 실체는 하늘나라로 영화되거나 (지금 또는 나중에) 사적 문제로 개인화될 수 없다. 물론 하나님의 통치는 영적·개인적 차원들을 갖고 있으며, 그것들 역시 기본적으로 중요하다. 우리는 우리의 개인적 삶에서 하나님의 통치에 순종하도록 요청받는다. 그러나 그 용어 자체는 이 세상에서 이루어지는 인간 생활의 모든 차원을 하나님이 다스리시는 뜻에 관련시키는 것에 대해 말한다. "나라가 임하시오며"라고 기도하는 것은 "뜻이 하늘에서 이루어진 것같이 땅에서도 이루어지도록" 기도하는 것이다. 전자는 반드시 후자를 낳아야 한다.[6]

그래서 예수님이 하나님의 통치의 도래를 선포하셨을 때, 동시대 사람들은 그 용어에 충격을 받은 것이 아니다. 그 통치가 **지금 그들 가운데 여기에 임했다**는 그분의 주장과 그 통치가 아직 이 세상의 나라, 곧 죄, 억압, 가난, 폭력, 고통, 사망의 옛 질서를 제거하지 못했다는 사실에 충격을 받았다. 그래서 예수님의 비유는 하나님의 통치를 작게 시작하지만, 신비하고 불가해한 방식으로 엄청나게 크게 자라는 것들, 또 감추어져 있지만 대단히 귀해서 갖고 있는 모든 재산을 팔아 얻고 싶은 것들, 하나님 자신이 마지막 심판을 하실 때까지 인류를 체로 쳐서 나누는 과정, 권력과 부와 업적이 아니라 어린아이와 같은 겸손과 섬김으로 들어가야 하는 무엇에 비유했다. 하나님의 나라는 세상(과 이 세상의 나라들)을 근본적으로 뒤집어엎을 것이다. 더 정확히 말하면, 원래의 상태로 되돌릴 것이다.

그러나 요점은 하나님의 통치가 분명히 도래했다는 것이었다. 하나님의 통치는 시작되었다. 그것은 사람들 가운데 있으며 그곳에서 역사하고 있다고 예수님은 말씀하셨다. 그것은 그들에게 그들이 놓치지 말아야 하는 기회를 제공했다. 또 그것은 그들에게 회피할 수 없는 요구, 곧 그들이 성경과 구약 신앙의 뿌리 깊은 도덕으로부터 이미 알고 있었던 요구를 했다.…

하나님 나라의 주된 특징 중 하나는 이미 구약으로부터 **극히 중요한 윤리적** 내용을 갖고 있었다는 것이다. 하나님의 나라는 이미 율법서와 예언서에 [기록된] 광범위한 윤리적 가치, 우선 사항과 요구들로 가득 차 있었다. 야웨 하나님이 통치하러 오셨다면, 성경은 하나님의 백성과 세상에 그것이 무엇을 의미하는지 이미 분명하게 보여 주었다.

왕 되신 하나님의 다스림을 받는 하나님의 백성에게 요구된 반응은 아주 분명했다. 하나님이 그분의 통치를 확립하실 때 그것이 세상에 무엇을 의미하는지도 분명했다. 예수님의 메시지가 지닌 역동적인 힘은 하나님의 나라가 **의미하는 내용**에 있었던 것이 아니라 **그 나라가 임했다는 사실**에 있었다. 예수님이 선포하신 복음은 실제 현실에 대한 좋은 소식이었다. 하나님의 나라에 대한 좋은 소식이었다. 적어도 회개하는 마음과 철저하게 새로운 삶을 살 각오로 그것을 받아들일 준비가 된 자들에게는 좋은 소식이었다.[7]

그래서 예수님이 처음에 그분을 따르는 제자로 부르신 자들은 가이사와 로마의 나라를 자랑한 정치적 세계에서, 그런 지배적인 나라로부터 최소한 강압적 권력을 차용한 종교적 세계에서 하나님 나라의 시민으로 살면서 직면하는 도전과 잠재적 대가를 알았다.

그들의 주인이신 예수님이 가르치신 대로 하나님의 통치 아래 산다는 것은 그들에게 반대되는 여러 방안들을 거부하는 것을 의미했다. 많은 동시대 사람들이 그런 방안을 선택해서 살더라도 말이다.

한편으로, 그것은 로마의 정치 권력 및 부와 결탁하기(우리가 우익 옵션이라고 부를 수 있는 것)를 거부하는 것을 의미했다. 하지만 사두개인들은 세속적인 길을 선택했다. 그들은 나사렛 예수의 존재가 로마와 타협해 사는 자신들에게 위협이 된다고 성토했다. 나중에 물론 바울과 베드로는 로마제국에서 사는 것 외에 다른 대안이 없는 예수님의 추종자들에게 훌륭한 시민이 되어 세금을 내고 황제를 공경하라고 말했다. 그것은 여전히 인간 정부와 관련해서 그리스도인이 지켜야 하는 윤리적 의무다. 그러나 예수님의 추종자들이 사두개인들처럼 자신들의 종교적 이익과 특권을 보호하기 위해 부패하고 탐욕스러운 정권을 찬양하고 정당화하고 결탁하려는 유혹을 받아서 하나님 나라의 가치와 예수님의 가르침을 저버릴 정도가 되었을 때, 우상숭배가 은밀히 퍼져 나가기 시작한다.

다른 한편으로, 예수님의 제자들에게 하나님의 나라는 로마와 결탁하는 것에 대한 다른 급진적 방안(우리가 좌익 옵션이라고 부를 수 있는 것)을 거부하는 것을 의미했다. 이 방안들은 종교적일 수도 있고(광야로 물러나 분리주의적인 종류의 종말론적 순결을 추구한 에세네파와 같이) 혁명적일 수도 있다(억압당하는 가난한 자들을 위해 로마 점령군과 폭력적인 게릴라 전쟁을 벌인 열심당원과 같이). 결탁, 철수, 폭력, 이런 것들은 예수님이 과거나 현재나 그분을 따르는 자들에게 추천하시는 방안이 아니다.

오히려 그들은 예수님 자신이 가르치시고 모범을 보여 주신 대로, 그들이 어쩔 수 없이 가이사의 나라에 살더라도 **하나님** 나라의 가치를 실천하도록 부름받았다. 그들은 "세상에 있으나 세상에 속하지 않아야" 했다(요일 2:15을 보라). 그런 행위는 예수님 자신이 행하신 것들과 그들에게 하라고 말씀하신 것들을 포함했다. 예를 들면, 사회적 장벽을 무너뜨리기, 용서하기 어려운 사람을 용서하고 사회가 멸시하는 사람들과 함께 식사하기, 빚을 탕감해 주기, 반대편 뺨을 돌려 대기, 가난한 자와 외부인에게 관용을 베풀기, 원수 사랑하기, 버림받은 사람을 환영하기 등이다. 이런 일들은 그 당시 유대인과 로마인의 기존 질서, 사회적 경계, 종교적 규칙을 근본적으로 전복시키는 것이었다. 그리스도의 제자들은 헤롯이나 가이사가 아니라 예수님과 그분의 나라에 의해 형성된 완전히 다른 사회생활 방식으로 부름받았다.[8]

그것은 우리에게 무엇을 의미하는가? 우리는 예수님이 가르치시고 모범을 보여 주신 하나님의 나라(여기에는 고난과 죽음의 방식이 포함된다)와 기독교 왕국적 사고방식의 차이를 분명히 인식해야 한다. 역사적으로 크리스텐덤으로 알려진 시대는 콘스탄티누스 황제의 '회심'과, 기독교를 로마제국의 합법적인 종교로 만든 밀란 칙령(주후 313년)으로 시작되었다. 마침내 그리스도인들이 로마제국의 과시적 장식물, 지위 상징, 문화의 일부를 물려받기 시작했다. 기독교가 약 3세기 동안 박해를 받는 공동체에서 다음 13세기가량 유럽 전역에서 종교정치적 권력을 휘둘러 박해를 하는 세력으로 얼마나 빠르게 변했는지 놀라울 뿐이다. 한편으로 '기독교 종교'와 막대한 부와 권력을 가진 교회(그것은 그리스도와 사도들의 가르침 및 모범과 매우 다르다) 간에, 또 다른 한편으로 종교적 권력과 세속적 권력, 고위 성직자들과 군주들 간에 성스럽지 못한 동맹이 생겨났다. 국가 권력이 기독교의 이익을 증진하고 보호하는 일이 자연스럽고, 심지어는 섭리적인 것처럼 보인 반면에, 기독교가 국가의 일을 정당화해 주기를 기대하기도 했다. 불행하게도, 그런 보호를 받은 대가로 기독교는 스스로 부패했다. 그뿐만 아니라 탐욕, 야심, 부도덕, 끝없는 갈등, 타락하고 사악한 인간이 만든 권력 구조의 특유한 폭력에 연루되고, 또 사람들은 그런 권력 구조를 자신들의 부와 이익을 위해 사용했다. 세계(또는 적어도 한 대륙)을 얻으면서, 우리는 우리 자신의 영혼을 잃었다.[9]

가이사가 아니라 예수님이 주님이라고 선언할 때, 우리는 우리가 콘스탄티누스의 예수님이 아니라 십자가의 예수님을 따르라는 부름을 받았음을 인정하는 것이다.

유럽 '기독교 왕국'은 종교 전쟁들로 기진맥진하고 계몽운동의 영향으로 세속화되면서 끝났다. 그러나 기독교 왕국적 사고방식은 여전히 살아남아 있다. 우주의 보좌에는 오직 한 분 구세주와 주가 계신다는 성경의 주장을 무시하고 행동하는 기이한 상상력이 여전히 살아남아 있다. 그것은 그리스도인들이 세상을 구할 수 있는 최선의 방법은 그리스도인들이 세상, 또는 최소한 세상의 그 부분을 통치하는 것이며, 우리는 그리스도인들이 정부의 권좌에 앉아서 통치하는 현실적인 소망을 품을 수 있다고 주장한다. 또 구약이 우리에게 모든 정치 권력은 제멋대로 행동하고 우상숭배와 함께 불의를 저지르면서 계속 하락한다고 가르치는 교훈을 무시하고 행동하는 기이한 기대가 여전히 살아남아 있다. 그것은 그리스도인이 대통령이나 총리가 되면 어떻게 해서라도 정치 구조 전체에 스며들어 있는 타락성을 제거하고 바로잡을 것이라고 기대한다. 하지만 그런 이상은 수 세기 동안 사리사욕, 집단에 대한 충성과 특권에 의해 서서히 약화되었다.[10]

이것은 그리스도인들이 정치적 영역에 관여하지 않아야 한다는 말이 아니다. 완전히 물러나는 방식은 타당한 성경적 방안이 아니다. 다음 장에서 살펴보겠지만, 그리스도인이 정치적 영역에서 감당할 수 있는 타당하고 고결한 소명이 있다. 그 소명은 정치적 영역에 관여하지만 구별되어 소금과 빛의 역할을 하는 것이다. 나는 영국 의회에 많은 그리스도인 의원들이 있어 하나님께 감사한다. 내가 문제 삼는 부분은 그리스도인이 정치에 **참여**하는 것이 아니라 그리스도인이 정치적 영역에서 **패권**을 추구해야 한다는 생각이다. 그것은 그리스도인이 입법적, 사법적, 또는 강압적 권력을 갖게 되면 정치적 수단으로 복음의 진보를 이루거나 하나님의 나라를 건설할 수 있다고 믿는다. 하지만 나는 특히 그런 권력을 획득하기 위해, 그 시대의 정치적 영역을 지배하는 거짓 신들이 무엇이든 우리가 우리의 진실성을 희생시켜서는 안된다고 생각한다.

이 기독교 왕국적 사고방식은 '우리 사람을 백악관'에 들여보내서 하나님의 나라를 발전시킬 수 있다고 상상한다. 이 말은 미국 대통령 선거가 끝나고 며칠 지나서 미국에 도착한 나에게 가까운 미국인 친구가 한 것이다. 그녀는 계속해서 아주 기뻐하며, "그는 대통령 집무실에서 기도 모임을 해요"라고 말했다. 나는 아모스 예언자를 떠올리지 않을 수 없었다(하지만 나는 예의상 큰소리로 말할 수는 없었다). 아마 여로보암왕 2세도 궁전에서 기도 모임을 가졌을 것이다. 분명히 종교적 예배가 그 나라 전체에서 넘쳐나고 있었다. 그러나 아모스는 하나님은 정부나 다른 사람이 하는 종교적 고백이 아니라 공적 도덕에 관심을 가지신다고 말했다. 하나님은 성전이나 궁전이 아니라 일반 사회에서 일어나고 있는 일에 주목하신다. 아모스에 따르면, 하나님의 의로운 눈은 부와 후원의 권력 아래 부패한 법정, 심각한 사회적 불평등, 부자들의 지나친 사치, 인간성을 파괴하는 엄청난 빚과 가난, 재산을 빼앗긴 가난한 자들의 고통, 개인적 이익을 위해 교묘히 조작되는 경제 시스템, 진실 및 정직과의 전쟁을 보고 계셨다. 오늘날의 세상에서 하나님은 그분의 시선을 옮기셨을까? 아모스는 이렇게 말할 것이다. 하나님께 중요한 것은 대통령이 기도 가운데 하는 말이 아니라 그의 정부가 실제로 하는 일이며, 하나님의 말씀이 정치 권력을 위임받은 자들의 책임이라고 명시한 정의와 동정의 기준에 그 일이 얼마나 부합하는가이다.

더불어 나는 공정한 평가를 위해 영국에서 일어난 비슷한 불일치 사례를 들어 요점을 설명해 보겠다. 최근 물러난 영국 총리는 목사의 딸로 지역 성공회 교회에 정기적으로 출석하는 신실한 사람으로 잘 알려져 있었다. 그러나 이전에 내무 장관으로 재직할 당시, 그녀는 브렉시트 국민투표와 그 결과에 큰 영향을 끼친 반(反)이민 여론이 들끓고 있는 가운데(사실 그것이 국민투표를 하게 만든 주된 요인이었다) 불법 이민자들에게 "적대적인 환경"(이 말은 그녀가 직접 한 것이다)을 만들어 내는 정책을 실행했다. 불행하게도, 그 정책은 주로 카리브해 지역에서 온 수많은 사람들을 붙잡는 적대적인 그물이 되었다. 그들은 제2차 세계대전 후에 영국의 심각한 노동력 부족을 해결하기 위해 영국 정부의 초청을 받아 부모와 함께 온 자녀들로서 완전히 합법적으로 영국에 온 사람들이었다.[11] 그들은 평생 영국에 살면서 일을 했는데, 갑자기 여러 증명서를 제시하지 못할 경우 불법 체류자로 간주되었다. 내무 장관으로서 그녀는, 이 공동체의 많은 사람들을 부당하게 구금하고, 그들의 법적 권리를 부인하며 병원에서 중병 치료를 받을 수 있는 자격을 부인하고, 그 결과 그들이 일자리와 집을 잃고, 빈곤에 빠지고, 또 어떤 경우에는 부당하게 강제 추방을 당하게 만드는 내무부 정책에 책임이 있었다. 이 중 많은 이들이 노인과 취약한 사람들이었다. 따라서 그들의 고통은 엄청나고 수치스러울 정도였으며(많은 경우에 아직도 그렇다), 또 그들의 노동력이 필요했을 때는 그들을 환영했던 국가의 적대적인 권력에 의해 전적으로 야기된 것이었다. 다시 하나님 나라의 성경적 기준에 비추어 보건대, 그리스도인 정치인들의 정치 활동이 영국 문화의 역사적 인종차별에 의해 이미 상처 입은 사람들의 삶에 치욕적인 고통을 가하고 있다면, 그들의 신앙고백과 교회 출석이 도대체 어떤 의미가 있는 것인지 물어야 한다.

평범한 시민인 우리, 공직자가 될 운명이 아닌 우리 대부분, 그러나 투표로 정치적 영향력을 행사할 수 있는(적어도 민주주의 국가에서 살아가는) 우리 모두는 어떤가?

우리는 우리의 충성심을 재검토해야 한다. 우리의 정치적 견해, 우리의 선택과 지지를 구약과 예수님과 사도들의 가르침에 계시된 하나님 나라의 기준에 복종시켜 왔는지 물어야 한다. 아니면 어떻게든 그리스도의 대의에 도움이 될 수 있다는 희망을 가지고 우리가 부패하고 부도덕한 정치 권력과 결탁해 그들을 칭송하고 지지하고 있는 것은 아닌지 물어야 한다.

물론 그것은 결코 쉽게 할 수 있는 단순한 일이 아니다. (영국처럼) 대의적 의회 체제든 아니면 (미국처럼) 입헌적 대통령 체제든, 우리의 선택은 단지 한 **사람**과 또 다른 사람 중에 하나를 선택하는 것이 결코 아니다. 거기에 더해 우리는 한 **정당**과 또 다른 정당 중에 하나를 선택해야 한다. 모름지기 정당은 우리가 평가하는 테이블 위에 온갖 정책, 입장, 목표를 제공한다. 적어도 영국의 관점에서 말하건대(우리 정치는 미국보다 양당 간 양극화가 훨씬 덜하다), 그리스도인 투표자가 어떤 한 정당의 모든 정책이나 입장에 동의하는 경우는 설령 있다 해도 극히 드물다. 그래서 사회적 영역에서 주요한 성경적 가치와 적어도 부분적으로 일치하거나 양립 가능한 것이 있는지 여부에 대해, 불가피하게 동의하지 않는 측면들을 감안하고, 특정 정당과 정치 프로그램의 전반적인 취지나 균형을 평가한 후 그것에 근거해서 선택을 해야 한다. 물론 그렇게 하기 위해서 우리는 우리가 열정적인 관심을 갖고 있는 도덕적 문제들이 성경이나 예수님이 우선시하는 것들과 완전히 동일하다고 추정하기보다, **성경의 윤리적 우선 사항이 실제로 무엇인지** 생각해야 한다. 우리의 도덕적 분쟁 지대가 도덕적 사각 지대를 감추기가 너무 쉽다.

예를 들어, 성경이 우리의 타락하고 무질서한 인간 성생활이 나타내는 많은 부도덕한 형태를 비난하는 것은 확실하다. 또 현대 후기 서양 사회에서 범람하고 있는 혼란스럽고 무질서한 성적 태도와 행위가 하나님을 불쾌하게 하고, 성경에 반하며, 인간의 안정과 복지에, 특히 어린이들에게 엄청나게 파괴적인 영향을 끼치는 것도 확실하다. 사회적·교회적·정치적 영역에서 직면해야 할 주요한 도덕적 문제들이 있는 것은 분명하다.

그러나 성경이 성적 부정행위보다 사회적·경제적 악을 비난하는 데 훨씬 더 많은 비중을 두고 있음도 마찬가지로 확실하다. 그 점은 통계적으로 대단히 분명하다. 감당할 수 없는 채무, 가난, 강탈의 모욕적인 고통, 노동자들에 대한 착취, 집 없고 가족 없고 땅 없는 자들과 장애인들에 대한 냉대, 과부, 고아, 외국인들의 취약성, 이 모든 것들이 율법서와 예언서와 지혜서에 크게 자주 나타난다.[12] 많은 시편들은, **적어도 시편 기자가 마음을 쓰는 만큼 하나님 자신이 그런 일들에 마음을 쓰셔야 한다**는 가정 아래(이 가정은 그들이 토라에 계시된 하나님의 성품과 우선적 관심사에 대해 잘 알고 있음을 암시한다) 하나님께 부르짖으면서 그런 악들을 영속시키는 부자와 권력자들을 비난한다.

그러나 **우리**는 마음을 쓰는가? 즉, 우리는 누구에게 투표를 할 것인지 정치적 결정을 내릴 때 그 점에 마음을 쓰는가? 아니면 우리는 정치적 영역에 속한 도덕적 문제의 범주에서 그것이 성경이 평가하는 정치적 책임에서 상당히 높은 도덕적 우선순위를 차지하고 있음에도, 그것이 야기하는 가난과 고통의 문제를 어떻든 제거해 버렸는가? 우리는 일반적으로 종교적 신앙에 대한, 특히 공공연한 기독교 신앙에 대한 사회적·정치적 불관용이 증가하고 있는 현실에 직면하여, 그리스도인과 교회와 기관들을 법적으로 보호하거나 사회적으로 유리하게 해 주리라고 믿는 사람에게 투표하는 것이 우리의 의무라고 생각할지 모른다. 서양 국가들에서 기독교 신앙을 공적으로 표현하는 것에 대해 세속적인 반감과 불관용이 증가하고 있으며, 그와 함께 기독교적 도덕

양심에 근거한 선택과 행동을 비난하고, 때때로 직장에서 인정사정 볼 것 없이 쫓아내는 일도 벌어지고 있는 것이 사실이기 때문이다.

하지만 우리 그리스도인들의 권리를 보호하리라고 기대하는 사람이나 정당이 이미 부자들에게 유리하고 이미 가난한 자들의 여러 불리한 점들을 가중시킬 경제적·재정적 정책을 제안한다면(또는 이미 그런 정책을 추구한 사례가 있다면), 우리는 잠시 멈추어 우리가 지지하는 정치적 우선 사항에 대해 성경적 성찰을 시도해야 하지 않는가? 예수님은 사회에서 가장 가난한 자들을 돌보는 일과 비교해서 그리스도인으로 우리 자신의 권리와 시민적 지위를 보호하는 일의 상대적 중요성에 대해 뭐라고 말씀하시거나 생각하시겠는가? 언제부터, 어쨌든 그리스도인으로 살면서 예수 그리스도에 대한 우리의 충성을 신실하게 나타내는 말과 행위로 복음의 진리를 증거하는 우리의 소명과 선교가 우호적인 국가 당국과 유리한 법적·정치적 환경에 **의존하게** 되었는가? 그것은 분명히 로마제국 아래 있던 신약 교회가 취한 방식이 아니었다. 또 그것은 분명히 오늘날 대다수 세계 그리스도인들이 취하는 입장이 아니다.

그래서 우리의 투표 행위가 지닌 도덕적·신학적 도전에 대해 생각할 때, 우리는 두 악 중에서 좀더 나은 쪽을 선택해야 하는 유명한 윤리적 딜레마로 끝날 수도 있다. 미국과 영국에서 최근 실시된 선거에서 그리스도인 투표자들은 여러 가지로 심각한 결함을 가지고 있던(가지고 있는) 후보자들 중에서 한 명을 선택해야 하는 문제에 직면했었다. 그것은 공직 후보자가 우리와 같은 타락한 죄인이라는 의미가 아니다. 습관적인 거짓말, 난잡한 성행위, 오만한 자아도취 등 여러 면에서 심히 부도덕하거나, 우리가 성경적으로 도저히 용납할 수 없는 정치적·사회적 태도를 지녔다는 말이다. 그렇다면 어떻게 해야 하는가?

우리는 많이 생각하고 깊이 기도해야 한다. 우리가 항상 지지했던 정당에 충성하는 마음으로 단순히 행동하지 않으려고 최선을 다하면서, 그런 "두 악"을 똑바로 쳐다보고 어느 편이 하나님 나라의 성경적 기준에 비추어 더 나을 가능성이 있는지 결정해야 한다. 우리는 우리가 좋게 생각하는 것이나 사람이 아니라 우리가 모든 것을 고려하여 덜 나쁘게 생각하는 것이나 사람을 위해 투표하기로 선택할 수 있다. 그것은 고통스럽고 마지못해 하는 선택이 될 수 있다. 그러나 그렇게 하고 나서 우리는 우리의 양심과 주 하나님 앞에서 그것이 정당하다고 느낄 수 있다.

내가 보기에 정당화할 수 없는 것은, 덜 나쁜 대안이 선거에 이겨서 어떤 의미에서 하나님의 주권적 통치 아래 일시적인 권력을 부여받는 국가 권세를 차지할 경우에, 그들에게 칭송과 승인의 찬사를 퍼부으려는 유혹이다. 그 결과, 성경적 기준에 비추어 볼 때 분명한 그들의 도덕적 타락이 간과되거나 감추어진다. 하나님은 역사에서 이루시고자 하는 그분의 주권적 목적을 위해 악한 사람들을 사용하실 수 있다. 성경에는 그런 예들이 많다. 하지만 그렇다고 해서 그들의 악이 무죄가 되는 것은 아니다. 우리가 그들을 크게 칭찬할 수 있는 것도 아니다.

하지만 우리가 예언자들의 본을 따라 부도덕한 통치자들을 칭찬하기보다 공정하게 비난한다면(사악한 통치자들을 칭찬하고 좋아하는 것은 거짓 예언자의 전형적인 표시였다), 우리는 동시에 우리 주위 문화와 구별할 수 없는 삶을 사는 위선을 피해야 한다. 하나님 나라에서 그 나라를 위해 사는 것은 이 세상 나라와 다른 삶을 사는 것을 의미한다.

8장
격동의 시대에 예수님을 따르는 삶

거룩한 삶을 살라는 요구는 구약 이스라엘과 초기 기독교 신자들만큼 (예를 들어, 베드로전서) 오늘날 우리에게도 여전히 커다란 도전이다. 그것은 결국 우리가 **달라야** 한다는 의미다. 예수님을 따르는 자들은 그분이 구별되신 만큼 구별되어야 한다.

우리는 하나님의 빛을 발하는 구별된 사람이 되어야 한다

우리는 지금 변화가 심할 뿐만 아니라(변화는 언제나 심했다) **거짓말**(이른바 탈진실 문화)이 만연한 정치적 시대에 살고 있다. 하루 종일 명백한 거짓말, 과장, 근거 없는 자랑, 모순된 주장이 펼쳐지다가 다음날 바로 철회되었다. 비극적으로 이런 일이 백악관에서 당연시되었다. 영국에서 벌어진 브렉시트 국민투표 캠페인과 뒤이어 전개된 정치 과정 전체는 대중의 거짓된 행동으로 점철되었고, 책임질 필요가 없는 소셜미디어의 힘을 통해 확대되었다. 거기에는 부풀려진 비현실적인 약속들이 난무했다. 이 약속들은 명백히 잘못된 통계에 근거했고, 잘못으로 입증되었을 때에도 결코 철회되지 않았다. 사회적 문제들에 대해 원인 제공을 하기는커녕 피해를 입은 약하고 가난한 자들을 가차 없이 악마로 만들고 비난했다. 정치인들과 선정적인 타블로이드 신문이 노골적인 인종차별과 외국인 혐오를 부추겼다. 이 모든 일들이 고위직에서 널리 만연한 부패, 정실주의, 개인 축재, 어두움을 배경으로 해서 이루어졌다. 이런 일 모두는, 틀림없이, 바울이 에베소서 6장에서 우리에게 경고하는 악한 영적 권세에 포함될 것이다.

신약 시대의 로마제국과 같은 세상에서, 예수님은 그분의 추종자들에게 소금과 빛이 될 것을 요구하신다. 그것은 예수님이 산상수훈에서 언급하신 강력한 비유다(마 5:13-16). 빛과 소금은 주위를 변화시키는 영향력을 갖고 있다. 빛은 어두움을 몰아낸다. 소금은 부패를 막는다. 예수님은 그분의 추종자들에게 그들이 위치한 사회 속으로 들어가 전혀 다른 구별된 삶을 살면서 큰 영향력을 행사하라고 도전하셨다.

"너희는 세상의 빛이라"고 예수님은 말씀하신다(마 5:14). 예수님은 그런 광범위한 진술로 도대체 무슨 말씀을 하신 것인가? 예수님은 그분의 제자들이 무지와 죄의 어두움 가운데 있는 사람들을 빛으로 인도할 복음의 진리를 선포하는 자가 되리라는 뜻으로 말씀하신 것인가? 물론 예수님은 사도적 선교의 전체 과제 가운데 그 일을 포함시키셨을 것이다. 바울 역시 고린도후서 4:4-6에서 동일한 비유를 사용해 그렇게 설명한 바 있다. 그러나 다시 예수님이 빛의 의미를 설명하실 때 실제로 강조하시는 것이 무엇인지 살펴보라. "이같이 너희 빛이 사람 앞에 비치게 하여 그들로 **너희 착한 행실**을 보고 하늘에 계신 너희 아버지께 영광을 돌리게 하라"(마 5:16, 저자 강조). 예수님이 빛에 대해 말씀하실 때, 그분은 선, 자비, 사랑, 동정, 정의, 착한 행실에 해당할 수 있는 그 밖에 다른 것으로 가득 차 있는 매력적인 *삶*에 대해 이야기하신다.[1]

예수님은 여기서 늘 그렇듯이 강력한 구약 전승에 의지하고 계신다. 하나님은 이스라엘을 열방의 빛이 되도록 부르셨으며, 거기에는 그들의 사회적 공동체의 특성이 포함되었다. 비유로서 빛은 강한 윤리적·사회적 의미를 지녔다. 예를 들어, 이사야는 빛과 의를 결합시킨다. 빛은 동정과 정의에 헌신한 사람들에게서 나온다. 이사야는 계속해서 그런 빛이 하나님의 백성 가운데 계신 하나님의 임재와 영광의 빛을 반사하기 때문에 열방을 끌어들일 것이라고 말한다. 하나님의 빛으로 먼저 변화된 하나님의 백성 가운데 빛나는 하나님의 빛은 선교적으로 매력적이다(사 60:1-3). 그 빛은 사람들이 살아 계신 하나님께 영광을 돌리게 할 것이다. 그것이 바로 예수님이 말씀하시는 것 아닌가?

내가 기뻐하는 금식은
흉악의 결박을 풀어 주며
  멍에의 줄을 끌러 주며
압제 당하는 자를 자유하게 하며
  모든 멍에를 꺾는 것이 아니겠느냐.
또 주린 자에게 네 양식을 나누어 주며
  유리하는 빈민을 집에 들이며

헐벗은 자를 보면 입히며

또 네 골육을 피하여 스스로 숨지 아니하는 것이 아니겠느냐.

그리하면 **네 빛**이 새벽같이 비칠 것이며

네 치유가 급속할 것이며

네 공의가 네 앞에 행하고…

주린 자에게 네 심정이 동하며

괴로워하는 자의 심정을 만족하게 하면

네 빛이 흑암 중에서 떠올라

네 어둠이 낮과 같이 될 것이며. (사 58:6-8, 10, 저자 강조)

다시 말해, 구약에서 하나님은 이스라엘에 동정과 정의에 대한 하나님 자신의 헌신을 반영하고 구현하는 방식으로, 실제적이고 현실적으로 동정과 정의를 실천하는 일에 힘쓰는 백성이 되라고 명령하셨다. 예수님은 제자들에게 그 명령을 지지하셨으며(그 명령을 근본적으로 심화시키셨다), 지상대위임령에서 그 명령을 새로운 제자들에게 가르치라고 명령하셨다("내가 너희에게 분부한 모든 것을 가르쳐 지키게 하라", 마 28:20). 그들은 제자 공동체로 생활하거나 제자 삼는 활동을 하면서, 가난한 자들을 돌보시고 과부와 고아의 송사를 변호하시는 하나님의 성품을 나타내야 한다. 사도행전과 바울의 서신 및 행동이 분명히 보여 주는 대로, 그들은 그렇게 처신했다.

소금과 빛이라는 두 비유는 대조와 구별됨을 말한다. 앞에서 언급한 대로, 소금은 주로 고기나 생선의 부패를 막는 데 사용된 반면에, 작은 기름등은 어두운 방이나 거리를 밝히는 데 사용되었다. 우리가 예수님의 비유가 지닌 예리한 점을 찾아본다면 그것은 예수님의 진술이 두 가지 가정을 한다는 점이다. (1) 우리 주위 세상은 부패하고 어둡다. (2) 예수님을 따르는 자들은 그들 주위의 세상을 변화시킬 수 있는 능력을 지닌다. 소금과 빛이 그것들이 사용되는 환경을 변화시키는 것과 마찬가지다.

계속해서 예수님의 비유가 지닌 의미를 끌어내면, 우리는 다음과 같이 말할 수 있다. 그리스도인으로서 우리는 (1) 사회에서 물러나는 것이 아니라 그 사회에 **침투해야** 한다. 다시 말해, 직장과 정치적 영역을 포함해서 모든 공공 영역에 온전히 참여해야 한다. (2) 사회 내에서 우리의 구별됨을 유지해야 한다. 침투하되 구별됨을 유지하는 것이 소금과 빛으로, 세상 속에 있는 그리스도인의 소명이다. 예수님은 우리가 세상에(in) 있지만 세상에(of) 속하지 않아야 한다고 말씀하셨다. 즉 세상은 우리를 소유하지 못한다. 우리는 오직 우리의 주인 한 분께만 속한다. 우리는 다르다.[2]

존 스토트는 이 점을 다음과 같이 매우 강력하게 주장하기를 선호했다.[3]

- 바깥에 그대로 놓여 있는 고기가 상해 갈 때, 고기를 탓해도 소용이 없다. 그것은 자연 상태에서 일어나는 일이다. 즉 박테리아의 부패가 시작된다. 물어야 할 질문은 '소금이 어디에 있었느냐?' 하는 것이다.
- 저녁에 방이 어두워지면, 방을 탓해도 소용이 없다. 그것은 해가 질 때 일어나는 일이다. 물어야 할 질문은 '등(램프)이 어디에 있는가?' 하는 것이다.

- 사회가 부패하고 타락하고 악해져 가면, 단지 사회를 탓해도 소용이 없다. 그것은 그대로 방치된 타락한 죄인들로 가득한 세상에서 일어나는 일이다. 물어야 할 질문은 '그리스도인들이 어디에 있는가?' 하는 것이다.

그러나 진정한 차이가 없다면, 즉 그리스도인들이 주위 사람들 및 문화와 실제적으로 다르지 않다면 우리는 그 문제의 일부가 되고 만다. 그래서 사회의 분열과 악화에 기여하는 존재가 된다. 그리스도인들이 세상의 견지에서 볼 때 다른 사람들만큼 나쁘면("그리고 자신을 그리스도인이라고 말한다면!"), 그들은 자연스레 우리 기독교 신앙의 본질에 대해 심각한 의문을 불러일으킨다.

교회가 성적 학대의 추문으로 흔들리거나, 일부 유명 설교자들의 터무니없이 과도한 부로 대중의 웃음거리가 될 때, 복음주의가 미국 내에서 획득한 위험한 정치적 유대 관계 때문에 전 세계 많은 그리스도인 형제자매들이 복음주의라는 말조차 거부할 때, 교회는 신뢰성과 진정성의 거대한 문제에 직면한다.

이제 2010년 10월 세계복음화 제3차 로잔대회에서 발표한 케이프타운 서약이 이 도전을 어떻게 표현하는지 살펴보자. 이 책에서 다루는 주제와 관련해서 케이프타운 서약이 우상숭배의 근본 문제를 어떻게 분별하는지 주목해 보라.

하나님의 백성은 주님의 길을 따라 걷거나, 다른 신들의 길을 따라 걷는다. 성경은 하나님의 가장 큰 문제가 이 세상의 열방들에 있는 것이 아니라. 그분이 창조하고 열방의 복의 통로로 부르신 백성들에게 있다는 것을 보여 준다. 선교를 성취하는 데 가장 큰 장애물은 하나님 백성들의 우상숭배다. 왜냐하면, 우리가 열방들로 하여금 유일하게 참되고 살아 계신 하나님을 예배하게 하도록 부르심을 받았는데, 우리 자신이 주변 사람들의 거짓 신들을 따른다면, 우리는 비참하게 실패하는 것이기 때문이다.

기독교 이전의 종교적 관습으로의 회귀와 다른 인종들에 대한 태도, 소비주의적인 삶의 방식이나 사회적 편견과 같은 것에서 아무런 차이가 없다면, 세상은 우리의 기독교에 과연 그 어떤 차별성이 있는지 즉각 의문을 품을 것이다. 이럴 때 우리의 메시지는 우리를 바라보고 있는 세상에 어떤 진정성도 제시하지 못할 것이다.

   A. 우리는 모든 문화에 속한 하나님의 백성으로서 의식적으로나 무의식적으로 주변 문화의 우상들에 사로잡힐 수 있다는 사실을 기억하고 서로에게 도전한다. 거짓된 신들과 그들의 존재를 확인하고 폭로하기 위한 예언자적 분별력을 위해 기도하고, 주 예수의 이름과 권세로 회개하고 우상숭배를 버릴 수 있는 용기를 위해 기도한다.

   B. 성경적 삶이 없는 성경적 선교는 있을 수 없으므로, 우리는 긴급히 재헌신한다. 그리고 그리스도의 이름을 고백하는 모든 이들이 세상의 방식들과는 근본적으로 구별된 삶을 살고, "하나님을 따라 의와 진리의 거룩함으로 지으심을 받은 새 사람을 입으라"고 도전한다.[4]

우리는 하나님의 보좌에 호소하는 기도하는 백성이 되어야 한다

예수님을 따르는 자들은 예수님처럼 기도의 백성이 되어야 한다. 예수님은 그분의 첫 추종자들이 **예수님처럼** 기도하는 법을 가르쳐 달라고 요청할 만큼 기도하셨다(그들은 이미 집과 회당에서 습관적으로 기도하는 백성이었다).

그래서 예수님은 그들에게 주기도문을 가르쳐 주셨다. 우리는 그 기도가 지닌 도전적인 정치적 의미에 대해 별 생각 없이 태평스럽게 반복한다.[5]

우리는 "하늘에 계신 우리 아버지"로 시작한다. 이 몇 마디 말에서 우리는 높은 보좌, 곧 다니엘이 그분을 부른 대로 하늘의 하나님, "땅의 임금들의 머리"(계 1:5)가 계심을 즉시 인정한다. 기도는 정치적 행위다. 그것은 황제, 왕, 대통령, 총리, 국회, 대법원 등 국가의 권위보다 더 높은 권위에 호소하기 때문이다. 사람들이 주기도문의 첫 단어들을 사용해 기도할 때, 그들은 그런 인간적 권위 **모두**에 대해 "여러분들 위에 계신 분이 있소"라고 사실상 말하는 것이다. 그것은 정치적 관점의 행위다. 그것은 모든 인간적 권위를 상대적 위치에, 즉 하늘에 계신 하나님의 통치 권위 아래 있는 위치에 제대로 놓는다.

그다음에 우리는 계속해서 "나라가 임하시오며 뜻이 하늘에서 이루어진 것같이 땅에서도 이루어지이다"라고 말한다. 그것은 엄청나게 놀라운 기도다! 우리는 하나님의 **통치**와 하나님의 **뜻**이, 단지 하늘에서가 아니라, 단지 막연한 미래의 어느 시점에서가 아니라 땅에서 이루어지기를 요청하고 있는 것이다. 우리는 그 의미를 이해하는가? 우리는 그런 의미로 기도하는가? 우리가 그런 의미로 기도한다면, 우리는 시민과 투표자로서 우리의 정치적 의견, 방안, 결정을 선택할 때 그 기도와 관련해 행동하는가? 주기도문으로 진지하게 기도하는 것은 적어도 정치적 영역에서 심사숙고하고 의사결정을 내리는 일을 포함해야 한다. 우리는 앞에서 하나님 나라의 시민으로 사는 것이 무엇을 의미하는지 살펴보면서 그 점에 대해 간략하게 논의한 바 있다.

예를 들어, 그것은 하나님의 **나라**가 성경에서 실제로 무엇을 의미하고 요구하는지 (그리고 우리가 기도하는 대로 그 나라가 임한다면 무엇을 기대할 수 있는지) 알기 위해 우리가 성경을 연구해야 한다는 의미다. 마찬가지로 우리는 사회적·경제적·정치적 상황을 다루는 여러 성경 본문들로부터, 성경에 따르면 그런 영역들에서 이루어져야 할 하나님의 **뜻**이 무엇인지 (그리고 우리가 기도하는 대로 그 뜻이 이루어진다는 것이 무엇을 의미하는지) 분별하려고 노력해야 한다. 내가 강조하는 요점은, 예수님의 그 기도를 현명하고 진실하게 기도하려면 (예수님과 그분의 첫 제자들이 성경을 잘 알았던 것처럼) 우리가 성경을 충분히 잘 알아야 한다는 것이다. 그래서 사회적·경제적·정치적 삶과 관련해, 또 일과 고용, 시장, 사업, 법정, 정부, 교육, 가족, 농업, 보건, 창조 세계 자체 등과 관련해 **하나님의 나라**와 그분의 **뜻**이 무엇을 의미하는지 알 수 있어야 한다. 성경은 삶의 모든 영역에 대해 많은 것을 말하며, 율법서와 예언서는 모든 영역들에서 하나님의 뜻이 무엇인지 매우 분명히 했다. 그러므로 우리는 성경을 충분히 연구한 다음에 그런 가치들을 위해, 다시 말해, 땅에서, 우리나라와 지역에서 지지하고 추구해야 할 하나님 나라의 가치와 하나님의 뜻을 위해 **기도해야** 한다. 우리가 "나라가 임하시오며 뜻이 하늘에서 이루어진 것같이 땅에서도 이루어지이다"라는 말을 반복할 때 그것이 우리의 바람이나 의도의 어떤 부분을 형성하는가?

그렇지 않다면, 그 기도의 요점은 무엇인가?

우리가 성경에서 발견하는 바대로 행동하기는커녕 하나님이 우리에게 주신 성경에 따라 주기도문의 의미에 대해 생각해 보려고 시도조차 않는다면, 하나님의 통치가 임하고 하나님의 뜻이 **하늘에서 이루어진 것같이 땅에서도** 이루어지기를 기도하는 요점은 무엇인가?

정치적 영역에서 기도하는 것은 실제로 바울이 명령한 바다. "그러므로 내가 첫째로 권하노니 모든 사람을 위하여 간구와 기도와 도고와 감사를 하되 임금들과 높은 지위에 있는 사람을 위하여 하라. 이는 우리가 모든 경건과 단정함으로 고요하고 평안한 생활을 하려 함이라"(딤전 2:1-2). 바울은 모든 종류의 통치자들을 위한 모든 종류의 기도를 명령한다. 바울은 **그리스도인** 왕과 황제들이라는 뜻으로 말하지 않았다. 그런 통치자들은 한 사람도 없었다! 바울은 그가 살던 세상의 이방인 로마 통치자들을 위한 기도라는 뜻으로 말했다.

내가 전 세계에 걸쳐 많은 교회들의 예배에 참여한 경험으로 볼 때, 나는 이것이 바울이 지금까지 내린 지시들 가운데 가장 지켜지지 않은 것 중 하나라고 생각한다. 우리는 우리의 필요를 위한 기도, 복을 위한 기도, 치유를 위한 기도, 선교사들을 위한 기도(가끔), 세계 평화를 위한 기도를 한다. 하지만 어느 나라든 다스리는 권세를 가진 자들과 관련된 특별한 기도를 거의 하지 않는다. (성공회 교회는 일반적으로 예외다. 예배 의식 가운데 다스리는 권세를 위한 기도 순서가 들어 있다. 물론 그 순서를 제대로 지키지 않는 경우도 있다.)

그러나 우리는 다스리는 권세를 위해 어떤 종류의 기도를 해야 하

는가? "하나님, 그들에게 복 내려 주세요." "하나님, 그들에게 지혜를 베풀어 주세요." 이처럼 두루뭉술하고 분별력이 없는 싱거운 기도, 동시대의 정치적 문제와 상관없이 언제든지 할 수 있는 기도 말인가?

나는 최근에 시편 처음에 나오는 열 편의 시에 충격을 받았다. 그 시편 가운데서 우리는 정치적 영역 및 그곳의 많은 악들과 관련해서 하나님께 긴급하게, 열정적이고 필사적으로 드리는 기도를 발견한다. 시편 기자는 하나님이 악한 자를 권좌에서 **몰아내시고** 억압당하는 자를 **일으켜** 세우시고 옹호해 주시기를 기도한다. 이런 기도들은 나라들과 백성과 통치자들과 재판관들에 대해 말하며 그들이 하나님의 사찰을 받게 한다. 그 기도들은 하나님이 참으로 왕이시라면, 궁극적으로 그분은 (마리아 송가에서 기도한 대로) 그분 자신의 정의에 따라 행동하시고 악한 자들을 그들이 차지한 높은 자리에서 몰아내시고 억압당하는 자들의 송사를 옹호하셔야 **한다**고 주장한다. 이런 성경적 기도들은 하나님 앞에 생생하고 거친 현실을 있는 그대로 실토하면서 그분께 **무언가를 해 달라**고 요청한다. 그 기도들은, 다른 말로 표현하면, 깊고 절실하고 당당한 **정치적** 기도다.

여러분은 최근에 그런 시편 중 하나가 사용된 교회 예배에 참석한 적이 있는가?

공예배를 드리면서, 성경의 시편 기자처럼 우리를 둘러싸고 있는 우상숭배, 악, 거짓말, 탐욕, 폭력, 불의의 문화를 완전히 인식하는 가운데 시편 10편을 따라 기도할 때 어떤 효과가 있을까? 내가 자주 하는 것처럼, 그 시편을 혼자서라도 하나의 기도로 크게 읽으면 정신이 번쩍 들고 진지해질 것이다.

여호와여, 어찌하여 멀리 서시며
　　어찌하여 환난 때에 숨으시나이까.
악한 자가 교만하여 가련한 자를 심히 압박하오니
　　그들이 자기가 베푼 꾀에 빠지게 하소서.
악인은 그의 마음의 욕심을 자랑하며
　　탐욕을 부리는 자는 여호와를 배반하여 멸시하나이다.
악인은 그의 교만한 얼굴로 말하기를
　　여호와께서 이를 감찰하지 아니하신다 하며
그의 모든 사상에 하나님이 없다 하나이다.
　　그의 길은 언제든지 견고하고
주의 심판은 높아서 그에게 미치지 못하오니
　　그는 그의 모든 대적들을 멸시하며
그의 마음에 이르기를 나는 흔들리지 아니하며
　　대대로 환난을 당하지 아니하리라 하나이다.
그의 입에는 저주와 거짓과 포악이 충만하며
　　그의 혀 밑에는 잔해와 죄악이 있나이다.…
여호와여, 일어나옵소서. 하나님이여, 손을 드옵소서.
　　가난한 자들을 잊지 마옵소서.
어찌하여 악인이 하나님을 멸시하여
　　그의 마음에 이르기를
　　주는 감찰하지 아니하리라 하나이까.
주께서는 보셨나이다. 주는 재앙과 원한을 감찰하시고
　　주의 손으로 갚으려 하시오니

외로운 자가 주를 의지하나이다.

주는 벌써부터 고아를 도우시는 이시니이다.

악인의 팔을 꺾으소서.

악한 자의 악을

더 이상 찾아낼 수 없을 때까지 찾으소서.…

여호와여, 주는 겸손한 자의 소원을 들으셨사오니

그들의 마음을 준비하시며 귀를 기울여 들으시고

고아와 압제 당하는 자를 위하여 심판하사

세상에 속한 자가

다시는 위협하지 못하게 하시리이다. (시 10:1-7, 12-15, 17-18)

우리는 이렇게 기도할 용기가 있는가? 우리가 이렇게 기도해야 할 이유는, 진실로, 아주 분명히, 시편 기자가 반대하는 것들이 오늘날 우리와 함께 있기 때문이다. 악한 자들이 자랑하는 것과 그들에게 희생당한 자들이 무력하게 슬퍼하며 고통스러워하는 일들이 우리 주위에서 여전히 벌어지고 있다. 이런 기도들은 하나님이 실제로 성경에서 우리에게 주신 정치적 영역에서 하는 기도다. 아마 우리가 그 기도들에서 배우고 그것들을 적절하게 사용하도록 주셨을 것이다. 그러나 대신에 우리는 우리에게 개인적 위로를 제공하거나 우리의 신앙을 긍정하거나 우리의 감사를 표현하는 시편만 사용하는 경향이 있다. 속임수와 폭력에 대한 비탄, 반대, 분노, 정의에 대한 갈망, 이런 것들이 성경의 시편에 뚜렷하게 나타나 있으며 **그리스도인의 기도에 현저하게 부재하다.**

8장 격동의 시대에 예수님을 따르는 삶

나는 우리 통치자들을 **위해** 기도하는 것과 그들을 **반대해** 기도하는 것 사이에 모순이 있다고 생각하지 않는다.

나는 바울의 지시에 순종해서 그들을 위해 기도한다. 나는 그들이 인간이며, 나처럼 하나님의 사랑과 자비가 필요한 죄인이라는 사실을 잘 알고 있다. 나는 그들이 진실성과 선의를 지닌 합리적인 사람들인 한에 있어서, 그들이 진실로 사회에 유익한 정책을 개발하고 입법 활동을 해 나갈 때 하나님이 그들에게 지혜와 성공을 주시기를 기도한다. 그러나 또한 그들이 성경이 인간 복지를 위한 하나님의 기준, 가치, 우선 사항으로 가르치는 것과 명백히 일치하지 않는 목표를 추구하고 행동을 취할 때, 또는 그들의 말과 행동이 분명히 진실, 정의, 공동선보다 개인적 오만과 무자비한 야망, 정당의 이익에 의해 더 이루어질 때 그들을 **반대해** 기도한다.

사악함, 거짓말, 부패가 넘쳐나는 반면에 가난하고 소외당한 자들은 더욱 궁핍해지는 빈곤 상태에 빠질 때, 우리는 개인적으로, 공적으로, 자주 **하나님께** 그런 일들은 수치스럽고 파괴적이며 악하다고 항의해야 하지 않는가? 또 그런 일들을 영속시키는 자들과 정치적 권좌를 차지해 그런 악행과 결탁하거나 그것들을 바로잡으려 하지 않는 자들을 **반대해** 기도해야 하지 않는가? 나는 시편 기자가 아마도 이렇게 말하리라고 생각한다. "그렇게 하세요. 우리는 그렇게 기도했어요."

단순히 로마서 13장에 호소하면서 하나님이 정치적 권세를 임명하시기 때문에 우리는 그저 그들이 하는 모든 일을 찬성하거나, 적어도 묵인하고 침묵해야 한다고 주장하지 말아야 한다. 그것은 불의한 법령을 만들어 공포하던 이사야 당시의 정부와 관련해 이사야가 취한 입장이 아니었다. 유감스럽게도 그런 불의한 현상은 오늘날에도 전 세계에서 계속되고 있다. 따라서 이사야의 말은 여전히 매우 적절하다.

> 불의한 법령을 만들며
>   불의한 말을 기록하며
> 가난한 자를 불공평하게 판결하여
>   가난한 내 백성의 권리를 박탈하며
> 과부에게 토색하고
>   고아의 것을 약탈하는 자는 화 있을진저,
> 벌하시는 날과 멀리서 오는 환난 때에
>   너희가 어떻게 하려느냐.
> 누구에게로 도망하여 도움을 구하겠으며
>   너희의 영화를 어느 곳에 두려느냐. (사 10:1-3)

그래서 나는 우리 정치 지도자들을 위해 계속 기도할 것이다. 하나님이 그들로 하여금 제대로 복음을 듣고 회개와 구원에 이르게 하시기를 기도할 것이다. 그들을 **위해** 기도하지만 또한 사회를 위한 성경적 기준과 양립할 수 없는 정책 및 행동과 관련해서 그들을 **반대해** 기도한다. 나는 성경이 두 종류의 기도를 다 승인한다고 생각한다.

나는 다시 다니엘에게서 이런 역설과 조합을 본다. 다니엘은 느부갓네살 통치의 악을 분명히 비난하지만, 내가 전에 제안한 대로 그는 분명히 느부갓네살을 **위해** 기도하고 있었다(렘 29:7이 바빌론 포로들에게 기도하라고 가르치는 대로). 진실로, 다니엘은 느부갓네살에게 가난한 자들을 억압하는 일을 멈추라고 강력히 권고함으로써 그가 하나님의 심판을 피할 수 있도록 돕고자 한다. "그런즉 왕이여, 내가 아뢰는 것을 받으시고 공의를 행함으로 죄를 사하고 가난한 자를 긍휼히 여김으로 죄악을 사하소서. 그리하시면 왕의 평안함이 혹시 장구하리이다"(단 4:27). 기도 생활 중에 다니엘은 극적인 환상을 보고 나서 그가 살던 바빌론과 페르시아 정부의 정치 권력이 지닌 사탄적이고 우상숭배적이고 짐승같이 악한 본질을 생생하게 인식하게 되었다. 하지만 동시에 다니엘은 그 문화 가운데서 인간 통치자들을 계속 섬길 수 있었다. 여기서 놀랄 만한 영적 성숙과 균형을 관찰할 수 있다. 다니엘은 우상숭배와 악의 근저에 있는 영적 현실을 알았다. 하지만 다니엘은 시민적·정치적 일터와 공적 무대에 온전히 참여하면서 그의 믿음과 윤리의 독특성을 보전할 수 있었다. 그 독특성으로 인해 다니엘은 마지못해 표하는 인정과 악랄한 증오를 둘 다 받게 되었다(단 6:1-5).

다니엘은 바빌론에 사는 시온의 시민이요, 이방 정치 세계에 사는 신자였다. 그는 오만, 폭력, 억압으로 인해 바빌론이 하나님의 진노 아래 있음을 알았다. 하지만 다니엘은 **바로 바빌론 한가운데서** 계속 일하고 기도했다. 그는 바빌론의 통치자들을 순진하게 존경하고 알랑거리며 찬양하지 않고, 독실한 진실성, 윤리적 독특성, 매일 드리는 기도로 그들을 섬겼다. 예수님을 따르는 자는 분별력과 영적 통찰력을 가지고 기도하는 사람이 되어야 한다. 우리는 정치적 영역 가운데 숨어서 은밀히 활동하는 거짓 신들과 사탄적 악을 온전히 의식하되, 그럼에도 하나님의 종으로서 부지런하고 진실하게 계속 일하고 섬기고 증거하면서 동시에 하나님이 인간 사회에서 권세를 행사하도록 허락하신 자들을 섬길 수 있어야 한다.

결론

요한계시록이 우리에게 경고하는 대로, 바빌론은 여전히 우리가 살고 있는 세상이다. 그것은 탈진실, 거짓 뉴스, 반박과 부인, 곧이어 부인한 것을 또 부인하는 세상이며, 성도덕이 아주 혼란스럽고 비기독교 사회조차 한때 개탄했던 일들을 자랑스럽게 승인하는 세상이다. 그것은 성적 약탈이 부자와 유명인의 특권인 세상이고 조롱과 모욕이 정치적 담화의 일상인 세상이며, 탐욕이 선이고 세금을 내지 않는 것이 영리한 사람 취급을 받는 세상이다. 그것은 '스트롱맨'을 숭배하는 일이 모든 대륙에 영향을 끼쳐, 책임이 줄어들고 비합법적인 폭력이 점점 더 증가하는 세상이다. 그것은 선진국과 이른바 개발도상국 사이에서뿐만 아니라 부유한 대부분의 서양 국가들 안에서도 터무니없이 엄청나게 경제적 격차가 벌어진 세상이다. 그것은 헌법상 제한이라는 규제, 명예와 진실성에 대해 용인된 전통, 공직과 개인 축재 간의 경계가 아무런 처벌도 받지 않고 무시되는 세상이다. 그것은 기득권의 로비 활동과 선전의 위력이 수십 년 동안 정치적 의지를 형성하고 적시 개입을 방해해서 피조물 자체가 피해자로, 인간의 오만함에 대한 하나님의 심판의 도구로 신음하고 있는 세상이다. 그것은 아직도 세계 인구의 3분의 2가 온 세상에서 한 분 참된 살아 계신 하나님을 알지 못하고 예배하지 않는 세상이며, 수많은 사람들이 그 아들의 이름조차 들어 보지 못한 세상이며, 우리 중 일부 사람들이 수많은 영어 성경 번역본 중 어느 것이 우리의 특별한 신학 기준에 부합하는지 맹렬하게 논쟁하는 반면에 그리스도 안에 있는 수많은 우리 형제자매들은 아직 그들의 언어로 번역된 하나님의 말씀을 일부라도 갖지 못한 영적 불의로 부끄러운 세상이다.

타락하고, 깨어지고, 부도덕하고, 반항적이고, 요동치고, 위험하고, 고통스러운 세상. 거짓 신과 우상들이 조롱하듯이 승리를 거두고 있는 것처럼 보이는 세상.

하지만 우리가 **십자가에 못 박힌** 주님을 따르는 자가 되도록 부름받은 곳이 바로 이 같은 세상이다. 우리의 사명은 그리스도의 십자가를 들어 올려 그분에 대해 증거하고, 그분이 개시하신 하나님 나라 안에서 살며 섬기고, 그분이 가르치시고 모범을 보이시고 그분의 죽음과 부활에서 영광스럽게 성취하신 모든 일에 대한 좋은 소식을 선포하는 것이다. 기독교 신앙의 독특성은 그리스도의 십자가에서 가장 완전히 드러나며, 또 십자가와 더불어 성경이 계시하는 한 분 참된 살아 계신 하나님의 절대적 유일성이 가장 완전히 드러나기 때문이다. 궁극적으로 십자가에 비추어 모든 신과 우상들의 야비한 속임수가 폭로된다.

우리는 **악, 어리석음, 우상숭배, 혼란이 만연한 바로 이 세상**에서 그 십자가를 들어 올려야 한다. 예수님이 죽으셨다가 다시 살아나셨으며, 그분을 따르도록 우리를 부르시는 곳이 바로 그런 세상 **속**이었고 또 그런 세상을 **위해서**였기 때문이다. 조지 매클라우드(George F. Macleod)의 말을 인용하면 이렇다.

나는 십자가가 교회의 첨탑뿐만 아니라 시장의 중심에 다시 세워져야 한다고 주장한다. 나는 예수님이 두 촛불 사이에 있는 성당이 아니라 두

강도 사이에 있는 십자가에서, 성읍의 쓰레기 더미에서, 그들이 히브리어, 라틴어, 헬라어로 그분의 칭호를 써야 했던 국제적인 교차로에서… 냉소적인 사람들이 추잡한 말을 하고, 강도들이 저주를 하고, 군인들이 내기를 하는 장소에서 못 박혀 죽으셨다는 주장을 다시 하고 있는 것이다. 그곳이 교인들이 있어야 하는 장소이며, 그것이 교인이 갖추어야 하는 자격이기 때문이다.[6]

나가며

2019년 12월 영국에서 실시된 총선 직후에 벌어진 일들 때문에 나는 우울해지고 화가 났다.[1] 나는 가난한 자, 장애인, 죄수, 노숙인, 어린이, 사회복지시설 노인, 병원 직원, 보호시설 종사자, 교사, 간병인을 위해 하나님께 열심히 기도했다. 그들은 모두 지난 10년 동안 정권을 잡은 정부가 우리 국가 생활의 많은 영역에 걸쳐 내핍 정책을 세우고 지나친 예산 삭감을 하면서 삶의 조건이 악화되어 고통을 겪었다. 하나님은 내 기도에 응답하지 않으시고 그들의 부르짖음을 들으시는 것 같지도 않았다. 나는 우리 정치의 노골적인 부패와 엄청난 허위뿐만 아니라 우리 하나님께도 화가 났다. 욥이 매우 예리하게 항변하면서 표현한 대로, "하나님이 그들의 참상을 보지 아니하시"는 것처럼 보였기 때문이다(욥 24:12). 동일한 정부가 현재 의회에서 다수를 차지하고 있기 때문에 앞으로도 그와 같은 정책들이 중단되지 않을 것 같다.[2] 하나님은 어찌하여 이런 상황을 묵인하시는가?

이런 감정과 더불어 아내 리즈(Liz)와 나는 남아프리카에서 발생한 끔찍한 교통사고로 많은 사람들이 사망한 일에 대해 깊은 슬픔을 나누고 있었다. 사망자 중에는 기독교 환경 보호 운동 단체인 아 로차(A Rocha)의 국제 책임자 크리스 네일러(Chris Naylor)와 그의 아내 수산나(Susanna)가 포함되어 있었다.³ 그 사고로 또 피터 해리스(Peter Harris)의 아내 미란다 해리스(Miranda Harris)가 목숨을 잃었다. 불행 중 다행히 피터 해리스는 중상을 입었지만 살아남았다. 피터와 미란다는 아로차의 설립자로 30년 이상 우리 부부와 우정을 나눈 절친한 친구들이었다. 우리는 묻지 않을 수 없었다. "하나님, 어떻게 이런 일이 일어날 수 있나요?"

이런 슬픔과 분노를 함께 느끼면서 총선이 끝난 며칠 후에 나는 리즈와 함께 옥스퍼드에 있는 세인트 알데이트 교회(Saint Aldate's Church)에서 열린 미란다 추모 예배에 참석했다. 그 교회의 담임목사는 미란다의 매부인 찰리 크레벌리(Charlie Cleverley)로 그가 추모 예배를 인도했다. 영국 전역에서 온 수백 명의 사람들이 그 교회를 가득 채웠다. 또 다른 나라들에서 온 사람들도 있었다. 그 예배에서 미란다의 놀라운 삶에 대해 많은 감사가 쏟아졌으며, 불의의 사고로 갑자기 그녀와 이별하게 된 큰 슬픔이 터져 나왔다.

찰리 크레벌리는 시편을 본문으로 강력한 메시지를 선포했다. 그 시편을 통해 물론 미란다를 언급하면서, 그는 우리에게 **애통**의 중요성, **사랑**하는 삶이 지닌 힘, **소망**의 실재에 대해 곰곰이 생각하라고 권고했다.

그는 **애통**은 그런 불가해한 죽음에 직면해서 이해할 만할 뿐만 아니라 성경적으로 타당하고 심지어 장려되기도 한다고 주장했다. 시편 기자와 함께, 우리는 하나님께 항변하면서 고통 가운데 부르짖으며, 하나님은 그 기도를 무시하지 않으신다. 찰리는 미란다와 네일러 부부의 죽음과 관련해 내가 며칠 전에 쓴 기도문을 발췌해서 인용했다.

> 하나님, 그들의 죽음은 우리에게, 그들의 가족에게, 그들을 알고 사랑했던 모든 이들에게 비통한 일입니다. 이 죽음은 너무나 충격적이고, 너무나 갑작스럽고, 너무나 인간적으로 비극적인 일입니다. 그래서 우리는 애통하고 애도하며 고통 가운데 부르짖습니다. 우리는 당황하며 당혹감을 금치 못합니다.
>
> 주여, 우리는 당신께 항변하면서 부르짖습니다. 많은 시편 기자들이 항변하면서도 당신의 길과 행위를 이해하려고 애쓴 것처럼 우리도 당신께 부르짖습니다. 오 주여, 어찌하여 그런 끔찍한 일이 벌어질 수 있습니까? 우리의 모든 삶을 다스리시는 당신의 주권적이고 은혜로운 섭리 안에서 어찌하여 그런 사고가 일어날 수 있습니까? 전능하신 주여, 우리는 답을 기대하거나 요구하지 않습니다. 하지만 우리는 그 문제를 당신께 내어드릴 수 없습니다. 그 문제가 우리 안에서 불타오르고 있기 때문입니다. 우리는 설명이 필요하지 않습니다. 하지만 우리는 당신의 안심과 당신의 임재와 당신의 위로가 필요합니다. 오 주여. 우리를 도와주소서.

사랑은 미란다의 삶 그 자체였다. 그녀를 알았던 모든 사람들이 그 증인들이다. 하나님이 보내 주신 그런 선물은 하나님만이 측정하실 수 있는 방식으로 영원한 열매를 맺을 것이다. 우리는 하나님이 우리에게 제공하시는 때와 기회가 무엇이든지 사랑을 실천한 그녀의 삶을 기억하고 기념하고 모방해야 한다.

그리스도의 부활과 새 창조의 영광스러운 삶에 동참하는 확실하고 확고한 **소망**은 사랑하는 자들의 죽음이나 언젠가 일어날 우리 자신의 죽음에 직면하여 그분을 믿는 우리 모두를 지탱해 준다.

추모 예배 설교는 목사의 심장과 형제의 사랑과 성경의 권위를 갖고 전달된 완벽한 메시지였다. 하지만 그 설교를 들으면서 나는 그것이 내가 지니고 있는 다른 슬픔, 즉 우리나라에 대한 슬픔에 대해서도, 또 내가 품고 있는 다른 분노, 즉 빈곤, 사회적 방치, 관료적 냉혹함으로 심한 고통을 당하고 있는 자들을 위한 분노에 대해서도 말하고 있음을 깨달았다. 애통, 사랑, 소망은 이와 같은 때를 위해 주어진 심오한 성경적 단어라고 나는 생각했다.

추정컨대, 세계에서 여섯 번째로 큰 경제 규모를 갖춘 내 조국에 지금 맥도날드보다 더 많은 푸드뱅크가 있을 정도로 빈곤이 증가한 현실에 대해 나는 **애통해야** 하지 않는가?[4] 나는 아사나 자살로 끝나는 사람들이 생길 정도로 고통을 겪고 있는 가난한 사람들에 대해 고정관념을 형성하거나 낙인을 찍는 현실에 항의해야 하지 않는가? 나는 (정부의 공식적 정의와 계량적 분석에 따르면) 영국 어린이들의 3분의 1이 심한 빈곤 상태에 있어서 일부 교사들이 사비를 들여 굶주린 채 학교에 오는 50만 명의 어린이들을 돕고 있으며, 13만 5천 명의 어린이들이 지난 크리스마스에 초만원인 임시 숙소에서, 주택수당의 삭감, 치솟는 집세, 그리고 그 결과로 일어나는 퇴거 때문에 사실상 집이 없는 상태에서 가족과 함께 살았다는 현실에 대해 애통해야 하지 않는가?[5] 분명히 내가 조국이 처한 그런 현실에 대해 느끼는 분노는 (내가 사랑하는 친손자들에게 무슨 일이 일어날 것인지 상상해 보려고 하는 조부모로서) 그런 불의와 불평등에 대해 하나님이 느끼시는 분노를 그대로 따른 것이다. 교도소와 관련된 직원과 재정 삭감으로 많은 교도소 상황이 엄청나게 악화된 것, 다시 말해 과밀하고, 불결하고, 약물남용이 만연하고, 일부 교도소들은 하루 23시간 동안 죄수들을 감방에 가두고, 재활, 개혁, 교육, 훈련 활동이 붕괴된 것은 국가적 수치의 문제가 아닌가?[6] 정의의 하나님, 과부, 고아, 죄수의 곤경을 보고 듣고 아시는 하나님은 어디 계신가? 정부와 투표하는 대중이 외면할 때 성경의 이 하나님은 어디 계신가? 나는 애통해하며 시편 10, 12, 82편을 펼쳐서 우주를 다스리시는 하나님의 보좌 앞에 나의 항의와 불평을 제기한다. 여호와여, 어느 때까지니이까?

하지만 그다음에 **사랑이** 나온다. 이것이 애통의 에너지가 행동으로 변화되어야 하는 곳이다. 또 그 안에, 볼 수 있는 눈과 느낄 수 있는 마음을 지닌 그리스도인과 나 자신이 직면하는 도전이 놓여 있다. 하나님의 의에 호소하는 자들은, 시편 기자들 역시 깨달은 대로, 그들의 삶 가운데 가난한 자들에 대한 친절과 관대함 가운데 그분의 의를 나타내야 하기 때문이다. 서로 조화를 이루는 이합체(acrostic) 시에 해당하는 시편 111편과 112편에서 하나님의 구속적 관대하심은 그분을 경외하는 자들의 동정과 관대함으로 나타난다(예를 들어, 시 111:3, 4, 5, 9; 시 112:3, 4, 5, 9).

"사랑하는 삶이 지닌 힘"은 찰리가 한 말이었다. 그렇다면 영국에 있는 수많은 기독교 신자들 전체가 사랑하는 삶이 지닌 힘은 어떨까? 실제로 그리스도인의 사랑은 언제나 강력하게 역사하며 두드러지게 나타난다. 맥도날드 점포 수보다 더 많은 푸드뱅크의 대부분은 교회들이 종종 트루셀 트러스트(Trussell Trust)와 함께 운영한다. 트루셀 트러스트는 2019년에 160만 개의 긴급 보급품을 제공한 자선단체로, 기독교적 원리 및 마태복음 25:35-36에 기록된 예수님의 말씀에 근거해 설립되었다. "내가 주릴 때에 너희가 먹을 것을 주었고 목마를 때에 마시게 하였고 나그네 되었을 때에 영접하였고 헐벗었을 때에 옷을 입혔고 병들었을 때에 돌보았고 옥에 갇혔을 때에 와서 보았느니라."

그러나 찰리가 한 말에 대해 숙고하면서, 나는 전체 교회가 복음을 구현하는 "사랑의 삶"을 실행하는 일에 더욱 힘써야 한다는 생각을 하게 되었다. 하나님이 그분의 구속적 사랑과 정의를 나타내기 위해 그리스도의 십자가와 부활 안에서 하신 일에 대한 좋은 소식이 **있기** 때문에 우리는 전하고 나누어야 할 좋은 소식을 갖고 있다. 사랑하는 삶이 지닌 힘은 사실상 복음의 진리가 지닌 힘이다. 우리는 복음 백성이다. 그렇지 않으면 아무것도 아니다.

로마제국 시대부터 그리스도인들은 궁핍한 자, 병자, 가난한 자들에 대한 사랑과 돌봄의 행위로 알려졌다. 수 세기 후에 그리스도인들은 세계 도처에 병원과 학교를 세우고 가난한 자들을 위한 정의를 추구했다. 질병, 가난, 죽음을 대비한 상부상조와 금융보험 분야에서 이루어진 최초의 계획 중 일부는 기독교적 원리에서 시작되었다. 현대 영국에서 '가난에 반대하는 그리스도인들'(Christians Against Poverty, CAP)은 많은 사람들이 빚과 가난의 굴레에서 벗어나도록 돕는 일을 하는 가장 효과적인 단체 중 하나로 좋은 평판을 받고 있다.[7] 이와 같이 그리스도인들이 사랑하는 삶이 지닌 힘은, 국가가 가난한 자들을 돌보고 빈곤을 심화시키는 경제를 바로잡는 제도적 방안을 마련하는 성경적 의무에서 손을 뗀 것 같은 사회에서 엄청난 가능성을 지닌다. 나는 이것이 개인적 도전임을 안다. 우리는 우울함과 분노를 사회적·경제적 불평등과 불의의 악에 대해 반응하는 어떤 종류의, **여하한** 종류의 실제적인 행동으로, 예수님의 모범을 희미하게나마 반영하는 행동으로 바꾸어 나가야 한다. 성경에 따르면, 정치 권력자들이 해야 **하는** 일이지만 그 일을 제대로 하지 **못할** 경우에 그들에 대해 단순히 불평하는 것을 넘어서 내가 할 수 있는 일은 무엇이고, 여러분이 할 수 있는 일은 무엇인가?

마지막으로 **소망**을 이야기해 보자. 아마도 이것이 세 가지 중 가장 어려운 도전일 것이다. 요즘 낙관적인 사람이 되기는 어렵다. 온갖 우상들이 세상을 다스리는 것처럼 보인다. 탐욕, 오만한 자기도취, 수그러들지 않는 대규모 거짓말, 악의적인 오보와 잘 속아 넘어가는 대중으로 넘쳐 나는 소셜미디어를 조종하는 무자비한 독재 권력, 개인이나 정당의 이익을 위해 기꺼이 양심을 속이는 아첨꾼 정치인들이라는 우상들이 도처에 즐비하다. 단 한 대의 미니버스가 세계 인구의 가장 가난한 절반보다 더 많은 부를 가진 극소수의 사람들 또는 아프리카의 모든 여성들보다 더 많은 부를 소유하고 있는 22명을 다 태울 수 있을 때 낙관적인 사람이 되기는 어렵다. 지구의 기후 시스템 붕괴로 행성의 일부가 폭염, 해수면 상승으로 인한 범람, 되풀이되는 가뭄 때문에 생명체가 살 수 없는 곳이 되어 갈 때 낙관적인 사람이 되기는 어렵다.

그렇다. 낙관적인 사람이 되기는 어렵다. 그렇지만 성경에서 말하는 기독교적 소망은 단순한 낙관주의가 결코 아니었다. 낙관주의는 상황이 언젠가 나아질 것이라고 상상한다. 기독교적 소망은 상황이 훨씬 더 나빠질 수도 있지만(진실로 예수님은 그렇게 되리라고 말씀하셨다), 그러나 하나님은 여전히 주권적으로 통치하시며, 하나님은 선하시고 의로우시다는 것을 안다. 기독교적 소망은 미래가 하나님의 나라에 속해 있음을 안다. 기독교적 소망은 온 땅의 심판자가 공정하게 처리하실 것을 안다. 악은 최종 결정자가 결코 아니다. 하나님은 궁극적으로 악한 자들을 심판하시고 의로운 자들을 옹호하실 것이다. 그러므로 심판날은 복음의 일부다(롬 2:16). 그날에 모든 악이 처리되고 궁극적인 교정이 이루어질 것이다. 만물을 새롭게 하시기 전에 하나님은 만물을 바로잡으실 것이다. 그것이 좋은 소식이다!

따라서 소망이 있다. 견고하고 지속적인 성경적 소망이 있다. 바울이 소망을 믿음 및 사랑과 긴밀하게 연결시키는 것은 놀라운 일이 아니다. 우리는 소망을 믿을 믿음이 필요하고 소망을 구현할 사랑이 필요하기 때문이다.

이것이 공동 예배가 매우 중요한 이유다. 공동 예배는 믿음을 표현하고 강화하며, 사랑을 격려하고 전달하며, 소망을 유지시키는 찬양과 기도 활동에 하나님의 백성과 함께 신실하게 정기적으로 참여하는 것이다. 다시 시편은 우리가 이런 활동을 하는 데 큰 도움을 준다.

옥스퍼드 세인트 알데이트 교회에서 추모 예배를 드린 그날 오후에 나는 시편 73편을 새롭게 깨달았다. 시편 기자는 악인의 성공, 그들의 오만한 자랑, 명백한 면벌에 대해 나처럼 고뇌에 찬 불평을 하고 화를 내고 있었다. 세상이 거짓말쟁이와 사기꾼들에게 유리하게 돌아갈 때 정직하고 경건하게 사는 것이 무슨 소용이 있단 말인가? 시편 기자는 "하나님의 성소에 들어갈 때"까지(시 73:17) 그런 씁쓸한 생각을 하고 있었다고 우리에게 말한다. 그러나 그는 성소에서 예배를 드리는 가운데 자신의 관점을 재정립하는 경험을 한다. 그는 악인이 진실로 매우 위험한 위치에, 즉 하나님의 임박한 심판 아래 놓여 있음을 알게 된다. 또 살아 계신 하나님을 알고 신뢰하는 것과 그분 안에서 피난처를 찾는 것이 최고의 안전임을 알게 된다. 그것이 시편 기자의 소망이 놓여 있는 곳이다. 현재와 미래에도. "후에는 영광으로 나를 영접하시리니"(시 73:24).

그러나 시편은 개인적 소망 그 이상을 드러낸다. 시편은 또한 하나님이 궁극적으로 세상에 정의를 실현하실 것이라고 아주 굳게 단언한다. 시편 34편의 몹시 개인적인 구조조차도 광범위한 진리를 단언한다. "여호와는 마음이 상한 자를 가까이하시고 중심으로 통회하는 자를 구원하시는도다"(시 34:18).

그것은 다윗의 일생 너머에 있던 확신, 여전히 우리의 일생 너머에 있는 의심할 여지 없이 종말론적인 확신이었다. "악이 악인을 죽일 것이라. 의인을 미워하는 자는 벌을 받으리로다. 여호와께서 그의 종들의 영혼을 속량하시나니 그에게 피하는 자는 다 벌을 받지 아니하리로다"(시 34:21-22).

내가 말한 대로, 미래는 하나님의 나라에 속하며, 또 하나님의 왕되심에 대한 시편이 최고조에 달해 있을 때, 그것들은 온 땅의 참된 왕과 심판자이신 하나님이 세상을 심판하러 오실 때 창조 세계 전체가 기쁨으로 경축하는 모습을 상상한다. 여기서 하나님의 심판은 만물을 바로 잡는 것을 의미한다.

> 모든 나라 가운데서 이르기를 여호와께서 다스리시니
>   세계가 굳게 서고 흔들리지 않으리라.
>   그가 만민을 공평하게 심판하시리라 할지로다.
> 하늘은 기뻐하고 땅은 즐거워하며
>   바다와 거기에 충만한 것이 외치고
> 밭과 그 가운데에 있는 모든 것은 즐거워할지로다.
>   그때 숲의 모든 나무들이 여호와 앞에서 즐거이 노래하리니
> 그가 임하시되
>   땅을 심판하러 임하실 것임이라.
> 그가 의로 세계를 심판하시며
>   그의 진실하심으로 백성을 심판하시리로다. (시 96:10-13)

이것이 공예배를 통해 지속되는 소망이다. 사회악과 정치적 어리석음이 증가하고, 처참하고 가슴이 미어질 듯한 고통이 쌓이며 창조 세계마저 신음하는 현실에 직면해서 절망을 예방하는 유일한 소망이다. 솔직히 말해서, 나는 아직도 냉소와 절망에 굴복하려는 유혹과 싸우고 있다. 낙관적인 사람이 되기 어렵다면, 아무것도 못할 정도로 비관적인 사람이 되기는 너무나 쉽다. 그러나 이것은 그리스도인이 선택할 수 있는 방안이 아니다.

찰리 크레벌리가 미란다 해리스의 비극적 죽음을 맞이하여 애통,

사랑, 소망의 말씀을 전한 것은 옳았다. 그러면서 하늘에 계신 우리 하나님 아버지의 주권과 선하심에 대해 신뢰의 눈물을 보인 것도 잘한 일이었다. 광범위한 세상에서 우리도 애통하고 사랑하고 소망하도록 부름을 받는다. 우리는 단지 두 유가족만을 위해서 그렇게 하는 것이 아니라, 온 세계의 주와 왕이 되시는 하나님의 동정과 궁극적 정의에 대한 신뢰를 굳게 붙잡고 우리 이웃, 우리나라, 우리 세계를 위해 그렇게 한다.

나라가 임하시오며 뜻이 하늘에서 이루어진 것같이 땅에서도 이루어지이다.

마라나타. 주 예수여, 오시옵소서.

주

1부 성경에 나타난 주 하나님과 다른 신들

1. 이 첫 단락들은 내가 쓴 *The Mission of God: Unlocking the Bible's Grand Narrative* (Downers Grove, IL: InterVarsity Press, 2006)의 앞에 나오는 두 장, "살아 계신 하나님은 이스라엘 안에서 자신을 알리신다"와 "살아 계신 하나님은 예수 그리스도 안에서 자신을 알리신다"를 매우 간단하게 요약한 것이다. 『하나님의 선교』(IVP).

1장 신들의 역설

1. Robert Karl Gnuse, *No Other Gods: Emergent Monotheism in Israel*, Journal for the Study of the Old Testament Supplement Series 241 (Sheffield: Sheffield Academic Press, 1997). Gnuse의 연구는 물론 이스라엘 종교에서 유일신론의 기원과 역사에 대한 수많은 학적 탐구 중 하나일 뿐이다. 이 책 끝에 수록되어 있는 참고도서 목록은 그 분야의 문헌들을 소개해 주는 유용한 길잡이다.
2. Yair Hoffman, "The Concept of 'Other Gods' in the Deuteronomistic Literature", in *Politics and Theopolitics*, ed. Henning Graf Reventlow, Yair

Hoffman, and Benjamin Uffenheimer (Sheffield: Sheffield Academic, 1994), pp. 66-84, 70-71.
3. 이스라엘의 종교를 이렇게 진화론적으로 보는 견해에 대한 일반적 비판 및 그것이 기초하고 있는 역사적 재구성에 대해서는, Richard Bauckham, "Biblical Theology and the Problems of Monotheism", in *Out of Egypt: Biblical Theology and Biblical Interpretation*, ed. Craig Bartholomew, Mary Healy, Karl Möller, Robin Parry, and Anthony C. Thiselton (Grand Rapids: Zondervan, 2004), pp. 187-232를 보라.
4. Bauckham, "Biblical Theology", p. 196.
5. Bauckham, "Biblical Theology", p. 211.
6. 신 4:19에서 하나님이 천체를 **경배하도록**(이 말은 히브리어 성경에는 없다) 배정하셨다고 명백하게 말하지 않는다는 사실은 특별한 의미가 있다. 즉, 하나님은 이러한 피조물을 이스라엘을 포함한 모든 열방에게 그냥 선물로 주신 것이었다. 따라서 다른 열방이 사실상 그것들을 경배한다고 해도 이스라엘은 그것을 따라하지 말아야 한다.
7. Frank Houghton이 만든 찬송가 "Facing a Task Unfinished", ⓒ OMF; 허락을 받고 인용.

2장 신들은 무엇인가?

1. Gordon D. Fee, *The First Epistle to the Corinthians*, New International Commentary on the New Testament (Grand Rapids: Eerdmans, 1987), p. 472. 『NICNT 고린도전서』(부흥과개혁사).
2. 히브리어 '세딤'(*šēdîm*). 드물게 나오는 이 단어는 여기와 시 106:37에서만 나온다. 그것은 아카드어 *sedu*와 같은 어원에서 나온 것으로, 고대 메소포타미아 종교에서 죽은 자들과 관련된 보호의 영들을 언급했다. 시 106편에 언급된, 인간을 제물로 드리는 것과의 연관성 역시 메소포타미아 종교에서 입증된다.
3. 예를 들어, 시 96:5에서는 이스라엘 아닌 백성이 드리는 예배에 대해 말하면서 그들의 신들을 '엘리림'('*ĕlîlîm*)이라고 무시해 버린다. 이 경우 칠십인역은 그 용어를 '다이모니아'(*daimonia*), 즉 "귀신들"로 번역했다. 하지만 다른 곳을 보면, '엘리림'이라는 말은 반드시 귀신들을 의미하는 것은 아니며, 하잘것없고

약하고 무력하고 쓸모없고 아무 가치가 없는 것을 의미한다.

4. Brian Wintle, "A Biblical Perspective on Idolatry", in *The Indian Church in Context: Her Emergence, Growth and Mission*, ed. Mark T. B. Laing (Delhi: CMS/ISPCK, 2003), p. 60.
5. 신명기 역사가는 여기서 히스기야의 입을 빌려 신 4:28에서 우상들에 대해 내린 평가와 똑같은 평가를 내린다.
6. John Barton, "'The Work of Human Hands'(Ps 115:4): Idolatry in the Old Testament", *Ex Auditu* 15 (1999), p. 67.
7. 예를 들어, W. Cantwell Smith, "Idolatry in Comparative Perspective", in *The Myth of Christian Uniqueness*, ed. J. Hick and P. F. Knitter (Maryknoll, NY: Orbis Books, 1987), pp. 53-68에 소개된 다원주의적 관점을 보라.
8. Barton, "'Work of Human Hands'", p. 66, 강조 추가.
9. 나는 호세아와 이사야의 차이를 Barton이 표현한 견지에서 보지 않는다. 이사야와 마찬가지로, 호세아도 이스라엘과 정치적으로 얽히게 된 열방의 다른 신들이 야웨의 대안이 될 만한 객관적인 신적 실체를 가지고 있다고는 생각하지 않았다(특히 호 8:4, 6; 13:2; 14:3에서 그 역시 그것들을 인간들이 만든 것이라고 무시해 버리는 것에 비추어 볼 때 그렇다). 그래서 나는 Barton이 이사야의 의미를 올바로 이해했다고 믿지만, 그것이 그가 주장하는 것처럼 그런 '획기적 약진'이었다고는 확신할 수 없다.
10. 이러한 사정은 벧엘의 제사장이 아모스의 예언이 선동적이라고 화를 내면서 말하는 것에서 드러난다. "이는 **왕**의 성소요 **나라**의 궁궐임이니라"(암 7:13).
11. 예를 들어, Morton Smith, "The Common Theology of the Ancient Near East", in *Essential Papers on Israel and the Ancient Near East*, ed. F. E. Greenspan (New York: New York University Press, 1991), pp. 49-65에 나오는 개관을 보라. 하지만 Smith는 이어서 이스라엘의 신앙에 분명히 나타난 독특성을 축소해 버린다.
12. Joachim Neander의 찬송가, "All My Hope on God Is Founded"(1680년에 작성되고 1899년 Robert Bridges가 번역함).

3장 신들을 분별함

1. Jacques Ellul은 성경에서 말하는 우상숭배를 현대 서구 문화의 동향, 특히 세속주의와 최초로 연결시킨 사람 중 하나다. 그는 과학 기술, 성(性), 민족 국가, 혁명, 역사와 과학의 신화 등의 신성하고 상징적인 측면들을 분석한다. Ellul, *The New Demons* (London: Mowbrays, 1976)를 보라.『새로운 신화에 사로잡힌 사람들』(대장간). J. A. Walter는 동일한 방법론을 광범위한 사회 현상들에 적용시켰다. 그 현상들 가운데 많은 것은 그 자체로는 좋은 것이지만, 쉽게 우상으로 숭배받을 만한 높은 지위를 차지할 수 있다. 이를테면, 일, 가족, 교외, 개인주의, 생태학, 인종, 매스컴 등이다. Walter, *A Long Way from Home: A Sociological Exploration of Contemporary Idolatry* (Carlisle, UK: Paternoster, 1979)를 보라. Bob Goudzwaard는 그 분석을 이데올로기의 전 영역으로 확대한다. 특히 혁명, 국가, 물질적 번영, 안전 보장이라는 이데올로기들에 초점을 맞춘다. Goudzwaard, *Idols of Our Time* (Downers Grove, IL: InterVarsity Press, 1984)을 보라.『현대 우상 이데올로기』(IVP). Walter Wink의 3부작은 성경, 특히 신약에 나오는 '권세'에 대한 가장 해박한 연구 중 하나다. 하지만 Wink는 그 권세들이 인간의 구조에 침투하는 것의 객관적 귀신적 측면들에 대한 성경의 주장을 충분히 강조하지 않고 있다. Wink, *Naming the Powers: The Language of Power in the New Testament* (Philadelphia: Fortress, 1984); Wink, *Unmasking the Powers: The Invisible Forces That Determine Human Existence* (Philadelphia: Fortress, 1986),『사탄의 가면을 벗겨라』(한국기독교연구소); Wink, *Engaging the Powers: Discernment and Resistance in a World of Domination* (Minneapolis: Fortress, 1992)을 보라.『사탄의 체제와 예수의 비폭력』(한국기독교연구소). Clinton Arnold는 그 점에서 좀더 균형이 잡혀 있다. Arnold, *Powers of Darkness: A Thoughtful, Biblical Look at an Urgent Challenge Facing the Church* (Downers Grove, IL: InterVarsity Press, 1992)를 보라.『영적 전쟁: 바울 서신으로 본 사탄과 악한 영들』(이레서원). Vinoth Ramachandra는 새로운 우상숭배들이 지닌 폭력성, 과학을 우상화하는 사람들의 독단론, '합리와 불합리'에 대한 계속적인 우상숭배를 관찰하면서 모더니티와 그 결말을 더 깊이 분석한다. Ramachandra, *Gods That Fail: Modern Idolatry and Christian Mission* (Carl-

isle, UK: Paternoster, 1996)을 보라. Peter Moore는 서구 문화의 다양한 우상숭배들을 보다 변증적인 방식으로 붙잡고 씨름한다. 뉴에이지, 상대주의, 자기도취, 쾌락주의 등을 포함한 우상들에 현혹될 만한 사람들을 대상으로 논리를 전개한다. Moore, *Disarming the Secular Gods* (Downers Grove, IL: InterVarsity Press, 1989)를 보라. Craig Bartholomew와 Thorsten Moritz가 편집한 책에서는 많은 성경학자들이 현대 우상숭배의 한 가지 형태인 소비주의를 검토한다. Bartholomew and Moritz, eds., *Christ and Consumerism: A Critical Analysis of the Spirit of the Age* (Carlisle, UK: Paternoster, 2000)를 보라. Bruce Ashford와 Heath Thomas는 세속주의, 개인주의, 문화적 타락의 우상숭배들과 맞설 때 성경적 유일신론이 함축하는 의미를 탐구한다. Ashford and Thomas, *The Gospel of Our King: Bible, Worldview, and the Mission of Every Christian* (Grand Rapids: Baker Academic, 2019)을 보라. 『왕의 복음』(IVP).

2. 우상숭배라는 말은 서구 문화에서 그런 맥락에서 흔하게 그리고 기꺼이 사용된다. 대중매체가 유명 인사들에게 팝과 패션의 '우상'과 '섹스의 여신'이라는 찬사를 쏟아내는 경우를 보라.

3. 예를 들어, Marvin E. Tate는 다음과 같이 말한다. "나는 6절이 야웨의 왕권의 위대한 속성들을 의인화한 것으로 해석했다. 의인화된 그 존재들은 성전에서 야웨를 수행한다(참고, 시 85:13; 89:14). 야웨의 수행원들은 작은 신들, 그러나 실제로는 신이 아닌 그런 존재들이 아니라 그분의 구원의 사역과 놀라운 행동 가운데 나타나는 그분 자신의 그런 '대행자'들로 이루어져 있다." Tate, *Psalms 51-100*, Word Biblical Commentary 20 (Dallas: Word Books, 1990), p. 514. 『시편 중』(솔로몬).

4. Nahum Tate(1682-1715)의 찬송가, "Through All the Changing Scenes of Life."

5. 이 문장을 최초로 쓴 이후에, 물론 세계는 코로나19 바이러스로 황폐화되었다. 그동안 언론은 과잉 보도로 코로나19에 대한 두려움을 확산시켜 왔다. 그렇다고 나는 코로나 팬데믹이 당연히 두려워해야 할 끔찍한 현실이 아니라고 말하는 것은 결코 아니다. 대신 나는 코로나 팬데믹이 가져온 충격은 전 세계에서 사람들이 저지르는 어리석은 행위들과 그 우상들을 폭로한다고 말하는 것이다.

사람들은 동물에서 인간으로 바이러스를 전이시키는 행동을 하고, 또 몇몇 국가들의 경우 정치적 오만과 자기만족으로 치명적인 코로나 위기를 더욱 악화시켰다.
6. 예레미야는 여기에 나오는 우상의 '성별'을 경멸조로 뒤집어 버린다. 나무 기둥은 모성의 상징이었으며, 선돌은 남근의 상징이었다.
7. "It Must Be Someone's Fault—It Might Be Our Own", *Independent on Sunday*, 1993년 2월 28일자 사설에서 두 살짜리 아이 James Bulger가 두 명의 열 살짜리 아이들에게 살해당한 후.

4장 선교와 신들

1. Johannes Verkuyl, *Contemporary Missiology: An Introduction* (Grand Rapids: Eerdmans, 1978), p. 95. 『현대선교신학 개론』(CLC). 또한 성경의 가르침에 비추어 볼 때 선교의 필수적 요소가 되는 충돌을 중대하게 다룬 책으로는 Marc R. Spindler, *La Mission*: *Combat Pour Le Salut Du Monde* (Neuchatel: Delachaux & Niestle, 1967)를 보라.
2. Robert B. Chisholm 역시 야웨와 신들 간의 충돌에서 중요한 이 세 시대를 살펴보고 나서 뒤의 두 시대에 집중한다. Chisholm, "'To Whom Shall You Compare Me?' Yahweh's Polemic Against Baal and the Babylonian Idol-Gods in Prophetic Literature", in *Christianity and the Religions: A Biblical Theology of World Religions*, ed. E. Rommen and H. A. Netland (Pasadena, CA: William Carey Library, 1995), pp. 56-71을 보라. 『기독교와 타종교』(서로사랑).
3. 사도행전 17장에 나오는 상황에 대한 이러한 해석에 대해서는 Bruce Winter, "On Introducing Gods to Athens: An Alternative Reading of Acts 17:18-20", *Tyndale Bulletin* 47 (1996), pp. 71-90를 보라. "아덴에 새로운 신들을 소개하는 것"이라는 문구는 이와 같이 공식화된다. 새로운 신들을 소개하는 자가 그 일을 정당화할 수 없다면 범죄 행위가 될 수 있었기 때문이다. 그것은 소크라테스를 죽음에 이르게 한 고발의 일부였다. 바울은 취약한 상황에 처해 있었다.
4. 이것은 언약 관계에 대한 색다르지만 풍성한 의미를 지닌 비유다. 그것은 친밀

함과 상호 관계라는 면에서, 어떤 사람이 그의 몸에 정말 어울리는 옷을 즐겨 입는 것과도 같다. 언약은 하나님이 그분의 백성을 입으시는 것이다.

2부 과거와 현재의 정치적 우상숭배

1. 2003년 5월 열린 기자회견에서, 그 당시 영국 총리였던 Tony Blair의 고문 Alistair Campbell은 "We don't do God"이라는 유명한 대꾸로 Blair가 George W. Bush 대통령과 공유했던 종교적 믿음과 그들이 함께 기도했는지 여부에 대한 질문에 대답하지 못하게 했다.

5장 성경적 관점에서 바라본 열방의 흥망

1. 열방의 세계에서 행사되는 하나님의 주권과 그 주권이 구약 이스라엘을 통해 이루시고자 하는 열방을 위한 하나님의 목적과 어떻게 연결되는지를 더 깊이 연구한 것으로, 내가 쓴 *The Mission of God: Unlocking the Bible's Grand Narrative* (Downers Grove, IL: InterVarsity Press, 2006), 14장, "구약 환상에 나타난 하나님과 열방"을 보라.
2. Adelaide A. Potter, "Have Thine Own Way, Lord"(1907).
3. 물론 오늘날 중국 대륙에 정확히 얼마나 많은 그리스도인들이 있는지 아무도 모르지만, 그 수가 8천만 명에서 1억 명 사이에 있는 것으로 추정된다.
4. Minderoo Foundation, Global Slavery Index, www.globalslaveryindex.org (2019년 12월 4일 접속).
5. 의류에 대해서는, Josephine Moulds, "Child Labour in the Fashion Supply Chain", *Guardian*, https://labs.theguardian.com/unicef-child-labour/ (2019년 12월 4일 접속)를 보라. 휴대폰에 대해서는, Annie Kelly, "Children as Young as Seven Mining Cobalt Used in Smartphones, Says Amnesty", *Guardian*, January 18, 2016, www.theguardian.com/global-development/2016/jan/19/children-as-young-as-seven-mining-cobalt-for-use-in-smartphones-says-amnesty/를 보라. 음식에 대해서는, Annie Kelly, "Thai Seafood: Are the Prawns on Your Plate Still Fished by Slaves?", *Guardian*, January 23, 2018, www.theguardian.com/global-development/2018/

jan/23/thai-seafood-industry-report-trafficking-rights-abuses/를 보라.
6. 오늘날 세계에서 벌어지고 있는 가장 다루기 힘들고 비극적인 갈등 중 많은 것들이 이전 세기의 식민지 강국들에 의한 억압적이고 인종차별적이고 이기적인 정치적 결정, 정책, 개입에 뿌리를 두고 있다. 이 점은 중동, 북아일랜드, 르완다, 미얀마 로힝야족, 인도 아대륙, 스리랑카 그리고 거의 틀림없이 더 많은 사례에서 찾아볼 수 있다.
7. Child Poverty Action Group, "Child Poverty Facts and Figures", March 2019, https://cpag.org.uk/child-poverty/child-poverty-facts-and-figures/ 를 보라.
8. Poverty USA, "The Population of Poverty USA", www.povertyusa.org/facts/(2019년 12월 4일 접속)를 보라.
9. Larry Elliott, "World's 26 Richest People Own as Much as Poorest 50%, Says Oxfam", *Guardian*, January 20, 2019, www.theguardian.com/business/2019/jan/21/world-26-richest-people-own-as-much-as-poorest-50-per-cent-oxfam-report/를 보라.
10. 예를 들어, Silje Pileberg, "Inequality May Lead to Violence and Extremism", UiO Department of Psychology, July 7, 2017, www.sv.uio.no/psi/english/ research/news-and-events/news/inequality-may-lead-to-violence-and-extremism.html; "'It Has Been Proven, Less Inequality Means Less Crime,'" World Bank, September 5, 2014, www.worldbank.org/en/news/feature/2014/09/03/latinoamerica-menos-desigualdad-se-reduce-el-crimen/을 보라.
11. "Effects of Economic Inequality", Wikipedia, https://en. wikipedia.org/wiki/Effects_of_economic_inequality/(2019년 12월 4일 접속)를 보라.
12. 내가 동성 성교는 국가에 의해 **범죄**로 처리되지 않아야 한다고 생각한다고 말해서(따라서 나는 서양에서 동성 성교를 처벌하지 않는 것을 환영하고 또 세계의 다른 지역에서 계속 범죄시하는 것을 유감스럽게 생각한다), 내가 인간의 성(性)에 대한 성경의 **윤리적** 가르침이라고 간주하는 것, 즉 성경에서 동성 성교는 하나님이 기뻐하시지 않는 일로 시종일관 묘사된다는 점을 의문시하는 것은 아니다.

13. 예를 들어, Alysse ElHage, "When It Comes to Child Well-Being, Is One Parent the Same as Two?", Institute for Family Studies, September 7, 2017, https://ifstudies.org/blog/when-it-comes-to-child-well-being-is-one-parent-the-same-as-two/; Branwen Jeffreys, "Do Children in Two-Parent Families Do Better?", BBC News, February 5, 2019, www.bbc.co.uk/news/education-47057787/을 보라.
14. "Cost of Family Breakdown", Marriage Foundation, https://marriagefoundation.org.uk/research/cost-of-family-breakdown/(2019년 12월 5일 접속)을 보라.
15. "Climate Change and Poverty", Wikipedia, https://en.wikipedia.org/wiki/Climate_change_and_poverty/(2019년 12월 5일 접속); Robert Mendelsohn, Ariel Dinar, and Larry Williams, "The Distributional Impact of Climate Change on Rich and Poor Countries", *Environment and Development Economics* 11, no. 2 (April 2006), https://doi.org/10.1017/S1355770X05002755를 보라.
16. 예를 들어, "ExxonMobil Climate Change Controversy", Wikipedia, https://en.wikipedia.org/wiki/ExxonMobil_climate_change_controversy/(2019년 12월 5일 접속); Susanne Rust, "Report Details How ExxonMobil and Fossil Fuel Firms Sowed Seeds of Doubt on Climate Change", *Los Angeles Times*, October 21, 2019, www.latimes.com/environment/story/2019-10-21/oil-companies-exxon-climate-change-denial-report/;2019년 12월 5일 접속; Jane Meyer, "'Kochland' Examines the Koch Brothers' Early, Crucial Role in Climate-Change Denial", *New Yorker*, August 13, 2019, www.newyorker.com/news/daily-comment/kochland-examines-how-the-koch-brothers-made-their-fortune-and-the-influence-it-bought/를 보라.
17. 예를 들어, Jim Waterson, "Uncovered: Reality of How Smartphones Turned Election News into Chaos", *Guardian*, December 5, 2019, www.theguardian.com/politics/2019/dec/05/uncovered-reality-of-how-smartphones-turned-election-news-into-chaos/를 보라.

18. 이 말은 스펄전이 1855년 한 설교에서 인용한 것으로 그 당시 널리 사용된 속담인 것 같다. "'Joseph Attacked by the Archers': A Sermon Delivered April 1, 1855", in *Sermons Delivered in Exeter Hall, Strand by Rev. C. H. Spurgeon* (Charles Haddon Spurgeon) (London: Alabaster & Passmore, 1855)을 보라.
19. 나는 박사 과정에서 이 분야에 대한 연구조사를 했다. 구약이 정치적·사회적·경제적 영역의 문제들에 대해 말하는 것과 우리가 그런 자료를 오늘날의 사회에 합법적으로 적용할 수 있는 원리들에 대해 더 자세히 알려면 내가 쓴 책 *Old Testament Ethics for the People of God* (Downers Grove, IL: Inter-Varsity Press, 2004)을 보라. 『현대를 위한 구약 윤리』(IVP).

6장 정치적 영역에 계신 하나님

1. Christopher J. H. Wright, *Old Testament Ethics for the People of God* (Downers Grove, IL: InterVarsity Press, 2004), pp. 212-226.
2. 예를 들어, Camilo Maldonado, "Trump Tax Cuts Helped Billionaires Pay Less Taxes than the Working Class in 2018", *Forbes*, October 10, 2019, www.forbes.com/sites/camilomaldonado/2019/10/10/trump-tax-cuts-helped-billionaires-pay-less-taxes-than-the-working-class-in-2018/#713a310e3128; Taylor Nicole Rogers, "American Billionaires Paid Less in Taxes in 2018 than the Working Class, Analysis Shows—and It's Another Sign That One of the Biggest Problems in the US Is Only Getting Worse", Business Insider, October 9, 2019, www.businessinsider.com/american-billionaires-paid-less-taxes-than-working-class-wealth-gap-2019-10?r=US&IR=T를 보라.
3. 영국과 관련해서 "Lobbying", Transparency International UK, www.transparency.org.uk/our-work/uk-corruption/lobbying/(2019년 12월 5일 접속); Adam Ramsay, "Welcome to Boris Johnson's Government of All the Lobbyists", Open Democracy, July 27, 2019, www.opendemocracy.net/en/opendemocracyuk/welcome-to-boris-johnsons-government-of-all-the-lobbyists/를 보라. 미국에서 기업이 지닌 힘에 대해서는 Senator

Sheldon Whitehouse with Melanie Wachtell Stinnett, *Captured*: *The Corporate Infiltration of American Democracy* (New York: The New Press, 2019); 또, 예를 들어, John Perry, "Corporations and the Future of Democracy", *Philosophy Talk* (blog), October 9, 2014, www.philosophytalk.org/blog/corporations-and-future-democracy; Liz Kennedy, "Corporate Capture Threatens Democratic Government", American Progress, March, 29, 2017, www.americanprogress.org/issues/democracy/news/2017/03/29/429442/corporate-capture-threatens-democratic-government/를 보라.

4. Christopher J. H. Wright, *Hearing the Message of Daniel* (Grand Rapids: Zondervan, 2017), p. 114를 보라.『다니엘서 강해』(CUP).

5. 미국은, 예를 들어, 다음에 나오는 일곱 국가를 합친 것보다 더 많은 돈을 국방에 쓴다. 중국, 사우디아라비아, 인도, 프랑스, 러시아, 영국, 독일. "U.S. Defense Spending Compared to Other Countries", Peter G. Peterson Foundation, May 3, 2019, www.pgpf.org/chart-archive/0053_defense-comparison/을 보라.

6. 2019년 미국에서 발생한 총기난사 사건은 그 해의 일수를 능가했다. 현재 하루에 한 건 이상 발생하고 "단 한 건의 무차별 총격에 네댓 명이 총에 맞는 사건"으로 규정되는 총기난사는 총 1,907명의 피해자 중 441명의 목숨을 앗아갔다. "List of Mass Shootings in the United States in 2019", Wikipedia, https://en.wikipedia.org/wiki/List_of_mass_shootings_in_the_United_States_in_2019/(2019년 12월 5일 접속)를 보라.

7. Amazon에 들어가서 "gods guns and guts"를 찾아보라. www.amazon.com/s?k=god+guns+and+guts&ref=nb_sb_noss_1(2019년 12월 5일 접속). 또는 매매되는 광범위한 상품을 알아보려면 Google에 들어가서 "Images for god guns and guts"를 쳐 보라.

8. 현대 서양 문화와 정치의 우상들을 탐구하는 유익한 책들에 대해서는 3장 앞에 나오는 주를 보라.

9. 나는『현대를 위한 구약 윤리』에서 해석학적 가정 및 윤리적 적용이 가능한 매우 다양한 상황에 대해 훨씬 더 깊이 탐구한다.

10. 이것은 정확한 인용문보다는 칼뱅이 한 말을 대중적으로 의역한 것이다. 칼뱅은 실제로 "부당하고 무능하게 통치하는 그들은 하나님이 그 백성의 악을 처벌하기 위해 세우신 자들"이라고 말했다(*Institutes of the Christian Religion* 4.20.25). Bill Muehlenberg, "Calvin on Wicked Rulers and God's Judgment", *CultureWatch* (blog), February 27, 2016, https://billmuehlenberg.com/2016/02/27/calvin-on-wicked-rulers-and-gods-judgment/를 보라.

3부 우상숭배하는 세상 속의 하나님 백성

7장 살아 계신 하나님에 의해 형성된 백성

1. 이것은 Craig G. Bartholomew and Michael W. Goheen, *The Drama of Scripture: Finding Our Place in the Biblical Story*, 2nd ed. (Grand Rapids: Baker, 2014)가 성경 이야기를 6막으로 된 드라마로 제시한 매우 유익한 개요를 7막으로 확대한 것이다. 『성경은 드라마다』(IVP). 나는 5막에 나오는 교회의 선교와 7막에 나오는 새 창조 사이에 교정을 나타내는 별개의 막으로 마지막 심판을 끼워 넣었다. 각 막을 나타내는 상징들은 애리조나주 템페에 있는 Missio Dei Community Church의 목사 Chris Gonzalez가 만든 "True Story Symbols"를 수정한 것이다.

2. 이 글을 쓴 날에 영국 은행 전 총재요 현재 기후변화와 금융 유엔특사인 Mark Carney는 라디오 인터뷰에서 이렇게 말했다. "우리는 오늘 행동 변화를 불러일으키는 촉매제로 미래를 현재로 가져와야 한다." 그것이 바로 성경 이야기가 하는 일이다. 성경 이야기는 현재에 행동을 불러일으키기 위해 우리 목전에 궁극적인 미래를 경고와 격려로 펼쳐 보인다.

3. 이 용어는 1984년 개최된 성공회협의회(Anglican Consultative Council)로 거슬러 올라가며, 1988년 개최된 람베스 주교회의(Lambeth Conference of Bishops)에서 채택되었다. Anglican Consultative Council, "Bonds of Affection—1984", 49; "History of the Five Marks of Mission", Anglican Communion, www.anglicancommunion.org/mission/marks-of-mission.aspx(2019년 12월 31일 접속)를 보라.

4. Lausanne Movement, The Cape Town Commitment, I.7a, 2010, www.lausanne.org/content/ctc/ctcommitment/ 이것은 2010년 케이프타운에서 열린 세계복음화를 위한 제3차 로잔대회에서 나온 서약문이다.『케이프타운 서약』(IVP).
5. 나는 다음에 나오는 여러 책에서 성경에서 말하는 선교라고 내가 믿는 것과, 또 그것이 하나님의 선교를 위한 하나님의 백성으로서 교회에 의미하는 바를 온전히 포괄적으로 설명하려고 최대한 노력했다. *The Mission of God: Unlocking the Bible's Grand Narrative* (Downers Grove, IL: InterVarsity Press, 2006); *The Mission of God's People: A Biblical Theology of the Church's Mission* (Grand Rapids: Zondervan, 2010); "Participatory Mission: The Mission of God's People Revealed in the Whole Bible Story", in *Four Views on the Church's Mission*, ed. Jason S. Sexton (Grand Rapids: Zondervan, 2017), pp. 63-91; *Five Marks of Mission: Making God's Mission Ours* (Winchester, UK: im:press, 2015).
6. Christopher J. H. Wright, "Jesus and His Old Testament Values", in *Knowing God Through the Old Testament: Three Volumes in One* (Downers Grove, IL: IVP Academic, 2019), pp. 156-213.『구약에 나타난 예수, 성령, 하나님』(성서유니온선교회).
7. Wright, "Jesus and His Old Testament Values", pp. 211-212.
8. 나는『현대를 위한 구약 윤리』에서 하나님의 통치의 의미와 요구를 포함해서 예수님의 윤리적 가르침이 구약성경(율법서, 예언서, 시편과 지혜서)에 뿌리박고 있음을 깊이 조사했다.
9. 나는 너무 서둘러 부정적으로 묘사하면서 수 세기에 걸쳐 기독교 왕국에서 그리스도를 닮은 방식으로 복음의 진리와 하나님 나라의 가치를 증거하려는 운동이 아래로부터 일어난—종종 그렇게 하면서 비싼 대가를 치른—사실을 간과하고 싶지 않다. 또 나는 하나님의 섭리와 주권 가운데 기독교 왕국의 유산에 긍정적인 차원들이 있음을 잘 알고 있다. 역설적으로, Tom Holland가 역사적 깊이를 지닌 채 자세하게 지적한 것처럼, 현재 서구 자유주의로 받아들여지고 자랑스럽게 알려진 믿음 체계 내에 있는 많은 핵심 가치들을 가르친 것이 바로 기독교의 영향을 지대하게 받은 유럽 문화였다. 세속주의자들은 그 서구 자유주

의에 입각해서 기독교를 이론과 실제 양면에서 비판하고 비난한다. Holland, *Dominion: The Making of the Western Mind* (London: Little, Brown, 2019)를 보라. 『도미니언』(책과함께).

10. 다시 나는 이것이 그리스도인이 대통령이나 총리로 선출되어도 기뻐하지 않아야 한다고 말하는 것이 아님을 강조한다. 하지만 **어떤** 국가 원수직에 오른 그리스도인에게 그들이 모든 잘못을 바로잡거나, 그들이 사회를 위한 모든 기독교적 이상을 실행하거나, 그들이 우리 정치 시스템의 부패에 전혀 오염되지 않거나(그들 자신의 개인적 죄성은 말할 것도 없고), 그들이 동일한 지위에 있는 비그리스도인보다 반드시 우월한 정치적 지혜를 가질 것이라고 환상적인 기대를 할 때 위험이 발생한다. 몇몇 예외를 제외하고(이스라엘 왕의 역사가 보여 주는 것처럼), 고위직에 오른 그리스도인들의 역사를 살펴보면(복음주의자들을 포함해서) 그런 기대는 현실성이 거의 없다.

11. 그들은 윈드러쉬 세대로 알려져 있다. 1948년 최초의 서인도 이민자들의 일부를 영국에 실어 온 배의 이름이 '엠파이어 윈드러쉬'(Empire Windrush)였기 때문이다. "Windrush Scandal", Wikipedia, https://en.wikipedia.org/wiki/Windrush_scandal/(2020년 1월 2일 접속)을 보라.

12. 구약은 가난의 원인에 대한 예리한 분석과 그 문제를 해결하고 바로잡을 수 있는 구조적인 사회경제적 조치를 포함해서, 포괄적인 경제적 메시지를 담고 있다. 진실로 구약은 우상숭배의 근본적인 악에 대한 지대한 우려와 비교할 만큼 경제적 문제에 대해서도 심층적으로 다룬다. 두 영역이 중복되기 때문에 그것은 당연하다. 나는 "Economics and the Poor", *Old Testament Ethics for the People of God* (Downers Grove, IL: IVP Academic, 2004), pp. 146-181에서 가난에 대한 이스라엘의 반응을 포함해서 구약 경제 윤리의 범위를 개관했으며, 아울러 방대한 도서 목록을 첨부했다.

8장 격동의 시대에 예수님을 따르는 삶

1. "착한"으로 번역된 단어는 *kalos*로, 그것은 "도덕적으로 올바른"뿐만 아니라 "아름다운"을 의미하기도 한다.

2. 나는 *The Mission of God's People: A Biblical Theology of the Church's Mission* (Grand Rapids: Zondervan, 2010), 13장. "공적 광장에서 살아가는

백성", pp. 222-243에서 참여하면서 구별됨을 유지하라는 이 명령을 뒷받침하는 성경적 기초와 그 명령이 지닌 선교적 의미에 대해 더 자세하게 탐구한 바 있다. 일에 대한 탄탄한 성경 신학과 하나님의 창조적 구속적 목적 안에서 일터가 갖는 중요성에 대해 추천할 만한 다른 책들은 다음과 같다. Michael Wittmer, *Heaven Is a Place on Earth: Why Everything You Do Matters to God* (Grand Rapids: Zondervan, 2004); Darrell Cosden, *The Heavenly Good of Earthly Work* (Peabody, MA: Hendrickson, 2006); Tim Keller, *Every Good Endeavour: Connecting Your Work to God's Plan for the World* (London: Penguin Books, 2014).『팀 켈러의 일과 영성』(두란노).

3. 이것은 John Stott가 여러 경우에 전한 메시지의 핵심을 내가 직접 듣고 알기 쉽게 바꾸어 말한 것이다. Stott가 그리스도인의 사회적 참여와 구별됨에 대해 어떻게 이해했는지 자세히 설명한 책으로 John Stott, *Christian Counter-Culture: The Message of the Sermon on the Mount* (Downers Grove, IL: InterVarsity Press, 1978), pp. 57-68, 『존 스토트의 산상수훈』(생명의말씀사); Stott, "Our Plural World: Is Christian Witness Influential?", *Issues Facing Christians Today*, 4th ed., rev. and updated by Roy McCloughry (Grand Rapids: Zondervan, 1978), pp. 71-94를 보라.『현대 사회 문제와 그리스도인의 책임』(IVP).

4. Lausanne Movement, The Cape Town Commitment, IIE.1, 2010, www.lausanne.org/content/ctc/ctcommitment/.

5. 설사 주기도문이 오직 사적 또는 예전적 예배의 맥락에서 매우 자주 사용될지라도, 주기도문 전체가 사회적·정치적 의미를 지닌 것으로 보고 탐구하는 일도 매우 옳다. 여기서는 지면의 한계로, 앞에 나오는 몇 행이 지닌 의미에 대해서만 숙고한다.

6. 아이오나 공동체의 설립자 George F. MacLeod. 이제 유명해진 이 글은 1954년 에든버러 뉴칼리지에서 열린 커닝엄 기념강좌에서 *그가 한 말로, Ron Ferguson's George MacLeod: Founder of the Iona Community* (Glasgow, UK: Wild Goose Publications, 2001), p. 265에서 인용한 것이다. '교인'(churchmen)과 '교인 자격'(churchmanship)이라는 말은, 모든 성별을 포함하는 용어가 필요하기 전에 적극적으로 활동하는 그리스도인들과 지역교회

의 헌신적인 교인 자격을 나타내는 데 흔히 사용되었다.

나가며

1. 이 걸어는 내가 영국 사람인지라 분명히 영국적인 상황을 많이 반영한다. 하지만 나는 여기서 강조하는 문제와 관심사가 다른 많은 상황에서도 적절하기를 바란다. 또 이것은 진정으로 개인적인 관점이라는 점을 강조하고 싶다. 나에게는 내 입장과 다른 정치적 입장을 취하는 좋은 그리스도인 친구들이 있다. 나는 그들을 사랑하고 존경하지만, 할 수 있는 한 성경적이고 신학적인 의견만큼 나의 정치적 감정도 진솔하게 밝히려 한다.
2. '의회의'(parliamentary)라는 단어가 중요하다. 영국에서 채택하고 있는 비교 다수 득표주의 선거 제도로 인해 보수당이 실제 표를 적게 얻었음에도 불구하고(43퍼센트), 영국 의회에서 80석의 다수 지위를 얻는 몹시 부당한 결과가 발생했다.
3. A Rocha International, http://www.arocha.org.
4. 이것은 사실이다. 영국에는 약 1,300개의 맥도날드 점포가 있다. 그리고 현재 2천 개가 넘는 푸드뱅크가 있다. 그 수는 2010년 이후 엄청나게 증가했다.
5. 또 하나의 사실. "A Child in Britain Becomes Homeless Every Eight Minutes New Shelter Report Finds", *Newsround*, December 3, 2019, www.bbc.co.uk/newsround/ 50631620/.
6. "Prisons", Institute for Government, 2020년 2월 10일 접속, www.instituteforgovernment.org.uk/publication/performance-tracker-2019/prisons/를 보라.
7. CAP는 뛰어난 업적을 인정받아 여러 상을 수상했다. https://en.wikipedia.org/ wiki/Christians_Against_Poverty/and https://www.cashfloat.co.uk/ blog/money-borrowing/christians-against-poverty-solution/을 보라.

성경 찾아보기

구약

창세기
1장 32
1-2장 186
1:26-28 186
2:15 186
3장 33, 62, 158
3:5 62
3:22 63

출애굽기
9:15-16 117
12:12 88
32:1-6 155
32:4 115

레위기
19:18 146
19:34 146
25:23 151

신명기
2:1-23 118
4장 104
4:6-8 107
4:15-21 32
4:15-31 149
4:19 27, 66
4:35 24
4:39 26, 181
8장 73
8:17 74
8:17-18 56
9장 128
9:4-6 127
10:14 23
10:17 26
17:14-20 142
17:16-17 142
26:19 108
28:9-10 107
29:24-28 108
32장 34-36
32:16-17 35
32:17 23
32:21 23, 27, 35
32:37-38 84
32:39 23, 27

여호수아
23:1 171
24:14 20
24:15 171

사사기
6:31 44

사무엘상
8장 163
8:10-20 145
12:1-5 143, 144

열왕기상
3:9-12 147
11:28 115
12장 154
12:26-33 155
18:27 44
21장 151
22:19-23 34

열왕기하
17:16 33
18:32-35 81
18:33-35 49
19:15 49
19:17-19 38
19:18 49, 82
19:25-28 82
21:3-5 33

욥기
1장 33
24:12 225
31:24-28 153
31:26-28 33, 66

시편
2편 119
8:3 80
8:6 80
10편 215, 229
10:1-7 217
10:12 217
10:12-15 217
10:17-18 217
12:1-5 137
24:1 186
33편 71
33:10-11 119
33:16-17 71
33:20-22 71-72
34편 68, 233
34:4 69
34:7-9 69
34:18 233
34:21-22 233
65:9 73
72:1-2 147
72:12-14 147
73편 232
73:17 233
73:24 233
96편 67, 107
96:4 67
96:5 57, 76
96:5-6 67
96:6 67
96:7-9 77
96:10-13 191, 234
97:2 191
99:4 191
104:14-15 73
106편 35-36
106:19-20 35

106:28 35
106:35-38 35-36
111편 229
111:3 229
111:4 229
111:5 229
111:9 229
112:3 229
112:4 229
112:5 229
112:9 229
115편 53
115:1 53
115:4 80
115:4-8 38
115:8 78
135:15-18 39
138:8 80
139:13-15 80
145:8-9 191
146:7-10 191

잠언
21:1 119
31:1-5 146-147
31:3 145-146
31:8-9 146-147

이사야
1장 163
2:12 159
2:17-18 58, 159
5:8 163
10:1-3 219

10:5-7　122
10:12　122
10:12-14　48
30:1-3　82
31:3　82
40-48장　105
40-55장　21
40:18-20　40
40:23-24　118
40:26　33
41:21-24　25
41:24　78
42:8　76
44장　78
44:9　78
44:9-20　25, 40, 47
44:12-13　79
44:17　47
46:1-2　26, 42
46:7　47
58:6-8　208
58:10　208
59:14-15　138
60:1-3　207

예레미야
2장　163
2:11-13　83
2:27-28　84
2:36-37　82
5장　163
5:30-31　137
6장　163
6:13-15　136

10장　104
10:2　105
10:3-5　40
10:5　105
10:9　40
10:14　40
13:1-11　108
13:7　108
13:10　108
13:11　108
18:7-10　121
22:1-5　147
22:13-17　148
29:7　186, 188, 219
50-51장　122, 188

에스겔
8:16　33
22장　163
24:9-11　33
28:2　54
28:2-5　160
28:9　54
29:2-3　160
29:3　55
36:16-21　108

다니엘
2장　119
4장　189
4:17　119
4:27　220
6:1-5　220
6:10　179

호세아
2:5-8　73
8:4　39
8:6　39
13:2　39
14:2-3　51

아모스
1:1-2:3　104
1:1-2:8　120
2:4　104
5:10　137
5:24　148
5:26　33
7:12-13　155
9:7　118

요나
1:2　104
3:8　104

미가
2:1-2　163
6:8　148

하박국
2:3-17　49
2:4-20　122
2:18　50
2:18-19　39
2:20　50

스가랴
3:1-2　34

신약

마태복음
5:13-16 206
5:14 206
5:16 207
6:31-32 72
25:35-36 230
28:18 181
28:18-20 181
28:20 208

요한복음
8:44 135

사도행전
10:38 184
14:8-20 94
14:15 96
14:16 96
14:17 96
17:16-34 94
17:24 96
17:24-25 80
17:25 96
17:27-28 96
17:29 80
17:30 96
19:9-10 95
19:11-12 95
19:17-20 95
19:23-27 96
19:23-41 57
19:26 97
19:37 97
26:18 36

로마서
1장 97-98, 106, 166
1:16 94
1:18-32 94
1:23 78
1:28-32 167
2:16 232
13장 218

고린도전서
1:1-9 99
8:4 25
8:4-6 99
8:5 25
8:10-13 101
10장 165
10:1-11 139
10:14 101
10:14-22 101
10:18-21 34
10:20 36
10:22 105
10:25 100

고린도후서
4:4-6 206

에베소서
2:12 106
4:17-19 107
6장 206

골로새서
2:8 58
2:15 58

데살로니가전서
1:9 97

디모데전서
2:1-2 214

요한1서
2:15 195

요한계시록
1:5 119, 184, 212
5:6 119
9:20 36-37
19:15 119
19:16 119

옮긴이 한화룡은 경희대 경영학과를 졸업하고 IVP 간사를 역임했다. 합동신학대학원대학교, 미주 웨스트민스터 신학교, 풀러 신학교에서 공부했다. 현재 백석대학교 기독교학부 교수로 선교학 및 기독교 관련 교양 과목들을 가르치고 있다. 지은 책으로는 『도시 선교』, 『4대 신화를 알면 북한이 보인다』(이상 IVP), 『빤인가 이마인가』, 『전쟁의 그늘』(이상 포앤북스)이 있고, 옮긴 책으로 『가난한 시대를 사는 부유한 그리스도인』, 『가난한 자들의 친구』, 『하나님의 선교』, 『하나님 백성의 선교』, 『온전한 그리스도인』, 『시대를 사는 그리스도인』, BST 시리즈 『선교』(이상 IVP) 등이 있다.

이것이 너희 신이다

초판 발행_ 2022년 7월 22일
초판 2쇄_ 2022년 10월 31일

지은이_ 크리스토퍼 라이트
옮긴이_ 한화룡
펴낸이_ 정모세

펴낸곳_ 한국기독학생회출판부
등록번호_ 제2001-000198호(1978.6.1)
주소_ 04031 서울시 마포구 동교로 156-10
대표 전화_ (02)337-2257 팩스_ (02)337-2258
영업 전화_ (02)338-2282 팩스_ 080-915-1515
홈페이지_ http://www.ivp.co.kr 이메일_ ivp@ivp.co.kr
ISBN 978-89-328-1947-1

ⓒ 한국기독학생회출판부 2022

책값은 뒤표지에 있습니다.
무단 전재와 복제를 금합니다.